Eurus

Notus

日本問答

田中優子　Yuko Tanaka
松岡正剛　Seigow Matsuoka

Boreas

Zephyrus

岩波新書
1684

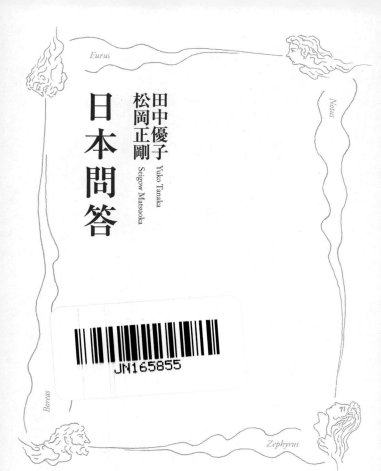

はじめに

松岡正剛

ぼくも田中さんも日本が好きである。悩ましいとも思ってきた。田中さんは江戸文化の研究者であるから、日本が好きだというより日本を研究してきた。とくにアジアのなかの日本の立ち位置を凝視してきた。その思索は深く、発言はつねに鋭い。ぼくは編集文化としての日本にひそむ方法の特色に関心をもってきた。

こんな二人の見方をところどころ突き合わせて日本問答をしたらどうなるだろうかというのが、本書が企画された動機だ。互いに刺戟《しげき》と示唆に見舞われた。二人で考えあぐねたことも、ひらめいたこともあった。われわれの勉強不足を痛感したことも入っている。

難問は、日本という国がどんな価値観で組み立てられてきたのかということだ。ふつう、国のことを考えるには制度の歴史や経済指標や人口構成比の推移を見るのだが、むろんそれだけで国のあり方は見えてはこない。そのときどきの書簡や日記、生産物や工芸品、文芸や遊芸も国を雄弁に語っている。だから、この対話ではかなりいろいろな話題を摘《つ》まんだ。神仏のこと、儒学やキリスト教のこと、国学や国体のこと、着物や文芸のことなどを交わした。

最も重視したのは、この国が「内なる日本」と「外なる日本」を異なる様相をもって歩んできたということだ。中江兆民が「日本人には恐外病《きょうがいびょう》と侮外病《ぶがいびょう》がある」と言ったように、われわれは「外」を意識しすぎてきた。そのぶん奇妙な内弁慶をかこつ国になった。そのぶん文化を爛熟させもした。なぜそんなふうになったのか、その主要な要因はどこにあったのか。二人はそのことをさまざまな視点を混じらせて、交わした。

日本問答とは「日本について問答する」という意味だろうが、それだけでなく「日本に問答をふっかける」という意味も含まれる。だから二人で好きに話した。とはいえ、それなりの責任はとったつもりだ。田中さんとは出会って三〇年以上がたつ。ときどき仕事をいっしょにしたが、こんなに本音で日本問答をしたのは初めてだ。時を惜しむような体験になった。

目次

日本問答

1

折りたたむ日本

「誰が袖図」は，衣桁などに掛かった着物の意匠とともに，その着物を身に着けていた人物の面影をしのぶという趣向に富んだもの．——「誰が袖図屏風(左隻)」(松坂屋コレクション．一般財団法人J. フロント リテイリング史料館提供)

内なる日本・外なる日本

松岡　どうも最近の日本の政治は二重、三重におかしくなっていますね。保守の一極化は内なる多様性を薄め、これといった対抗見解がほとんどあらわれない。実際にはアメリカの属国化が継続しているようなのに、そうは思わない風潮が浸透していて、これも心配です。外が日本を見る目、日本が日本を見る目、日本が外を見る目が、それぞれぐらついているんだと思います。東アジアとも外交バランスがとれていません。

そこで、この対話を「内から感じる日本」と「外から見た日本」の問題からはじめてみようと思っているんだけど、どうですか。

田中　いいですね。大きくはアジアとか世界のなかに包まれている日本、律せられている日本とは何かということでしょうね。

松岡　日本は「内」と「外」をどういうふうに見てきたのかということです。

田中　きっと日本は「外」を何らかのフィルターを通して何度も梳《くしけず》ってきたんですよ。

松岡　日本の「大きな外」は最初のうちはずうっと中国です。近世以降がヨーロッパ、現代に向かってからはアメリカです。途中に二百数十年にもわたる鎖国もあった。これは、ヨーロッパ諸国や大中国《グレート・チャイナ》がもっていた内と外の歴史とはちょっとちがいます。

ヨーロッパや中国には「天」や「ヘブン」という普遍的な外部性があって、それに対して領地や民が包摂《ほうせつ》的に関係させられていた。トマス・ホッブズの『リヴァイアサン』がそうだけれど、国家に所属する人間すべてが、王から奴隷まですっぽり「天」に入っているわけです。司《し》馬遷《ばせん》の『史記』が描いた中国でも、そうなっている。それに対して、日本にもたしかに高天原《たかまがはら》とか浄土といった天界のようなものはあるけれど、それが倭国《わこく》や大和《やまと》や徳川の世という日本を包んでいるというふうには見てこなかった。

田中　『古事記』や『日本書紀』では天皇一族は天孫族、つまり天界からの到来者としてあらわされていますが、実際には大陸や半島からの、すなわち海外という「外」からの到来者と言われていますからね。

その一方で、日本社会では、いまも「うちの会社」とか「うちの旦那」という言い方があるように、とても「内」を強く意識する。日本人はつねに「内と外」を分けているように見えるんです。だから内側に「外」をつくる村八分もおこる。これは内の秩序を守るためのもので、村八分が許されれば再び内に入れるわけです。

松岡　きっと「うち」と呼んでいる境界領域があるんです。山や川をひとつ隔てたくらいの風土的領域、風土ごとの風習や方言の領域、たとえば三河《みかわ》と尾張《おわり》で内と外が分かれるというようなね。それから内輪とか内覧会とか内見という言葉がやたらに好きだといううちうち感覚もある。そういうものが日本独特の内外の境界性に作用していたんだと思う。だいたいミカドや朝廷や御所の在所や居所を「内裏《だいり》」とか「禁裏《きんり》」という。これもかなりヘンです。なぜメインでセンターであるはずのものを「裏」と呼ぶのか。

田中　たしかに「内」「外」とともに、「表」と「裏」という基準もつかっていますね。「裏」は「内」と同様な用法だったんだと思います。表日本と裏日本、表玄関と裏口とか。お茶の世界には、いまも表千家と裏千家がありますよね。

松岡　インサイドとアウトサイドがきれいに対称的になっていないんでしょうね。しかもインサイドのほうにかなりアクセントがおかれてきた。

田中　そのあたりのことを、これまでは「島国」とか「島国根性」と言って十把一からげにしていたけれど、それだけではないはずね。島は外とつながっています。鉄道以前の時代では陸や山より、海を介したほうが容易に行き来できた。かつて裏日本は文明への表玄関だったし、海から川を経て内に入って来る「外」が、豊かさをもたらした。
そう考えると、日本でインサイドが強調された理由は、むしろ膨大で多様な外がつねに内に流れ込んでいたので、消化と再構成、つまり新しい秩序をつくるために梳《くしけず》りつづけていたからではないかと思います。いまは入ってきたもののスクリーニングが甘いから、その厳しさが理解できないかもしれません。でも、排除することよりスクリーニングと編集の手間をかけるほうが、文化と技術の質は上がるはずです。

松岡　「外つ国《とつくに》」とか「外様《とざま》」とか、あるいは「よそゆき」「外人」といった言い方にも、やっぱり「内」ではないもの、「外」というものに対する意図的な観念があからさまに出ている。日本人は「外」をよそよそしく捉えるんですね。でも、排除はいけません。

田中　幕末の「攘夷」という言葉に象徴されているように、日本には排外的に捉える傾向があります。たしかに外は脅威です。だからこそ、それを選び、こなし、変えていた。それがしだいに政治権力の構造は内部の完成度が高くなり、梳ることから権力構造を守ることに移行した。おそらく江戸幕府が「内なる政治構造」を完成してしまったんです。

松岡　そうですね。中江兆民が、日本人には「恐外病《きょうがいびょう》」と「侮外病《ぶがいびょう》」の両方があると指摘していますね。兆民はそれを苦々しく思っているんだけれど、どうも如何《いかん》ともしがたいとも感じている。でも、日本がこうしたびくびくする外感覚をもつようになったのは、黒船以降、明治以降というわけではないでしょう。

田中　おそらく「大和朝廷」を意識するようになったとき以来でしょうね。

松岡　奈良時代末期に征夷大将軍という名称をつかったときすでに、はっきり意識していた。征夷大将軍というのは、「夷《えびす》を征する将軍」という意味です。「夷」というのは陸奥《みちのく》の蝦夷《えみし》のことで、ガイジンではない。朝廷にまつろわないとみなされた「化外《けがい》の民」としての人びとのことです。その征夷大将軍という名称を、徳川期にいたるまでトップ・ガバナンスのリーダーの名称にしていた。これ、ヘンでしょう。

田中　もともとは古代中国が「東夷《とうい》・南蛮《なんばん》・北狄《ほくてき》・西戎《せいじゅう》」というふうに周辺異民族を名づけて、それらを「中華」に対する差別的外部性とみなし、そこに絶対的な華夷《かい》秩序を打ち立てた。日本はこの中国の考え方を、海に囲まれた自分たちの小さな国に強引にあてはめた。しかも「征夷」に強いアクセントをおいた。本来の外国との外交よりも、国内的な「内と外」を重視したかのようです。でも、なぜそうしたのか。

松岡　大きな群団が外からやってくるということがなかったからでしょう。ユーラシアでは、ゲルマン民族やフン族のように大陸の各部が影響を受けるような大移動があって、それによって小国の興亡が激しくおこったし、中国でも匈奴《きょうど》の侵入などを受けて、五胡《ごこ》十六国や五代十国といった内外が入り乱れる時代が長期間続いた。それにくらべると、日本は一時的な渡来民や移入者はあったけれど、大きな群団による侵略や植民や移民はなかったからね。

田中　東アジアの歴史は侵入と移民の連続ね。中国も南北対立期を何度も経験している。モンゴル帝国が中国全土を支配して、まるごと元《げん》という国になった時代もあった。漢民族がずっと中国を統轄していたわけではなかった。西域の諸国やベトナムなどもおなじです。

松岡　それにくらべて、日本は脅威をおぼえるような外敵の侵入を経験してこなかった。だから日本人にとっての「外」というのは、小さいながらも全国統一を想定したうえで、その目で見た「外」だったんですよ。日本列島に大きな変革がおこらなかったぶん、内側で「内と外」が細かく分けられた。

田中　そのことが、日本人のアイデンティティの形成にもいろんな影響を及ぼしたんでしょうね。たしかにユーラシア大陸が体験してきたような度重なる侵略はなかった。内と外が截然《せつぜん》と分けられずに揺れ動くのも、そのためでしょう。しかし同時に、固まった日本ではなく、編集しつづけてきた日本であることを確認しなければならないと思う。なぜなら外部と直面してそれをこなし、高度に編集することは、日本のあり方をそうとうに決定するからです。

松岡　編集日本ね。となると次に気になるのは、いったい日本はその内と外をどうしようとしてきたのか、「外を折りたたもう」としてきたのか、それとも「内を広げよう」としてきたのかということです。このあたりのことは、今後のグローバリズムのなかの日本を占うにもけっこう関係してくると思う。

田中　TPP（環太平洋戦略的経済連携協定）の議論とも関係してきますね。日本に明確な農業政策がないことが気になります。買えばいい、売れればいい、ものでも金でも手に入りさえすれば豊かだという考え方では、日本は編集能力を失い、技術も文化も育たなくなります。江戸時代は、外国から学ぶけれど買わないという姿勢をもったので、職人が急速に育ち、ものづくりの国になったわけですから。

松岡　たとえば日本はデパートからブティックまで包み紙が豊富で、とてもじょうずにパッケージする文化をもっているけれど、あれは外をパッケージするのがうまいのか、内側の品々を外に感じさせるのがたくみなのか、そこですよ。それから茶の湯の袱紗《ふくさ》さばきなどは、袱紗の折りたたみや開き方だけを見せている。とてもヘンな芸当です。西洋料理や南米料理で、大きな刀のようなナイフを客の前で曲芸のように見せるのとはワケがちがう。

田中　風呂敷づかいなんかもね。外国人の前で風呂敷を丁寧にほどいて、中の品物をそっと相手に示し、そのあとその風呂敷を丁寧にたたんでいると、みんなびっくりする。風呂敷は実用でもありますが、「包む」という行為のなかに価値がある。

着物を着ない天皇

田中　松岡さんは、そういう問題を考えるようになるにあたって、いちばんピンときたのはどのへんでしたか。

松岡　いろいろあるけど、漢字が万葉仮名《まんようがな》になって仮名《かな》を生んだことかな。もともと無文字社会だった日本に漢字がやってきた、中国の文字システムが経典などとともにやってきた。これは中国の漢字と中国製の概念がいっしょに入ってきたということだから、それをまるごとつかったうえで日本が中国語化してしまってもおかしくなかったはずです。ところが日本人は、漢字は入れたけど中国語は入れなかった。そればかりか漢文を日本の発音で読み下しながら、他方では訓読みもした。さらには朝廷の公文書や役人の日録などでつかわれるようになった漢字を「男手《おとこで》」とよび、それに対して和語を駆使する和歌や物語を通して「女手《おんなで》」とよばれる仮名文字をつくった。漢字仮名まじりという、中国にないものもつくった。

田中　当時は貴族の日記も漢文でしたね。

松岡　そこから紀貫之が「男もすなる日記」を「女もしてみむとてするなり」というふうに、ジェンダーを擬装して『土佐日記』のようなものを書いた。紀貫之は『古今集』の序文でも、漢字による「真名序《まなじょ》」と仮名による「仮名序《かなじょ》」の二つを併記するということまでやってみせましたね。

田中さんは、日本が「外を折りたたもう」としたり、「内を広げよう」としたりしてきたことを何でいちばん感じてきましたか。

田中　私は、いまの天皇家が着物を着ないことがふしぎでしたね。そもそも古代の天皇は中国の皇帝服を着ていました。それが日本化されて、平安時代から和服になっていく。明治になると真っ先に天皇が洋装になって軍服を着て、皇后がローブ・デコルテを着て、それが天皇家の正装になった。このように、天皇家の服装というのは、いつも「外」のものばかりを採用しています。そのまわりに「日本的なるもの」とみんなが思っているものがまとわりつく。このへんに「外を折りたたむ日本」を感じる。

松岡　そうね、あれはかなり奇妙だな。天皇家の挙式とか宮中行事のときは王朝風に衣冠束帯《いかんそくたい》に十二単《じゅうにひとえ》も着るけれど、正装といえば洋装になる。皇族の女性たちがフォーマルな会で全員おシャレな帽子をかぶっているのも、子どもごころにも納得できなかった。

田中　そうやって外のものばかりをまとっていると、だんだん内側のアイデンティティが気になるんでしょうね。その結果、内側にあらゆるものを固めて「日本的なるもの」をつくろうとして排他的になる。そこを中江兆民が恐外病と侮外病というふうに突いたんじゃないか。

松岡　それでもかつては外のものをまとっていても、内側をそれなりに工夫してきたと思う。たとえば醬油や味噌や豆腐のように、中国南部につながる照葉樹林帯を通って外からやってきた発酵文化的なものも、しだいに中身や味が日本的になったし、中国建築にならった衝立《ついたて》や板戸なども、その枠組の形式はいかしつつ紙でサンドイッチして襖《ふすま》や障子にしていった。そういう例はいっぱいあります。

田中　漢詩の五言絶句や七言絶句から五七調のリズムをもらって、さらにはそれを和歌の五七五七七にしていったとか、大陸系の音楽の呂律《りょりつ》を日本的にしていったとか。

松岡　琵琶や尺八などの楽器も日本にきてから変化した。かたちだけが変化したのではなく、それにつれて奏でる旋律や音色が変わっていった。江戸時代だって西洋時計をもとにしながらも、独特の和時計を工夫した。

田中　和時計は季節による太陽の動きの変化を時計で表現しました。

松岡　それなのに明治以降になると、そのへんの案配がだんだんヘタになっていくんですね。その後の戦後社会では、外からきたものは洋服から電気製品までもはやそのままで、和風と洋風は切断されてしまった。ホテルと和風旅館、洋食と和食、洋画と邦画、洋服と和服というようにね。

田中　「折りたたむ」ほうは、どちらかといえば日本っぽくてわかりやすい。問題は「広げる」ほうをどのように見るか。

松岡　そう、その広げ方ね。日本がいまのようにグローバリズムや日米同盟をはじめとしたアメリカからの外圧にコントロールされている時期と、そんなことは気にしないで外に向かいながら内実もつくろうとしていた時期とに分かれるんじゃないかな。

田中　外に向かい内実もつくろうとしていた時期といえば、百済《くだら》とアライアンス(同盟関係)をはかろうとしていた時期、遣唐使をどんどん送り込もうとしていた時期、足利義満のように日明交易をさかんにしようとした時期、満州に進出しようとしていた時期とか？

松岡　平清盛が福原遷都を計画して日宋関係の拡充を意図した時期、大友宗麟《そうりん》らがキリシタン関係から紅毛南蛮《こうもうなんばん》の社会文化を見ていた時期とかもありますね。茶の湯の道具の歴史だけ見ていても、唐物《からもの》やルソン壺に注目していた「広げる」時期と、国焼《くにやき》(国産の焼き物)や和物にこだわった「たたむ」時期とに分かれるんじゃないかと思う。田中さんが研究された金唐革《きんからかわ》なんかも「広げる」ほうですよね。

田中　金唐革も縞《しま》の染めも、金魚も朝顔もそうですね。徳川時代は鎖国で閉じていたというのはまちがいで、じつは内のなかに外を入れ込み、内を広げようとしていた時代です。浮世絵もまさにそういうなかで生まれた。だからこそ浮世絵の珍しさが西洋にまで広がった。グローバル化とは、江戸時代にあっては、世界をいったん呑み込んで自らの変化によって世界に対応することでした。

松岡　そういう時期にくらべると、いまの日本は外から来たグローバリズムを折りたたもうとするんじゃなくて、そのまま国内にもアジアにも広げてみせて、「これがグローバルだ」「これがスタンダードだ」とやってきた。

田中　いつごろから編集的外交がヘタになったんでしょうね。やはり明治以降？　それとも幕末くらいから？　新井白石の時期までは、それなりの外交的交渉力をもっていた。

松岡　たとえば黒船が来る前に、すでにロシアのラクスマンやレザノフやプチャーチンが来ていましたが、『海国兵談』の林子平や本多利明の『経世秘策』も含めて、まだまだ日本は「折りたたみ」でやっていこうとしていましたね。

田中　林子平のときは相手がロシアだったので、もしかしたら開けっぴろげなグローバリズムではなく、もう少しちがう関係が築けたかもしれません。ロシアにも日本にも、その気があったと思うのです。

松岡　レザノフの『日本滞在日記』を読むと、ちゃんと日本語の辞書をつくろうとしてましたね。最初は武力で開国を迫るしかないと思ったようだけれど、あとでこれも撤回している。その前のラクスマンも大黒屋光太夫《だいこくやこうだゆう》らとかなり情報公開をしあっていた。

田中　ロシア船はずっと日本に来ていた。ただし武器を積んではいません。艦隊で来ているわけでもない。商業的な目的で来て「通商しよう」と言ってきただけです。それに対して幕府も「通商だけならいいじゃないか」というふうになってきた。そういう動きは田沼意次の時代から少しずつ進んでいました。もしそのとき日本とロシアとの関係がもっと密になっていたら、日本の近代はどうなったのか。渡辺京二さんが『黒船前夜』という本でそのあたりのことを追究していますね。アメリカの軍事力による開国とは異なる、ロシアとの通商を通じた穏やかなグローバリゼーションの可能性があったことがわかります。もしかしたらその道は、日本のそれまでのイノベーションの方法をいかした独特の国づくりにつながったかもしれない。

ともかくも幕府が黒船のアメリカに強く反応してしまったということは決定的でした。もしかしたらロシアのやり方とアメリカのやり方が、一八〜一九世紀になるとだいぶんちがっていたでしょう。ちょうどアメリカが西に向かってずっと開拓をしつづけてきて、かなり疲弊していた時期ですよね。

松岡　なるほど、米墨《べいぼく》戦争(一八四六〜四八)のあとだからね。ペリーは米墨戦争で活躍した司令官でしたからね。

田中　そうすると、アメリカも外に向かって市場を開拓しよう、武力をつかってでもやろうと思って来ているわけだから、日本がそれに巻き込まれるのは当然だった。

松岡　いまだその手の桎梏《しっこく》から脱け出せないでいる。

「方法」から日本を見る

田中　松岡さんは、『日本流』や『日本という方法』などの著作でつねに、日本の本来と将来を考えるには「方法」と「人」とをいっしょに見るべきだということを書いてますね。私もこれがとても大事だと考えています。歴史を読み解くときも、どんな個人がそこではたらいて、何をどのように提案し実行してきたのか。そこをつぶさに見て関係をつなげていくという見方が必要です。

松岡　歴史語りって、だいたい為政者の側か、為政者に対抗した側に立って語られるものですよね。でも為政者というのはたいてい方法というものに過敏ではないんです。セグメンテーション（選択）したりインテグレート（統合）したりする能力があればよく、あとはせいぜい戦闘力と人事力でしょう。

方法というのは、たとえば刀の鍛冶職人とか、ゼロ戦の設計者とか、ウォークマンの開発者とかを思えばわかるように、技能力にもとづいている。技能者が最初に気がついたことが方法になって、それによって何かが新しく組み立てられていくわけです。科学技術史はそこを重視するんだけれど、社会文化史や政治経済史はどうもそこを軽視する。しかしそこを見ようとしないと、歴史がつながってこないんですね。

田中　松岡さんが「日本という方法」とよんでいるのも、そういうことですか。

松岡　そうです。日本はそういう方法から見ないとわからない。だからたとえば、日本における漢字と言葉づかいというテーマひとつをとっても、淡海三《おうみのみ》船《ふね》によるといわれる天皇の漢風諡《かんふうし》号《ごう》の与え方、藤原公任《ふじわらのきんとう》による『和漢朗詠集』の編集、西行による歌枕《うたまくら》のつかい方、近松が上方弁を浄瑠璃《じょうるり》にしたこと、珠光《じゅこう》や利休による草庵の茶の湯、端唄や小唄やオッペケペー節、昭和の演歌や日本語フォークソング、桑田佳祐の歌詞の漢字のルビづかいまで、こういうものを全部を見ないといけない。そこに「日本という方法」があります。

田中　歴史の記述はどうしても記録に残っていることだけをもとに、大きな流れで描こうとしすぎますからね。それでも江戸時代までは個人の技能や器量や功績に注目していたけれど、近代以降になるとグローバルな視野との連携をはかりすぎて、そこがどんどん甘くなったように思いますね。

松岡　ロラン・バルトが『サド、フーリエ、ロヨラ』を書いているでしょう。ああいう見方がもっと必要でしょうね。サドは人間の快楽にひそむ問題を、フーリエは産業組織にひそむコミュニティの問題を、イエズス会をおこしたロヨラはカトリックにひそむ強靭な意図の問題を、それぞれ別々にとりくんだのですが、バルトはそこを一気につなげた。

山口昌男さんが六十代になってとりくんだのもそこですね。『「敗者」の精神史』や『「挫折」の昭和史』では、押川春浪《おしかわしゅんろう》や淡島寒月《あわしまかんげつ》といった作家たちの動向といっしょに、印刷業者たちやコレクターのことを書いていた。山口さんの専門は文化人類学だけれど、ふつう文化人類学は特定の個人や町工場のことまでは研究しない。晩年の山口さんはそこをやった。マルクス主義もそのような歴史の見方をしない。上部構造(イデオロギー)と下部構造(経済)を分けすぎた。

田中　マルクス主義的であるかないかを選別しているだけのことでしたからね。

松岡　山口さんは、ああいう鳥の目と虫の目をまぜたような記述によってしかあらわせない歴史があるということを示したかったんでしょうね。ぼくは柳田国男や折口信夫が大好きで、ものすごく影響を受けてきたんですが、柳田の「山人」や「常民」という見方や、折口の「ほかいびと」「遊民」という見方だけだと、個人性はほとんど見えてこないこともある。歴史を見るには、大きく流れを捉える見方と、個別具体的に人というものをつかむ見方、ようするに「類」と「個」の両方を見る方法が必要ですね。

田中　もう少し言えば、大事なのは個人とか個々の個性とかいうことではなくて、その「質」です。それぞれが社会に何をおこしたのか、歴史から何を引き出して何を付け加えたのか、そこにどのような言葉を与えたのか、それらの多様なはたらきを通して「質」を見る。そこを評価したり批判したりする作業が、ほんとうは必要だった。

私がかかわった平塚らいてうについてのテレビ番組の例でいうと、まず「女性解放運動です」と始まった。番組にすでにレッテルがついていた。そのレッテルを剝《は》がして奥を見ると、まったくちがうものが見えてきます。たとえば、らいてうの文章は解放の理論書でもプロパガンダでもなく、人間の才能への賛歌ともいうべき詩です。その根底には、身体を含めた個人の全体を見ようとする価値観がある。その価値観をらいてうは西洋によってではなく座禅によって会得した。だからこそ女性たちが、自らの闊達《かったつ》さや才能に言葉が与えられたと感じ、大きなうねりになったのです。思考力のある女性はイデオロギーやレッテルでは動きません。レッテルは怠惰のあかしのようなものですが、残念ながら、レッテルを貼っていく作業を学問やメディアが得意としすぎていますね。

松岡　ぼくは編集屋だから、当時の新聞や雑誌が平塚らいてうにズバッと「新しい女」と名づけていく方法なんかもおもしろいと思っている。でもほんとうはそれよりも与謝野晶子が『青鞜《せいとう》』の女たちの活躍を「山の動く日」と言ったり、長谷川時雨《はせがわしぐれ》が樋口一葉のことを「蕗の匂いと、あの苦み」というふうに言うほうがずっと香ばしいし、好きですね。

田中　それぞれの人物が時代のなかで果たしている役割を、気配として感じとるということよね。誰もが他者には解釈しきれないものをもっているし、知りえない側面をもっているのに、それをまるでわかったように見せかける。これがレッテル。「これを読めばわかるぞ」と言って売るのがマスコミで、レッテルを貼って見出しにすれば売れる。しかしそうやって売り買いして消費するだけだと、文化資産はどんどんへっていきますよ。

松岡　かつて、日本人には社会や文化を評価する力があったのかどうかという議論がありましたね。紫式部はそれをやっていたのかどうか、あるいは『三国志』や『水滸伝』が中国の民衆的歴史観をあらわしているんだとしたら、それにくらべて『太平記』や『義経記』の日本はどうなのか。ドストエフスキーやデュマやスタンダールにくらべて中里介山《なかざとかいざん》や芥川龍之介や太宰治はどうだったのか。このように、西洋にくらべて日本は評価や批評の文化が甘かったとされているんだけれど、ぼくは必ずしもそうは見ていない。

田中　清少納言は『枕草子』でちゃんと評価をやっていますね。

松岡　あれはとても日本的な評価力ですね。「春は曙、夏はよる」に始まって、草花なら撫子《なでしこ》に女郎花《おみなえし》がいいとか、猫は背中全体が黒くて腹が真っ白なのがいいとか、幼い童子がいちごなどを食べているようすほどかわいいものはないとか、あの評価の細やかさは楽しい。たんなる分類でもレッテルでもない。だいいち分類にしては多すぎる(笑)。しかも、ものごとの「質」や見方の測度《メトリック》まであらわしている。

田中　それから、なんといっても江戸の黄表紙《きびょうし》や戯作《げさく》ね。とくに洒落本《しゃれぼん》はまさに何が粋か粋でないかの評価の文学ですし、黄表紙は日常生活をパロディ化する批評的なお笑いだから、日常の質を評価しているんですね。寛政の改革(一七八七~九三)が極端なところにいくとどうなるかを想像して、「歌舞伎役者が歌舞伎を禁じられ農村に下放《かほう》されたが、田植えがうまくいかないので、うしろで下座音曲《げざおんぎょく》の人たちに三味線を弾いてもらっている図」を描く。みんなぞっとしながら笑うわけです。ここには、寛政の改革へのからかいと歌舞伎へのリスペクトがこめられている。

松岡　そうやって評価眼を競い合ってもいた。江戸時代は日本の評価文化がいちばん充実していたかもしれませんね。

田中　「遊女評判記」や「役者評判記」といった評判記もたくさんあった。評価を競う作家たちもまた、評判記によって評価された。江戸文化はまさに評価をすることで育っていった文化です。

松岡　評価には人物や物事を類型や典型で見るということが前提にあります。そこにはなんらかのタイプとかモデルがつかわれる。でもそればかりでは足りなくて、ぼくはもっとそこにひそむ母型にも注目すべきだと思ってきた。それとともに、そのような母型的な見方を誰が最初にしたのかということを思い合わすべきです。西洋美術がアダムやイヴやキリストをどう描いてきたかとか、王侯貴族や美人をどう描いてきたかというイコノロジー（図像解釈学）の研究を延々とやりつづけてきたようなことも、日本はもっとよく見ていったほうがいい。

ぼくは近代日本の美人画の動向の一部をＮＨＫの『日曜美術館』で話したことがあるんです

が、よく言われているような鏑木清方《かぶらききよかた》や伊東深水《いとうしんすい》が最初じゃないんです。幕末維新に日本に写真技術が入ってきたとき、美人写真がまず大流行する。次に竹内栖鳳《たけうちせいほう》がヨーロッパ旅行中に風景写真の絵葉書を見つけて、日本画家が写真というものに注目する。この二つの出来事が合わさったときに、日本の美人画の転換がおこったんですね。ということは、近代日本の美人画は、浮世絵がつくりだした美人画ともまた別物だったということにもなります。浮世絵のような人物の描き方だって、たんなる類型ではないですよね。

田中　類型では描けません。浮世絵師の表現はきわめて個性的です。よく見ていくと、やっぱりそれぞれの評価が表現になっている。中国は司馬遷の『史記列伝』や六朝《りくちょう》の清談《せいだん》のように、けっこう個人をうきぼりにしていた。清談が評価そのものでできていて、それが『世説新語《せせつしんご》』になる。アジアの「小説」の起源もそこにある。

デュアルスタンダードな日本

松岡　「内と外」の問題に関係して田中さんと交わしておきたいことは、日本が「外部」を入れるときにどういうフィルターをつかったかということです。ぼくはこのフィルターにこそ日、本流があったんじゃないかと見ている。古代の律令制の輸入だって、まるごと入れたわけではなかった。中華的祭祀制度や人事登用の科挙《かきょ》制度なんかは入れなかったし、宦官《かんがん》や纏足《てんそく》には見向きもしなかった。この「日本が積極的に入れたもの」についてはおおよそ説明がつくけど、「あえて入れようとしなかったもの」についてはなかなか説明がついていない。そこにはいったいどんなフィルターがはたらいていたんだろうと思いますね。

田中　松岡さんは、どんな仮説をたてているんですか。

松岡　宦官や纏足を入れなかった理由についてはよくわからないんだけれど、なぜこういう独特のフィルターをもつようになったかということについては、やはり長いあいだ中国というものをグローバルモデルにしつづけたぶん、そこから情報をとりこんでくるフィルターが櫛の歯のように重なり、しだいに鋭くなっていったんじゃないかと思います。

たとえば紫式部や和泉式部は漢詩もよく読んでいたけれど、中国の詩人のなかではとりわけ白楽天を選んでいる。室町文化を支えた同朋衆《どうぼうしゅう》たちは、中国の水墨画のなかでも牧谿《もっけい》を選んでいる。白楽天も牧谿も中国では横綱大関じゃない。牧谿はせいぜい前頭でしょう。でも日本はそこを評価した。そういうフィルタリングをずっとやってきたんですね。そしてときどき雪舟や道元のように、中国に留学した経験を完全に消化して好きなように日本化をおこして、中国にはなかったような水墨山水画や仏教思想を生み出した。長谷川等伯《とうはく》の『松林図』もまったく中国にはないものですよ。道元だって中国から見ればむちゃくちゃな日本的漢文によって『正法眼蔵《しょうぼうげんぞう》』を著している。

そういうフィルターの積み重ねがあったうえで、江戸時代に時間をかけて儒学も本草学《ほんぞうがく》も、「中国断ち」をして「和でいこう、大和感覚でいこう」というふうに試みた。この方法はすごいものになっていると思う。

日本にとってのグローバルモデルが幸か不幸か華夷《かい》秩序をもった中国だったこと、その巨大な歴史に向き合っていたことにエディティング・フィルターの力が蓄えられた要因があったんですね。それが江戸時代に「中国断ち」や「中国離れ」をすることで、グローバルなものを相手にしながらも、徹底してローカルな奥まで行ける方法を試したことが大きかった。

田中　なるほど。私も貝原益軒《かいばらえきけん》が編纂した『大和本草《やまとほんぞう》』は中国の『本草綱目《ほんぞうこうもく》』の日本化だという言い方をついしちゃうんだけれども、もしかしたらちがうかもしれないと、いま松岡さんの話を聞きながら思いました。貝原益軒も、中国の本草ではだめだと言っているのではなくて、私たちは中国とはちがいますよ、と言っているわけですね。つまりそれは「日本化」ではなく「中国断ち」である。それがあったからこそ、本草学が日本化できたわけで、そこを見落としてきたかもしれない。

松岡　グローバル中国からどう離れるかということは、白村江《はくそんこう》の戦いや遣唐使中止から東山文化の和物重視まで、いろいろ苦心してきましたからね。

逆に、「日本のなかの中国」を発見して深めていった人たちもいる。伊藤仁斎《いとうじんさい》の古義学はまさにそういうものでしょう。儒学の本場の中国が宋の朱子以降は孔孟(孔子や孟子)の古典に忠実ではなくなった。そこで仁斎や荻生徂徠《おぎゅうそらい》らは古学に戻るという選択をした。近世中国の流行に流されないぞという気概です。木村蒹葭堂《きむらけんかどう》が中国の古典的な書画骨董に精通しようとしていたこと、浦上玉堂《うらがみぎょくどう》が琴《きん》を奏でながら『凍雲篩雪図《とううんしせつず》』などの中国の水墨山水画では描けないようなものを描いたことなどもそうでしょう。

田中　フィルターといっても、「日本化」にかぎって見ていくのではなくて、「中国断ち」も「日本のなかの中国の発見」も同時に捉えるということ。それはとても大事なことね。それによって「質」の問題にも入っていくことができるかもしれない。

たとえば仁斎の方法と石門心学《せきもんしんがく》とでは、「質」の点でやっぱりちがうんじゃないか。「質」から見ると、はたして石田梅岩《ばいがん》の石門心学のような方法でいいのかということになる。石門心学は目の前にあるものをことごとくつかいます。儒学、仏教、神道、キリスト教めいたものなど、秩序を安定させることに役に立つ道具をさがしている。江戸時代が直面した問題は、グローバリゼーションのなかで日本の価値観の軸を確立することだったと思うのですが、石門心学はそれとはちがう動きですね。

松岡　石門心学は講席道話《こうせきどうわ》です。梅岩の門下の手島堵庵《てじまとあん》がそれをノウハウ本のほうに広げた。日本の陽明学も「質」からいうとかなりあやしい。三島由紀夫が晩年に陽明学に傾倒していたけど、ほとんど理解してなかったと思う。儒学を日本化した仁斎や徂徠がもっているフィルター、吉田松陰が『講孟余話《こうもうよわ》』で見せたフィルター、「漢意《からごころ》」を切って日本語で国学しようとした本居宣長《もとおりのりなが》のフィルターなどは、「質」から見ても方法から見てもかなりのものですが、石門心学や太宰春台《だざいしゅんだい》のフィルターはそれほどすごいとは思えない。

田中　松岡さんは「日本という方法」で見るということとともに、方法的には「デュアルスタンダード」に見るということを何度も強調していますね。そこを少し説明しておいてもらったほうがいいかもしれない。

松岡　これまでの日本史観では、天皇と将軍による二重統治性や公家と武家の併存性をダブルスタンダードと見てきたと思うのですが、ここはデュアルに見たほうがいいと思うんです。双対的に行ったり来たりができるからです。そう見るには、ヨーロッパがつくりあげた世界史的な歴史観による主題や主語ばかりで日本を語るのではなく、できるだけ日本の風土や歴史に播種してきた要素の変容や新たな発芽がどんな方法で特色づけられたかということに、もっと注目するべきです。それは「述語的に日本を見たい」ということです。これはぼくが編集工学を意図してきたこととも関係があって、複数の主語を編集的な述語世界で包摂《ほうせつ》していきたいということにもなっている。

田中　西田幾多郎も「述語的包摂」ということをかなり重視してましたね。あれと近いことですか。

松岡　近いところもあるけど、西田哲学は数学哲理のゴットロープ・フレーゲの述語論理などの影響も受けているし、禅学をやや強引に重ね合わせているところもあるんですね。ぼくが考えてきた「日本という方法」は、そういう論理的包摂だけではなく、日本文化のソフトウェアにあらわれた述語性を包摂したい。そこには『梁塵秘抄《りょうじんひしょう》』の今様《いまよう》の歌詞、説経節の語り、立花や書道の真行草《しんぎょうそう》のぐあい、楽茶碗の曲線の決めかた、辻が花のユニットの取り方、ひいては美空ひばりの歌い方や井上陽水のメッセージの展開のしかたまでを入れたいんです。

ぼくの編集工学や編集的世界観はたくさんの主語を分類的に見るのではなく、それらが依拠する場所を想定して、そこに進行しつつある述語的なものをつなげて主語に返すということから生まれてきたものです。そこから日本についても、もっと方法として述語的に語ったほうがいいんじゃないかと思うようになった。

田中　お茶を呑んだり歌ったりする個人にとっては、生きる場や集う場でおこることが述語的に存在していて、それが自分というものを構成している。でもそれはやや無意識的なものと見がちになる。日本という国も地政学的な場所や自然条件や、政治外交的な関係でおこることが述語的に存在していて、かならずしもそれは語られるわけではないけれど、かなり決定的なものです。その日本という場でつくり上げられてきた方法が個人のなかに深くひそんでいて、それも当初は無意識的なんだけれど、場の設定によっては顕現してくる。そういうことを包摂するということですね。

松岡　そういうことです。田中さんが『江戸はネットワーク』などにも書いていたように、日本的な述語性や双対性《デュアリティ》は「場」によって生じていることが多いですね。それに気がつかないと日本はわからない。

田中　大学院生を指導していても、そのことを感じることがよくありますよ。一例をお話しすると、とても優れた韓国人の学生がいて、私は彼女によって木村蒹葭堂《けんかどう》について目を開かされました。朝鮮通信使として日本にやってくる人びとと蒹葭堂がともにつくった「場」に注目したのです。分類にまどわされずに、通信使たちの祖国でのあり方と、蒹葭堂の周囲にできる集まりとを研究した結果、東アジアにおける思想から文人文化への分岐が解明できそうになっています。述語的な場を見ているのですね。

松岡　日本を語るためのデュアルでリバースな方法的な視点は、いろいろあります。天皇と将軍、和風と漢風、雅《みや》びと鄙《ひな》び、「あはれ」と「あっぱれ」、数寄《すき》と遁世《とんぜ》、ケガレとキヨメ、禅と浄土、茶室と一輪挿し、かぐや姫と一寸法師、公家と武家、日本画と洋画、洋食と和食、ホテルと和風旅館……などなど。これらは行ったり来たりなんですね。功利的な受容装置としてのダブルスタンダードではなく、日本人がいきいきと愉快に生きていくためのデュアル(二重)で、リバース(表・裏)な関係です。

田中　まさに内と外、表と裏ね。しかも内外も表裏も入れ替え可能。並び立つこともあり、渾《こん》然一体《ぜんいったい》もあり、行き来もある。しかし純粋状態だけはないので、そこにはかならず「あいだ」がある。そのような日本に特色づけられるデュアルスタンダードなあり方は、どこから来たのか。そのへんのことはどうですか。

松岡　やはりおおもとには、極東としての風土や季節感や日本列島が大陸と大海のはざまに位置したという地政学的なものがあるでしょうね。日本が地震・津波・噴火がおこりやすいフラジャイルな地質列島であることも関係していると思う。そのため、ながらく木と紙によって家をつくってきたこと、つまり歴史遺産がつねに失われやすい状態にあったこと、その一方で作り替えが容易で、すぐに再生や復活がしやすかったこと。こういう体験や記憶の積み重ねが、日本的方法のなかにビルトインされていたんだと思う。

それなら火山や地震が多いイタリアだって風土的には近いものがあるとも言えるんですが、そこはさっきもちょっと言ったように、異民族の侵入や支配が極端に少なかったということが関与してきます。日本に異民族の侵入がなかったということは、列島の「内」で同質と異質を争ったり比較したりしながら、結局はすべて境界的《リミナル》につながっていかざるをえなかった。ここに最初からデュアルでリバースな関係が生まれる素地があったんだと思います。

田中　外からグローバルスタンダードを受け入れても、それがずっとスタンダードのままにはならなかったということもありますね。中国周辺諸国のなかで、日本だけが中国を本当の基準にはしていないんです。用事があるときだけつかっている。だからといって、日本が独自に堅固な基準をつくったかというと、それもしなかった。融通無碍《ゆうずうむげ》だし、御都合主義とも言えるけれど、いざというときに動ける、逃げられる、柔軟であるということが、お豆腐のように脆い災害列島には必要だったのでしょうね。

ただし私は、日本列島がそれほど閉じているとは思っていなくて、つねに異民族は来ていたと思う。むしろ異民族、異文化には早くから慣れていたし、必要としていた。なぜならそれこそデュアルの根源だから。異質なもの、対立するもの、多様性があって、初めて元気になる文化なんです。NHKが『私たちはどこから来たのか』で調査したデータで、日本人のミトコンドリアDNAには固有性、つまり偏《かたよ》りがなく、周辺民族のあらゆる特徴を混在させていることがわかっていますね。純粋な日本文化がないように、純粋な日本人はいない。日本列島は多様な民族が集う場だった。

普遍に向かわない価値観

松岡　日本は領土が小さくて、つねに乏しい資源を生かすしくみが必要な国です。お米はごはんになるだけでなく餅や団子になり、藁《わら》は米俵にも注連縄《しめなわ》にもなる。こういう資源活用の工夫をつねにする必要があったので、デュアルでリバースな方法が出やすかったんでしょうね。「木と紙の国」であることが「ものづくり」の共通基盤になってきたわけです。だから木と紙だけでも多くのバージョンを生み出せた。石油・石炭・鉄・ボーキサイトといったリソースの多様性でなくて、それらを組み合わせていく多様性を誇ることにもなった。

田中　日本は「木と紙の国」で「土と水の国」です。

松岡　そうそう、「土と水」もある。縄文土器以来の焼き物が世界一になったのも、土ばかりいじってきたからです。ようするにコード・ディペンド(要素依存)ではなくて、モード・ディペンドですし、情況依存的というか様態依存的というか、すこぶる文脈依存型なんです。そのぶん社会文化に対する細かい観察力や認知力が高くなった。べつの見方でいうと、つねに多様な状態を並立させておこうとするから、一元的にはなりにくい。だから朝廷と幕府とが、公家と武家とが、両方必要になる。いまなお天皇家と内閣が併存する。

田中　一元的に還元できないということは、戻るところがないとも言えますね。いつもどこかにぶつかりながら、はねかえってくるものをたしかめつつ、組み合わせを変えながらなんとか進んでいく、つくっていくというような状態が持続する。

松岡　相対化(双対化)して、いつでもある状態からある状態に往復できるようにしておく。もちろんそのぶん流動的になったり、変化が細切れになったりすることもおこりえます。

田中　そういうあり方は、たとえば古代の遷都や宮城の移動の仕方をみても、かなり早い時期にできていたんじゃないかと思います。

松岡　外オモテの大極殿《だいごくでん》と内ウラの紫宸殿《ししんでん》の関係なんかも、まさに表と裏を行ったり来たりするしくみによってつくられた。朝や昼の政治は大極殿や朝堂院《ちょうどういん》でしておいて、夕方や夜の出来事は紫宸殿や清涼殿《せいりょうでん》やそれぞれの殿舎の坪でやる。「朝廷」という言葉はこの朝の儀式を象徴しています。朝はフォーマルで中国的、夜はカジュアルで日本的なんですね。だから、建物も大極殿は石造りで磚《せん》(スレート)を敷き、瓦屋根をつける。一方の紫宸殿や清涼殿は檜皮葺《ひわだぶ》きで高床式で、木造にする。女房たちも侍《はべ》る。この両方で大内裏《だいだいり》なんですね。

田中　外と内、表と裏だけでなく、朝と夜、フォーマルとカジュアル、真と仮、男と女、漢と和もあって、デュアル性がものすごく多様に展開していた。しかもそれが対立ではなく、同時共存していたし、ときには相互に入れ子になったり器と中身の関係になることもあった。

そこで気になるのは、やっぱり日本にとってのおおもと、オリジン、起源の問題です。オリジンがないからデュアルにできるとも言えるわけでしょう。これを言い換えると、いったい日本は「普遍」をどう考えてきたのかという問題でもあると思うんです。というのも、国家というものは朝廷にしても幕府にしてもやはりレジティマシー(正統性)が必要で、そのためには〝大きな一本〟が必要なはずなんだけれど、それをどうしたのか。

松岡　そこが大問題。とりあえずは、大和朝廷の勢力が天皇の系統を普遍っぽくしたということかな。でも日本の歴史社会において、はたして〝大きな一本〟による普遍性のようなものが必要だったのかどうか。

田中　そこなんです。たとえば、天武《てんむ》天皇の時代に天皇の系統を整理して『帝紀《ていき》』を編纂しましたが、あれは普遍化だったのか。明治国家が憲法でうたった神武建国このかたの万世一系《ばんせいいっけい》は、あきらかに普遍化の意図によって創作されたものですが、天武時代にそんな意図があったとは思えない。

松岡　ひょっとしたら藤原不比等《ふひと》のシナリオにはあったかもしれない。縁組によって天皇家の血脈に藤原の血を入れながら、ついに藤原摂関家による体制をつくってしまったわけだからね。でもそれ以前は、『古事記』も『日本書紀』も万世一系の普遍性はうたっていない。実際にも平安初期の平城《へいぜい》天皇のときは二所朝廷になってしまったし、南北朝時代には皇統が割れて「天に二つを戴《いただ》く」ということもあった。

田中　それに天皇のレジティマシーは国内のことだけでしたからね。東アジアにも世界にも通用しなかった。

松岡　そうだよね。ということは院政のことまで含めると、天皇システムを含めたガバナンスそのものがデュアルだったんじゃないですか。徳川社会でも「菊と葵」、すなわち天皇と将軍はデュアルだった。日本が「普遍」をどう考えてきたかということは、日本になぜ合理科学が生まれなかったのかという議論とも関連してくるかもしれません。

日本は長らく普遍的な自然科学を必要としていません。「自然」を安藤昌益が「ひとりする」と読んだように、“be”としての「ある」を厳然と確立したいのではなく、“becoming”という「なる」があれば、だいたいの変化に対応できると思っていた。そこを丸山真男は、本居宣長が指摘した「なる」「つぎ」「いきほひ」の三つの語を引いて、日本の〝生成〟の観念は「つぎつぎ・に・なりゆく・いきほひ」というものだとみなしましたね。そしてこれをもって日本の基調低音だとみなした。

一方、古代ギリシアやヨーロッパの基調低音は「つくる」「うむ」「ある」ですね。これが普遍のかたちです。原観念としては自然をあらわす「ピュシス」(生成)と人為的なものをあらわす「ノモス」(制度)があって、それが対立概念になっている。ところが日本ではそこが対立しないで、連続的に変化する。

田中　だいたい日本の神々は、キリスト教の神のようには国土を生んだりつくったりしていませんからね。

松岡　記紀神話には「つぎつぎ・に・なりゆく・いきほひ」によってそうなっていった、ということしか書かれていない。「つぎ」というのも「次々」ということよりも、「継ぐ」ということでしょう。

田中　そう、だから、天皇が皇位を継承するのは「日継ぎ」と呼ばれるし、まさにそれが「世継ぎ」なんです。

松岡　ついでに言うと、丸山真男は「稜威《いつ》」を重視して、日本には最も大事なものに「近寄るなかれ、触れるなかれ」という原観念のようなものがあったと考えた。このことは山本健吉も『いのちとかたち』で強調していたことで、ぼくもきっとそうだろうと思っている。「稜威」というのは不思議な言葉で、神聖で斎《い》み浄《きよ》められているという意味と、勢いの威力が激しいという意味とをあわせもった言葉です。この二文字の熟語は、よく神社の扁額《へんがく》にもなっている。

田中　天子（天皇）の威光という意味でもある。たしかに触れがたい言葉ですよね。

松岡　だから、日本のオリジンというものは、普遍的なものではなくて「近寄るなかれ、触れるなかれ」なんですよ。遍《あまね》く行き届くものではないし、触れてはならない。でも、これじゃ科学はとうていつくれない（笑）。

田中　普遍が「あまねく」ではなく、隠微《いんび》なんですね。真に大切なものは内側に包み込む。そのことによって、包まれたものが中心になる。中心はときおり何のメッセージも発することなく空無になるけれど、それでも隠微であることで普遍になる。これは西洋と日本のどっちが正常かとか正しいかという問題ではないし、もちろん普遍を求めないからおかしいというようなことではない。でもこういう日本をどういうふうに語っていけばいいのか。

松岡　田中さんは、現在の「グローバル日本」のなかにどのようにしたらこれまでの方法や価値観をもってこられるのかということを、最近はとても大事に考えておられるようだけれど、やはりヨーロッパ思想が措定した普遍性に代わるものが日本にも必要だと思いますか。

田中　グローバリズムには必ず二面性があります。ひとつは個人がその能力に応じて、直接、世界情報を入手できるという側面で、これによってものを考えるための視野は格段に広がりますね。もうひとつの側面は、基準の覇権がおこることです。測定の基準、暦の基準、時間の基準、学制の基準、貧富の基準、言語の基準、医療の基準、衣食住の基準などがつくられてスタンダードになっていく。

近代化というのは言葉をかえれば「地球上が西欧の基準に統一される過程」であって、今もその過程をたどっています。このことの弱点は多様性の喪失による脆弱化ですよね。もしこれが西欧基準ではなく中国基準によるグローバリズムになったとしても、多様性の喪失はやっぱり同じようにおこる。つまり、基準統一のさなかにある私たちの時代にとって、大事なのはその枠組のなかで多様性を拡大することで、覇権争いをすることではないと思う。たったひとつの普遍は必要ないし、むしろ普遍の内部から多様性で押し返すことが必要で、デュアルな日本はそのほうが得意なはずじゃないかと思うんですね。

私は憲法問題もそのように考えています。戦後、さまざまな事情で憲法のなかに九条が書かれた。九条の内容は軍事強国を基準にすると、とても普遍的とは言えないから、「普通の国になりたい」などと言っては九条を変えることを意図する。ところが九条はパリ不戦条約の流れを汲むもうひとつの普遍であることを、多くの人は知っています。つまり世界のデュアルが交差する点に九条があるわけです。つねにその結び目に問い、その矛盾に苦しみ、思考し、方策をなんとか生み出す。この思考と工夫が日本人を鍛えます。軍事に頼れば強くなるといったことは幻想で、結局何も強くしないことは、歴史が証明していますね。

松岡 それは最近の安保法制議論に対する、かなり根本的な提言ですね。とても明快で、かつ田中さんらしい。つまり、グローバルな基準に右顧左眄《うこさべん》せずに、基点になるところを多様化していけばいいということでしょう。

「世」と「代」の時空

松岡　それにしても、だいたい日本という国名を「にほん」と読むのか「にっぽん」と読むのか、決めていない国もめずらしいよね。

田中　西暦と元号を並列させているし、天皇名もいまなお「裕仁」と「昭和天皇」というふうに、和名と漢風諡号を並列させている。どこまでもデュアルで平気で、なかなかどちらかに決めようとしない。それがおもしろい。

松岡　仏教が入ってきたときは、経典を漢音で読むべきか呉音《ごおん》で読むべきか、ずいぶん議論していた。なんども規則化しようとして、結局は「白衣」を「はくい」とも「びゃくえ」とも読めるようにした。「生」という字にも「せい」「しょう」という読み方もあれば、「なま」もあるし「生一本」の「き」もあるという状態で、全部の読み方をそのまま残しています。とくに密教と顕教《けんきょう》のなかで、両方の読み方が残されてきたのが大きかった。

田中　言霊《ことだま》という考え方があったのも大きかったかもしれませんね。忌み言葉もずいぶんつくったでしょう。いまでも「スルメ」と言わないで「アタリメ」と言うように、その言葉を発したら現実的な事態が変わるだろうと感じたことは、言葉について多くのデュアルを生んできた理由のひとつになっている。

松岡　本居宣長は、日本語には「ただの詞《ことば》」と「あやの詞《ことば》」の二種類しかないと言って、「ただの詞」は「ことはり」、つまり現実処理型の理屈のことで、「あやの詞」は「もののあはれ」をあらわす方法を含むものだとした。これを国学者の富士谷御杖《ふじたにみつえ》は「倒語《とうご》」と言って、日本のことは「あやの詞」でしか語れないんだということまで言っている。

田中　言いかえれば、現象をあらわす言葉と、それを価値に変えていく言葉のことね。

松岡　こういうことはヨーロッパや中国の言語学と知の関係からすると、かなりわかりにくいかもしれません。日本語そのものにヒントが埋まりすぎている。

田中　それなのに、日本論の多くが「言葉の起源が日本人の起源だ」というふうに考えてきたことも興味深い。あまりに多くのものが中国起源で、日本語のなかにしか日本がないとも言えますからね。でもたしかに、日本語とそれにもとづく発想法は、中国が浸食できなかった領域だった。

松岡　日本が過去や大過去を思い出す方法に特徴があったと思うんです。それは古代ギリシアや古代中国とはかなり異なるものです。たとえば日本海が陥没して、また縄文海進がおこったとき、大陸との大きな断絶が始まった。ナウマンゾウの骨などが野尻湖に残された。それにもかかわらず、文物はその海を越えてきた。また大陸との交渉もできた。ここで古代ギリシアや古代中国とは異なることがおこったんじゃないか。

田中　というと?

松岡　ヨーロッパだって海は陥没しているし、火山爆発もおこって陸地の変化もおきている。そこからアトランティス幻想が生まれた。ソクラテスもプラトンもアトランティスが沈んだという伝承を聞いて、そこにはきっと「理想の国家」のようなものがあったというふうに見た。そしてアナムネーシスという方法、つまり記憶と想起の方法によってその「理想の国家」のことを語るべきだ、自分たちがいるこの国土にもそのような理想を実現するべきだというふうに考えて、それをフィロソフィ(知と愛)の根幹の方法におくことにしました。実際にもプラトン哲学の大半はそのようにできています。

ところが日本では、日本海は陥没したけれど、海の太古に理想の国家があったなどとは想像しなかった。大陸や半島との交流はつづいていたし、大国の中国の動向もそれなりにずっと見えていたので、大過去にあるものではなくて「向こうからやってくるもの」が理想だというふうに見ていた。古代ギリシアや古代ユダヤのように、そこに理念としての「失われたエデン」

や「失われたアトランティス」があるとは見なかったわけです。

田中　古代中国も、春秋戦国時代の哲人たちは古代ギリシアの哲人と似たようなことを考えましたね。つまり夏《か》・殷《いん》・周《しゅう》という失われた国々こそ「理想の国家」であり、そこには「理想の君主」がいただろうと考えた。孔子や孟子は、その理想を各地の現実的な君主に伝えようとした。そういうことが、日本ではおこらなかったということですね。

松岡　そうです。理想の国である中国はずっと海の向こうに存在しているし、その中国から、「分かれて百余国」の倭国《わこく》群がお墨付きをもらうというふうになってしまったわけです。そういうことも、エディティング・フィルターのつかい方に関係していたんじゃないか。

田中　日本独特の「評価のフィルター」もね。ヨーロッパの知は、評価と証明を重ねようとしてきた。それが数学や科学を発達させたわけです。でも、日本の評価って「評判」ですからね。権威にならないんです。そこがおもしろいところで、それでもその評判によって「世間」というものが成り立ってきた。

松岡　そうそう、そこです。日本はレピュテーション(評判)が好きすぎて、エバリエーション(評価)を闘い合わせてこなかった。そのためヨーロッパ的な「世界」はユニバーサルな普遍性を必要とするけれど、日本的な「世間」はそのつどの構成感覚で済んでしまうようになったんでしょうね。

田中　といっても、世間を気にしたのは、たんに世俗的なことが好きだったということではないのです。そこには「世」とか「代」という「よ」の意識が強くありました。

松岡　うんうん、「世」や「代」のことね。

田中　「世」と「代」というのは、普遍的な時代や時間の流れのものさしではないんです。むしろさきほどの「つぎつぎ・に・なりゆく・いきほひ」と同様の、継承してゆくもののシンボルをあらわす言葉です。このことは物語にもあらわれている。日本の物語って、クロニクルな時間がないんですよ。たとえば『源氏物語』では、どの天皇の代だったかを示すことが、時間や歴史の代わりになっている。そのうえで物語全体は光源氏のまさに一代の物語なんですね。

松岡　光源氏はまさに『好色一代男』の世之介の母型だった。この方法は西鶴の『好色一代男』までずっとつづいています。

田中　その名も「世之介」ですしね。これは、『伊勢物語』の「むかし、おとこありけり」の「男」と同じ、いろいろな人が当てはめられてもかまわないような存在なんです。光源氏だってそうですよ。それが「世」とか「代」という感覚です。西鶴はあきらかにこういった日本の物語の構造を理解してつかっています。

松岡　日本の歴史観がどのようなものであったかということも、そういった表現方法からつきとめられるかもしれない。

田中　たとえば『日本書紀』は編年体《へんねんたい》だから時間を追っているんですが、ひとつの流れを追いきれなくて、途中に「一書に曰く」を何度も入れて「別な記録ではこうなっている」ということを並列していますね。平安末期に成立した『大鏡《おおかがみ》』はおもに藤原道長の、南北朝時代に成立した『増鏡《ますかがみ》』は後鳥羽院や後醍醐天皇の、一代記的な書き方です。『吾妻鏡《あずまかがみ》』は鎌倉時代の六代の将軍を扱っていて、けっこうくわしい編年体ですが、ところどころ脱落があって、失われているところもある。それだけではなく鎌倉幕府のなかでおこっていることしか書いていない。これが歴史書なのかと疑問に思ってしまうようなものです。

松岡　江戸に入ってから、水戸の徳川光圀《みつくに》が、明からの亡命者である朱舜水《しゅしゅんすい》を招いて一大決心をして編纂していった『大日本史』も、一〇〇年以上をかけて書かれたものだけれど、あれを日本の歴史書として読んでいる人なんてあまりいませんね。ふつうは国史や歴史書はどこの国でも学校で習うものなのに、日本ではそういう歴史書が歴史のなかから出てこない。

田中　日本には一貫した史書というものがないんです。だからこそ「世間」の記述で歴史感覚を肩代わりしてきたんでしょうね。

松岡　そういう歴史的な時間感覚はそのまま空間にもあてはめられてきました。『伊勢物語』がとても特徴的だと思う。あれって在原業平《ありわらのなりひら》の東下《あずまくだ》りの話になっているけれど、そのまま東海道の空間が絡まっているでしょう。その方法が結局は、日本独特の絵巻の手法にもなった。

田中　たしかに時間と空間の両方が「世」や「代」になっている。絵巻だけではなく、浮世絵がまさにそうでした。

松岡　そこがおもしろいよね。クロニクルはひたすら「一代記」や「世間」の描写になって、パースペクティブは西洋のように一点透視の遠近法にはならないで、絵巻や浮世絵のような「吹抜屋台《ふきぬきやたい》図法」とか「書き割り風」の平べったい空間で、そこにいくつもの時間を同時に描写していく。これも日本独自の視覚編集の方法です。ほんとにおもしろい国だけれど、変わった国ですよ（笑）。

2

「国の家」とは何か

「年中行事絵巻」を通して平安時代の宮廷のしつらいや調度や服装を知ることができる．——「年中行事絵巻考，巻 4．国立国会図書館デジタルコレクション」より「賭射(のりゆみ)」の行事(天皇の前で舎人たちが射術の腕を競った正月行事)

大和朝廷はいつ確立したのか

松岡　日本をもうちょっと深く問答する前に、一度、古代に戻ってみたいと思うんですが、いいですか。

田中　そのほうが話の積み重ねがしやすいですね。でも話の行方によっては、歴史の順番どおりにはならないかもしれないし、思い切った切り口や組み合わせの話も交わしたい。

松岡　この二人が話すんだから、すぐにそうなる(笑)。

田中　そりゃそうね。

松岡　古代に戻って考えるというのは、日本はどのように自立したのか、外の力はどのように絡んだのか、そこを見るということです。

田中　倭《わ》はどのように大和《やまと》になったのか、ですね。

松岡　古代日本にとっての「外」となると、まずは東アジアですが、ほかにも北東アジア社会、またポリネシアや南西諸島社会、それにシベリア・アイヌ系のオホーツク社会などが風や潮に乗ってやってきた。けれども、縄文社会の出土品を見るかぎり、強い「外」との関係は感じません。それが劇的に変化してくるのは鉄と稲が入ってきてから、とくに漢字が届くようになってからです。ということは、弥生文物や古墳文物は「外」の影響によってできたということになる。

それなら、そういう渡来文物は渡来部族とともに日本を席捲《せっけん》していったのかというと、かならずしもそうではない。日本側のレセプターやアクターやアダプターがいて、渡来文化に混じっていったはずです。だとすると、このときの日本列島にはどういう集団力や指導力があったのか。

田中　それは端的に言えば、大和朝廷がどのようにできたのかということと、どのようにして数ある豪族のうちのオオキミ(大王)が天皇になっていけたのかということですが、大和朝廷がいつできたのかということは諸説いろいろあって一筋縄ではなかなか語れない。

松岡　順を追うしかない。ごくおおざっぱに言えば、一〜二世紀に稲作技術をもった弥生人が低地に大集落をつくって、「分かれて百余国」ができた。そのときさっそく『後漢書』東夷伝《とういでん》にあるように「倭の奴《な》の国王が後漢の光武帝に使いを送って印綬を授けられた」とか、「倭の国王の帥升《すいしょう》が生口《せいこう》一六〇人を安帝に献じた」という出来事がおこっていた。三世紀に後漢が衰亡して魏・呉・蜀に分かれて三国志の時代になると、それまで楽浪郡《らくろうぐん》をおいて中国が押さえていた朝鮮半島がふつふつと活発化して、お湯が熱く沸騰してきます。北のほうでは高句麗《こうくり》が力をつける。南部では馬韓・弁韓・辰韓の三韓が成立する。それと呼応するかのように北九州でも小国が争い合って、これを卑弥呼が治めて邪馬台国が成立した。まあ、こういう発進だったわけですが、倭国とはいえ、まだ統一体も王権もない段階です。邪馬台国がどこにあったのかもはっきりしない。そのことも大和朝廷の成立がいつだったのかという問題をややこしくさせている。

田中 卑弥呼は魏に使者を送って、「親魏倭王」の印綬を受けている(二三九年)。けれども、この『魏志』倭人伝の記録以降、中国の歴史書から倭国の記事がほぼ一世紀ぶんほどすっぽりと抜けてしまう。そのあいだの日本のようすがわかるものといえば、古墳しかない。

松岡 古墳は九州から東北まで及んでいるけれど、統一政権がないのだから、冊封《さくほう》は受けていないでしょう。

田中 冊封体制は「冊(書)を受けさせて封建する」という、中国の華夷秩序や王化思想にもとづいたもので、宗主国と冊封国のあいだに、朝貢《ちょうこう》、元号や暦の使用といった君臣関係が生じます。それには宗主国が強大で、朝貢する側にも強いリーダーが必要です。卑弥呼から倭の五王までは、そこがまだ分散的だった。

松岡 そうだよね。それに倭は、朝鮮半島とのパワーバランスのほうが濃くなっていた。中国では三世紀後半に三国時代から晋の時代に変わり、その晋も北方民族に追われて江南に移る。それを待ってたかのように、半島北部では高句麗が楽浪郡を破って力を増し、南部では三韓に代わって百済《くだら》と新羅《しらぎ》が生まれていく。一番南の伽耶《かや》(加羅《から》)と呼ばれる地域では小国が分立したままで、ゆるやかな連合体を形成していた。

ついで倭国が百済とともに新羅を攻撃し、高句麗とも戦って、その結果、好太王《こうたいおう》(高句麗の広開土王《こうかいどおう》)の碑文にそのことが刻まれたのが五世紀前半(四一四年)ですが、なぜ倭国が百済と組んだのかも、まだわかっていませんね。アライアンスを結んだとしても、主導性はどちらにあったのか。

田中 百済のほうが引っぱっていたんじゃないかしら。

松岡 きっとそうでしょうね。その百済の力も新羅との勢力バランスはかなり微妙なもので、何かがあればすぐに浮沈した。そうこうしているうちに、五世紀には中国の華北を北魏が統一し、華南では宋・斉・梁・陳が争う南北朝(六朝)の時代が六世紀後半までつづいた。ここで倭は南北朝の影響をかなりダイレクトに受けた。「讃、珍、済、興、武」の五王が次々に宋に使いを送ったという記録が『宋書』に残っていますが、ここはあきらかに南宋が宗主国として称号を付与しました。

田中　『宋書』には、この五王は宋から「安東《あんとう》将軍」の称号をもらったと書かれていて、「将軍」という名称がこのころすでに倭国にも伝わっていたということがわかります。豪族のなかからオオキミのプレ候補者のような者たちが、それなりの系譜をもって選ばれていただろうことも推理できるのだけれど、さて、この五王たちにどのくらい一国のリーダーとしての自覚があったのかというと、それもどうもはっきりしませんね。

「武」こと雄略天皇、和名ではワカタケルですが、「アメノシタシロシメス」(治天下)というふうに豪族のあいだで認知されていたようです。そこから、おそらく雄略天皇のときに倭国のオオキミ体制が仕上がったとみる有力な説が出てくるのですが、これがのちのちにまでつながっていく天皇の確立を物語っているかどうかというと、これもまだよくわからない。

五王は冊封体制《さくほうたいせい》のなかに組み入れられていたとされますが、じつは日本側はこのことをきちんと理解できていなかったんじゃないかと私は思っています。

松岡　このへん、すでに「外」への甘さが見えますね。プロトコル(交渉規約)に弱い。

田中　倭国から中国に朝貢した回数があまりにも少ないでしょう。五王の時代でも五世紀から六世紀にかけて十数回ほどです。冊封の朝貢であれば、原則的に毎年派遣しなければなりません。それによって中国皇帝から一国の王として認めてもらうわけだし、代替わりの時には中国からも使者が来なくちゃいけない。そういう関係を維持していくためにも、毎年、贈り物を持って朝貢しなければならない。後の朝鮮王朝も琉球王朝も、そこはちゃんとやっていた。

松岡　多面外交がヘタですね。相手が代替わりするとためらう。そのことは今日の平成の韓国や中国との外交にもあらわれている。それにくらべると、高句麗は燕、前秦、北魏というふうに相手の代替わりに応じて朝貢したし、百済だって東晋、宋、北魏と相手を変えて冊封を受けた。

田中　なぜ倭国が朝貢をちゃんとしていなかったのかということは、なかなか説明がつかないんですが、雄略天皇のころは、まだ外交感覚ができていませんね。

松岡　中国を意識する前に、半島を気にしたからじゃないですか。五世紀に百済の王仁《わに》が日本に来て『論語』や『千字文《せんじもん》』を伝え、六世紀の継体《けいたい》天皇の時代には、百済の五経博士が『書経』『易経』などの五経をもってきた。こういうことが、だんだん頻繁になるでしょう。ぼくは、王仁氏が西文氏《かわちのふみうじ》になり、阿知使主《あちのおみ》が東漢氏《やまとのあやうじ》の祖氏となっていったというように、かれら渡来部族が畿内に定住して、「史《ふひと》」、つまり朝廷の文書官となって倭国の政治にかかわり出したことが大きかったと思う。そういう渡来人の定着や倭人との混血が進んだうえで、やっと国の内と外をどうしていくかという目をもつことができたんじゃないですか。

田中　それもありうると思います。日本の内と外がかなりハイブリッドに混じりあっていたのはまちがいない。

松岡　そのひとつの区切りは、大伴金村《おおとものかなむら》が越《こし》(高志)の地から継体天皇を迎えたという出来事(五〇七年)や、その金村が伽耶《かや》の四県を百済に割譲した(五一二年)ことにあるでしょうね。五経博士の来日はその見返りです。この四県の割譲によって日本の半島でのポジションはどんどん悪くなっていくんですが、このあたりから内と外のぐちゃぐちゃが、ようやく少しは外は外、内は内というふうに整理されていった。その直後に筑紫《つくし》の磐井《いわい》の反乱(五二七年)を物部麁鹿火《もののべのあらかい》が鎮圧しますよね。そのころにやっと日本にセンターが生まれて、何らかのオーダーができつつあった。

田中　継体天皇の即位は大きい転換だったでしょうね。オオド(男大迹王＝継体天皇)の血脈はそれまでの天皇家とはちがっていて、お父さんの彦主人王《ひこうしおう》は近江《おうみ》の地のオキナガタラシヒメ(息長足姫)の係累でしょう。息長というのは、その名前があらわすように、潜水をともなう海洋系の一族だったことを暗示しています。その一方、お母さんの振姫《ふるひめ》は越の国の豪族の娘だった。

お父さんが早く死んだので、オオドは母の国の越で育てられ、越の国や河内《かわち》や山城《やましろ》を転々として五〇年近くをすごしたあと、五七歳くらいで大伴金村によばれて二六代の天皇になる。つまり、大和という「内」が越という「外」を取り込んだわけです。

松岡 いまでも越前市の蓬莱祀《おらいし》というお祭りは、継体天皇の即位を越で祝ったことの再現だと言われているからね。

田中 これまでの古代史学では、継体天皇の即位によって神武以来の系譜が途切れた、あるいは変更されたと仮説されていますよね。それが事実かどうかはDNA鑑定でもしないかぎりわかりませんが、それでもここに何らかの大きな転換があったということは否めない。それとともに、松岡さんが言ったように、国内の「内と外」の関係が天皇家の意図のほうに向かって、かなり「内」に引っぱられたんだと思う。

松岡 継体天皇のお母さんの振姫のルーツは半島系の豪族だという説もあります。で、そのあとどうなっていったかというと、継体が即位して数十年たった欽明《きんめい》天皇のときに、百済の聖明《せいめい》王《おう》を経由して仏教が伝来する。ここから物部《もののべ》と蘇我《そが》が大和に根を張って、覇権を争っていくというふうになった。

田中 物部と蘇我の対立はとても示唆的ですね。のちの儒学者と国学者、あるいは僧侶と国学者の対立の構図の先取りですし、日本のデュアル構造の源のひとつだと思います。結局、蘇我氏が勝ち、聖徳太子が出てきて、いよいよそこから仏教国日本が始まっていくんだけれど、なぜそういう推移になったのか、このことがのちのちの日本に何をもたらしたのか、もっと考えるべきです。

松岡　大きく見れば、大伴氏が半島経営の失敗の責任を負わされて没落し、かわって欽明天皇を中心にして朝廷の再編成にとりくんだ背景に、物部グループと蘇我グループのイニシアチブ争いがあったということかな。物部は軍事担当で、蘇我は財政担当。結局、経済が勝った。大和朝廷の実質的な確立も、おそらくそのあたりと考えたほうがいいんでしょうね。ところがその後に蘇我が没落する。さあ、どうするかです。

田中　問題はどこで王権としての天皇家が確立したか。

松岡　仏教伝来の前か後か。欽明・敏達《びだつ》・用明《ようめい》・崇峻《すしゅん》・推古までの天皇の時代は、稲目《いなめ》・馬子《うまこ》・蝦夷《えみし》の蘇我三代の時代でもあって、血を血で洗うような政権をめぐる策謀がつづきますね。となると、当時すでに大和朝廷のセンターが確立していたとしても、実態は王権をめぐる権力争いがずっとつづいていたということです。

田中　これまでの研究では、天皇家の血筋がどこに由来するのか、それが王権の確立にどんな影響を与えていたのかはまだよくわかっていません。なかなか書きにくいことでもある。それは天皇家だけではなく、たとえば秦氏《はた》のような渡来系の血脈と動向も、ほとんど実態はわかっていません。それでも六世紀から八世紀にかけては、駿河《するが》、甲斐《かい》、相模《さがみ》、上総《かずさ》、下総《しもうさ》、常陸《ひたち》、下野《しもつけ》、武蔵《むさし》など関東一帯に、関西から主に朝鮮系の渡来人が続々と入植してきたことがわかっています。かれらは馬の飼育、漁の技術、麻、絹、瓦、文字や画、皮革、仏教などをもってきた。

こうして埴輪、土器、墳墓の技術者である土師臣真中知《はじのおみのまつち》と檜前浜成《ひのくまのはまなり》、檜前武成《ひのくまのたけなり》が入植したのが浅草ですね。かれらが浅草三社祭の「三社」となった。おそらく三人ではなく、一族の入植でしょう。この帰化人たちが観音信仰をもってきて、その信仰拠点が浅草寺になった。待乳山《まっちやま》聖天《しょうでん》は真中知《まつち》と深いかかわりのある寺院ですね。また武蔵一帯に入った入植者たちによって、高麗郡《こまぐん》が形成されて高麗絹が織られ、多摩地域の麻布生産が始まったとされています。

松岡　上垣外憲一《かみがいと》さんが『ハイブリッド日本』で書いたように、中国・韓国は父系制が家族制度の基本なので、姓をたどるだけでは血脈は見えないし、その姓も、たとえば「はた」さんは畑にも羽田にも幡多にもなるというように、ものすごくたどりにくい。いまは静岡県知事をしている川勝平太さんによると、川勝という姓も、じつは秦河勝からきているという(笑)。

もともとの秦氏は、『日本書紀』では応神天皇の一四年に百済からやってきた弓月君《ゆづきのきみ》たちが祖先ですよね。一二〇県の民を率いて、帰化というのか、植民というのか、倭国への定住を望むんですが、新羅の妨害によって挫折した。そこで葛城氏の葛城襲津彦《かずらきのそつひこ》が助け舟を出すんですが、三年たってもうまくいかない。平群《へぐり》や的戸田《いくはのとだ》といったリーダーが加羅に派遣されて新羅を牽制し、それによってようやく弓月君の民たちが渡来することできた。『新撰姓氏録』では弓月君は融通王《ゆうずうおう》という名にもなっていて、中国の秦の始皇帝の後裔だとされている。こういう牽強付会《けんきょうふかい》をやるところが日本っぽいんだよね。

田中　弓月君の一族って、たしか五胡十六国時代の羌族《きょうぞく》がおこした後秦に由来するという説もありましたね。弓月君と秦氏に関する氏族伝承は平安時代以降にでき上がったものだから、ほとんどの話が創作だと考えたほうがいいかもしれない。

松岡　それでもこの秦氏のことがわかると、日本の古代史の「内」と「外」のつなぎ目もかなりわかるはずですよ。なにしろ秦氏が定住したエリアは大和だけではなく、山城、河内・難波《なにわ》、摂津《せっつ》から、関東のいまの秦野市にまで及んでいたし、土木や養蚕や機織りの技能をおさえて財力をたくわえ、ずっと王朝政治に強い影響力を与えていた。

田中　渡来人は亡命者もいるけど新羅の王子もいて、学者も技術者も交易者もいた。その系譜や交わりには想像を絶するものがあったでしょうね。そこには百済・伽耶・新羅・高句麗から来た人びとだけではなく、渤海《ぼっかい》（現在の中国東北部）や中国の山東半島や江南からの人びとも入っていた。この多様な渡来人たちの動きのなかで大和朝廷が力を結集していくんですが、もちろんそこでは混血もかなり進んでいたし、蘇我馬子が物部守屋を滅すというような血なまぐさいこともいっぱいおこっていた。

蘇我馬子と聖徳太子

松岡　当時の血筋を追いにくい理由のひとつに、豪族や天皇家の子どもたちの数が尋常じゃないということがあります。ぼくは崇峻天皇の暗殺される前後の事情がいまだにのみこめないのだけれど、この人は泊瀬部皇子《はつせべのみこ》といって、欽明天皇の第一二皇子です。そもそも欽明天皇が蘇我稲目の娘（堅塩媛《きたしひめ》）と結婚したのが、ややこしい事情の始まりだった。

田中　その蘇我氏の出自もこれまでいろいろ諸説が出たけれど、あいかわらずわからない。

松岡　これからの古代日本史では、もっと馬子をちゃんと扱ったほうがいいんじゃないかな。馬子って、古代ローマのブルータスのような印象があるのか、どうも日本人は忌み嫌っているみたいだけど、ほんとうはもっと学習したほうがいい。日本を知るために知っておくべき歴史人物ベスト二〇に入ると思いますよ。

田中 馬子は王位継承の中核にいたし、仏教政策の中核でもあったし、嶋大臣《しまのおおおみ》として最初の大臣職を担ったわけよね。崇峻天皇の暗殺で即位した推古天皇だって、叔父にあたる馬子がつくりだしたようなものでしょう。それまで女帝なんていなかったのに。

松岡 馬子は崇峻天皇の暗殺にもかかわっていたはずです。

田中 そもそも蘇我氏をどう見るかということに、日本のウチソト問題の起源のひとつがあるんです。

松岡 そうですね。推古の摂政をしたという聖徳太子のことも、じつはよくわかっていない。にもかかわらず、聖徳太子が歴史上の人物のなかであれほど特別に物語化されたのはなぜなのか。これも興味深い問題です。

田中 もとはといえば、多様な民族や集団が大和の地で共存していたわけです。そこへもってきて物部と蘇我が対立し、穴穂部皇子《あなほべのみこ》や崇峻天皇が次々に殺されるという事件がおこった。そういう情況をまのあたりにした当時の宮廷は、武力による絶対的権力の確立はむずかしいと考えたのかもしれません。そこで物語の創造によるブランディング戦略への切り替えをはかった。

このとき聖徳太子が伝説化されたんじゃないですか。

聖徳太子伝説は『上宮記』『上宮聖徳法王帝説』『聖徳太子伝暦』などによって編集されていきますが、その過程は仏教が日本に定着するプロセスと大きく重なっています。「十七条の憲法」は儒教の論理を用いているものの、中身は仏教でしょう。つまり、中国の政治思想と仏教を土台にするデュアルな日本をつくった人として、ブランド化されたわけです。『日本書紀』の推古天皇のくだりも、ほとんど聖徳太子の記述で占められている。

松岡　古代王権論の義江明子さんや大津透さんは、推古・聖徳太子の時代に「天皇」という考え方が形成されたという説ですね。義江さんは、聖徳太子を悼《いた》んで橘大郎女《たちばなのおおいらつめ》がつくらせた天《てん》寿国繡帳《じゅこくしゅうちょう》を研究して、聖徳太子とその妃の橘大女郎が、欽明系の血と蘇我稲目の血とを重ねたカップルだということをつきとめた。それと、欽明と推古だけに「天皇」の称号が用いられているのは、ここに天皇家の確立があったからだというふうに見た。それまでは天武朝のときに天皇家の誕生や確立があったというのが通説だったのだけれど、まったく新しい説を唱えたわけです。これを広げて展開したのが大津さんの新推古朝論だった。

田中　聖徳太子は高句麗の僧や儒学者から学んでいるし、百済の僧からもかなり貪欲に多くの知識を導入しています。このころの日本は朝鮮半島といっしょに生きているといってもいい時代ですから、聖徳太子はその環境のなかで政策提言をしているわけです。その一方、列島内は日本人と渡来人、とくに朝鮮からの渡来人が群雄割拠していましたから、これらの「外」と「内」のバランスをどうしていくかが難題だった。

そんななかで聖徳太子がやったことで一番大きかったのは、やはり国づくりの基本に仏教をおいたということです。政治技術として儒教をつかいながら、理念として仏教を採用した。しかも蘇我氏が確立した権力のうえで天皇という概念をつくり、しかし自分は天皇にはならなかった。どこまでが聖徳太子のシナリオだったのかはわかりませんが、どうも、中国的な皇帝とは異なる首長機能をつくろうとしていたんじゃないかと思う。

松岡　なるほど。官職の世襲制を排除して「冠位十二階」をつくったのも、「十七条の憲法」をつくったのも、そのひとつでしょうね。それにしても古代の日本を見ていると、複雑な内と外の混じりあいや、しくみの変換や変形にたじたじとなりますね。

田中　これまでの歴史教育が、日本と大陸や半島との関係を、あまりにも軽視しすぎてきたんですよ。じつは海を隔てているというのは、陸続きの国々の関係よりも人物や文物が一挙にまとまって入ってきやすいんです。船でまとめて運んでこられますからね。

松岡　田中さんはアンソニー・リードの大著『大航海時代の東南アジア』を共訳もしていたけ

れど、日本も海からの歴史をもっとつぶさに見ていく必要があります。フェルナン・ブローデルらのアナール派の歴史学も、結局は地中海を徹底的に共同研究して生まれたわけだから。

だいたい日本は海の国であるにもかかわらず、不思議なことに海の神話や昔話も少ないでしょう。海幸彦・山幸彦の話とか、住吉信仰とか阿曇《あずみ》族の話とか因幡《いなば》の白兎とか、すぐに思いつくのは数えるほどだし、因幡の白兎も能の『羽衣』もせいぜい話が浜辺どまり、視点が海洋全域や対岸地域まで広がらない。

田中　神々も宗像三神《むなかたさんしん》とか海上から寄ってくる神さまとかはいるけれど、やっぱり少ない。ギリシア神話には、いっぱい海の神々が出てくるのにね。

松岡　海洋文学も少ない。スティーブンソンの『宝島』とかメルヴィルの『白鯨』とかヴェルヌの『海底二万哩』にあたるものがないし、だいいち漱石が好きだった『闇の奥』のジョセフ・コンラッドがいない。

田中　南洋に関心をもった中島敦が、もうちょっと長生きしていれば書いたかもしれない。船にまつわる信仰はけっこうあるんです。海難や難破から舟を守る「舟魂《ふなだま》」の信仰は全国に広がっていますし、『魏志』倭人伝にあるように、船に「持衰《じさい》」を乗せて潔斎《けっさい》させて、海難に遭わないようにするという風習もあった。

松岡　にもかかわらず、港町の話も少ない。小川未明《みめい》とか久生十蘭《ひさおじゅうらん》とかに少しあるだけかな。おそらく「港」についての意識も薄かったんじゃないか。関渡《かんと》津泊《しんぱく》とはいうけれど、渡《わたり》も津《つ》も泊《とまり》も、地中海やヨーロッパの港にくらべると、かなり小さいイメージでしょう。「港」というよりは「湊」のイメージで、どちらかというと川湊に近い。そもそも大和は「山門《やまと》」であって、「水門《みなと》」と対応していたはずなんですけどね。

田中　港湾国家になるために必要な大きな港は、日本の地形の問題もあって技術革新が進むまではつくれなかったんです。水深の浅い、小さな船しか停泊できないような港しかつくれなかった。そのぶん、河岸を発達させることで、港が機能した。内陸につながる川とその河岸が、鉄道が登場するまで国内交通や流通のためにとても大事だった。

松岡　そういえば、ぼくはいっとき英語の「港」の語源を調べていて、そうか、なるほどと得心したんだけれど、"port"という言葉はヨーロッパの交易の核心だけでなく民族と民族、都市と都市、物品と商品をすべて含むコミュニケーションの根本をあらわしているんです。portが輸出入や出入国をあらわす"import""export""passport"といった言葉を派生するのは当然なんだけれど、それだけでなく"important"という言葉がつくられているんです。港で一番大事なものが「重要」という意味の語源になっている。

田中 あっ、そうか。

松岡 のみならず、役人や商人に絶対必要だった report(報告する)、suppot(支える)、rapport(親密にする)も、港での交流の集中に関係している。こういうことを考えていくと、はたして日本に海洋国家としての自覚があったのかどうかも、疑問になってくる。

田中 日本地図を逆さにすると、おもしろいことに気がつきます。朝鮮を含む大陸から見ると、日本海はせいぜい大きな湖で、日本列島はその向こう岸のように見える。実際にも太古の地形はそうだったわけで、しだいに海進がおこって離れ小島のような列島になった。大陸や半島の人びともおそらく「向こう岸」だと思って日本に渡って来ていたでしょうし、そんな人びとが日本国家をつくるわけだから、なかなか海洋意識は形成されませんよね。

松岡 日本には、熾烈な外交や国際交易競争や戦争を勝ち抜いて国家を確立していこうという意思が希薄だったように見えるんだけれど、そこには海洋意識の希薄さも関係しているのかもしれません。

七世紀に中国で隋に代わって唐が成立すると、強力な対外政策で高句麗を制覇してしまうんですが、この半島の緊張に呼応するように、日本では中大兄皇子が蘇我入鹿を倒し、中臣鎌足とともに政権を掌握する「乙巳《いっし》の変」がおこりますね(六四五年)。ところが、その後も朝廷内がなかなかまとまらない。孝徳天皇と中大兄皇子が分裂したり、有間皇子《ありまのみこ》が殺されたりといったことがつづいて、次の斉明《さいめい》天皇のときには日本にとって初の本格的な対外戦争となった白村《はくそん》江《こう》の戦い(六六三年)が勃発する。唐と新羅の連合軍に攻められた百済に援軍を派遣するんだけれど、こてんぱんにやられてしまう。

百済の救援を指揮した中大兄皇子は愕然とした。それで天智《てんじ》天皇となって半島から完全に手を引いて、本気の漢風政治を試みるのですが、これもたちまち挫折してしまう。しかも天智の死後は、その継嗣である大友皇子と弟の大海人皇子が政権を争いあって(壬申《じんしん》の乱、六七二年)、勝ち抜いた大海人皇子が天武天皇としてようやく「日本」という国号をもって〝自立〟をはかっていく。これってかなりギリギリの自立ですよ。

こういう経過を見ていくと、日本は外交によって国のガバナンスを確立するのではなく、外圧によってガバナンスを確立しているとしか思えない。

田中 「乙巳の変」のあと、孝徳天皇が即位して大化になりますね。あのとき難波の長柄豊碕《ながらのとよさき》宮《のみや》に遷都する。八角形の楼閣が建てられ、一六棟の朝堂が配置されたというほど革新的なものだったんですが、これは港湾型の宮都だったはずです。けれどもその後の斉明天皇の改新政策が十分に着手されないうちに、白村江の敗戦でしょう。そのあとは難波を撤退して天智が琵琶湖の近江宮に移る。ついで壬申の乱に勝った天武が飛鳥の浄御原《きよみはら》に遷都する。こうやってみると、白村江の敗戦以降、都がどんどん内陸化しています。日本の海洋的な外交感覚が後退していくようにも見えますね。

松岡 都の内陸化ね、なるほど。どんどん海洋型から内陸のほうに引きこもってしまった。

田中 天武の時代にようやく「日本」が誕生するけれど、それはもはや外敵と闘う日本ではないし、グローバルなシステムを意識した国家でもない。つまり「倭国」から「日本」への転換は、国際情勢の結果、外圧の結果なんですよね。

松岡 そのとおりだよね。白村江の敗戦は決定的でした。次は黒船来航、その次は太平洋戦争の敗戦に飛ぶくらい。

田中 白村江の敗戦以前から、中国や朝鮮とのあまりにも大きな文化的な差が、事実上の外圧になっていたと思います。日本にこういう外圧があったのは、おそらくこの古代と、近代だけでしょう。蒙古襲来もたいした外圧にはならなかったし、清盛時代の宋との関係も、貿易をおおいに利用しこそすれ圧力ではなかった。明《みん》は冊封範囲をかなり拡大したけれど、日本はごくたまにしか応じないでやはり知らん顔をしていたし、江戸時代ともなると、ヨーロッパを含めた西の知と文化を都合のいいようにつかいこなしていますからね。

日本が再び外圧によって国家形成をうながされたのは、近代になってからです。まずアメリカの軍事的な外圧が先に来て、次にヨーロッパの国家基準の外圧が来る。とくに近代に受けたこの外圧は大きかったし、いまの日本が抱えているいろいろな問題も、ここからはじまっていると見たほうがいいでしょうね。

公家集団と有識故実

松岡　古代の日本社会を見るときに、見落としてならないのは「家」ですね。天皇も「家」だし、豪族も氏姓制度にもとづく「家」をつくっていくし、渡来してきた秦氏も蘇我氏も「家」の系列をつくりあげることで時代を生き延びていった。どうも日本の初期は「国」である以前に、氏姓王民共同体みたいな、いわば「家」の連合体みたいなあり方だったんじゃないかと思います。

田中　もちろん氏姓制度がとられたせいでもありますが、「家」が離合集散し、「家」の争いに「まつりごと」が吸収されていくというか、それこそが「まつりごと」だったという感じがしますね。おそらく稲作がはじまった弥生時代以降、そういう社会がつくられていった。

松岡 そもそも日本では国のことを「国家」というふうに「国の家」と書く。これは佐藤誠三郎さんや公文俊平さんの言うような「イエ社会」とはちょっとちがう。根本が「家」なんです。

田中 そうそう、公家《くげ》も武家も天皇も国家も、「家」なんですよ。これまであまり語られてこなかったのですが、私は日本の歴史の謎は公家集団が握っていたんじゃないかと思っています。公家集団というのは権力だけではなく、技能をもった集団です。それぞれの「家」ごとに伝承的な技能をもっていて、それを次の時代に受けわたすための集団だった。公家がいなかったら日本の技能のある流れ、とくに有職故実《ゆうそくこじつ》に関する技能はほとんど途絶えてしまっていたと思いますし、近世における公家集団は和歌、蹴鞠《けまり》、筆道、花道、日本料理、衣裳、雅楽、神祇《じんぎ》、相撲、文章および学問を伝承する集団です。ここに天皇の学問、和歌、有職故実も加えて考えると、これらのほとんどは武家がもちえない、平安時代以来の伝統文化です。

一方、近世の武家は学問のほかに、武術、茶の湯、能を伝承していましたよね。学問(儒学)のみが、天皇と武家が共有する為政者の基本的教養で、その他は公家集団の伝承内容と武家の伝承内容とが、完全に異なっています。両者は相互補完的だったのです。「武士と天皇」がいたのではなく、「武家集団と公家集団」だったのですね。

かれらはどうやって生き延びていたのかというと、たとえば鋳物師《いもじ》は、公家の真継家《まつぎけ》が許可状を出し、それをもらった鋳物師は役金《やくきん》を上納していた。この真継家の支配権は、天皇と将軍が保証しています。公家の久我家《こがけ》は、盲人に官職・乗物・袋杖を許す特権をもっていた。琵琶法師でも音曲の師匠でも按摩でも、久我家に願い出てこれらのものをつかい、勾当《こうとう》・検校《けんぎょう》などに出世することができた。そのために、盲人たちはかなりの金額を払っている。吉田家は神官に国司の官を与えたり装束を許すなどして、莫大な収入を得たそうです。

松岡 公家たちは「公家」という字があらわすように、「おおやけ」の「家」を継承していますす。西洋ふうにいうとパブリックみたいな感じだけど、でも「おおやけ」は「公」とはちょっとちがって、もとは「大宅《おおやけ》」、つまり「大きな家」です。太政大臣とか左大臣・右大臣、大納言・中納言といった最高幹部たち、公卿《くぎょう》に昇れる家柄ということもあるけど、田中さんのいうように、日本のありとあらゆる技能や技術を押さえていたのも公家たちですからね。

ところが、公家の研究って、武家にくらべるとかなり少ないような気がする。一般庶民も武家や武将には興味をもってきたけれど、公家や公卿にはほとんど関心がない。小説も極端に少ない。どうしてだろう。研究者も作家たちも、自分のことを「ほほほほ、麿《まろ》は」なんて言う連中のことは、あんまり好きになれないのかな(笑)。

田中　好き嫌いで研究するわけではないけれど(笑)、たしかにちょっと敬遠していたかもしれませんね。とくに近代になってからは天皇にまなざしが注がれ、それを支えていた社会集団については無関心になった。明治時代の政治家たちは、公家と大名をいっしょくたに「華族」にして権力を奪い、天皇制を樹立したかったのでしょう。

松岡　欧米のジャパノロジストたちも、公家にはあんまり興味がないみたいね。ハリウッド映画もサムライやニンジャは好きだけれど、日本貴族のこと、つまり公家には見向きもしなさそうだし、『英国王のスピーチ』ならいいけど、『九条兼実の一日』なんて映画があったとしても、誰も見ないだろうね(笑)。NHKの大河ドラマも公家を主人公に取り上げてない。

　ところで、公家たちの家格がはっきり決まったのは、平安末期に藤原北家が摂家を確立して政治の中枢を掌握したときからでしょう。その前はどうなっていたんですか。

田中　奈良時代、七世紀後半から八世紀の律令制の発布と同時に、豪族たちのなかから朝廷にかかわる家が出てきて、そこに貴族が誕生するんですね。律令では三位以上が「貴」で、四位・五位を「通貴」と言ったんです。この五位以上が貴族です。

松岡　同族集団である「氏」に、貴族の「家」の発祥があったんだ。俸禄《ほうろく》とか職務手当も決まっていた？

田中　五位以上はすべて位田《いでん》が与えられ、四位・五位に位禄《いろく》が、三位以上には位封《いふ》が与えられています。太政大臣、左右の大臣、大納言に任官すると職田・職封が供与される。身分特権もあって、位階に応じた蔭位制《おんいせい》が用意されていて、それによって父祖の位を子孫が世襲できるようになっていた。

松岡　貴族の「家」から「公家」になるというのは、どういうことだったんですか。

田中　おそらく公家は、奈良時代の貴族が軍事力を失うかたちで出てきたんじゃないかと思います。平安の王朝文化のなかで、さまざまな決まり事として書とか学問とか歌とかをやる、つまり平安文化を守るために存在する「家」になったわけです。平安期に公家になったのは、橘氏、源氏、清原氏、菅原氏などですね。九世紀の半ばには、議政官、つまり政治の中心は藤原と源氏がほとんどを占めるようになった。

松岡　ということは、公家らしいものが確立したのは『延喜式《えんぎしき》』が成立したあたり（九二七年完成）から、醍醐《だいご》天皇・村上天皇の世からということでしょうね。

田中　とくに有職故実の確立と公家の確立が同期しています。有職故実が確立して、朝廷と公家の制度や儀礼や行事、装束や調度にいたるまでがこと細かく規定され、その知識体系を伝える「家」が決まっていく。その有職故実にもとづいて、たくさんの公家がそれぞれの技能を

「家」として担っていく。

松岡　有職故実のことは、ぼくもながらく気になってきた。

田中　私は有職故実のことは、江馬務さんから入った。江馬さんは、有職故実の研究は風俗研究だと言っているんですね。もちろん、平安時代以降の大江匡房《おおえのまさふさ》などの有職故実の研究者のことも江馬さんは挙げています。そうなると、なるほど北畠親房《きたばたけちかふさ》も風俗研究者なんだ、一条兼良《いちじょうかねら》も風俗研究者なんだ、という見方ができるようになったんです。

松岡　よくわかります。だいたい『弘仁格式《こうにんきゃくしき》』や『延喜式』だって、これらは格式を定めたものですが、その格とか式というのは「しきたり」や「ならわし」のことですからね。

奈良時代に中国の律令制、すなわち「律・令・格・式」の四つが入ってくるけれど、日本では「律・令」と「格・式」はすぐに分けられて、「治官の本」は律令だが、「為政の宗」は格式であるというふうにした。ようするに「しきたり」や「ならわし」は格式で扱うというふうになったわけでしょう。で、この「しきたり」や「ならわし」とは何かというと、それは「例」のことです。その「例」に「くにぶり」が出ているとみなされた。格式をまとめるということは、この「例のくにぶり」を明示化していくことですね。「くにぶり」とは、まさに「おくにぶり」のこと、漢字をあてると「風俗」です。だから田中さんが有職故実は風俗研究だと言うのは、そのとおりだと思う。

田中　平安時代以来の有職故実の研究者には、明法家《みょうぼうか》も歴史家もいたわけですよね。そこに歌人も加わっていった。神官たちも装束担当官も加わった。そういうさまざまな人がかかわってこその「くにぶり」なんですよ。そうやって決められたことは細かくても、その体系によってとても大きなシステムやフォーマットを維持していた。

松岡　『延喜式』では、けっこうな連中が編集委員になっていますね。藤原時平《ときひら》をトップに、藤原定国《さだくに》、大蔵春行《おおくらはるゆき》、紀長谷雄《きのはせお》、三善清行《みよしのきよゆき》とか一二名くらいが参画している。長谷雄以上がみんな三位または参議以上の高官公卿。この編集プロセスはとても興味深い。まず構成案をつくり、ついで草案を用意するにあたって「勘申《かんじん》」を提出しあう。このときさまざまな短尺《たんざく》をつくって、付箋をつけていくんですね。その付箋をいろいろ動かしながら草案を文案にしていった。

田中　それはまた芸が細かい。ＫＪ法みたい（笑）。

松岡　短尺だけを集めた『短尺草』という文献が残ってまして、それを見ると「前度文体」とか「今作文体」という記入があって、いろいろ推敲をしていたことがわかります。筆写をするにあたってもすべて「ふたえ文字」で書く。いわゆる袋文字にして、その中に墨入れをする。それを何度も校合《きょうごう》したうえで、やっと『延喜式』全五〇巻ができあがった。

こうやって定められた決まり事は、ほんとうにあらゆることに及びますね。神事・礼儀・斎日・調度・節会・節供はむろんのこと、雨乞いをするときには「水分《みくまり》」と「山口」の両方を決めておくこととか、外交特使を送るときには大使みずからが「蕃国《ばんこく》に使いを遣わせるための祭」をやって、大使自身が祝詞《のりと》を読むとか、その大使たちが乗る船をつくるときは用材を伐り出すところから山の神と材の神を祀りなさいとか、そのうえで「船居《ふない》」を開く儀式をこれこれこのようにしなさいとか。

田中　そういう細やかさがあるから、伊勢の遷宮だって延々とつづけてこられた。

松岡　システムとフォーマットと手続きが継承できるとともに、材料の調達や質の点検もできるようになってますからね。ぼくが「日本という方法」を述語的なソフトウェアで発見していったのには、このあたりのことも関係しています。

もうひとつ重要なのは、こういうものがすべて文書化されるので、その文書をどこに保管して、誰が見るかということにも決め事があったということです。つまり格式や有職故実の出し入れは「鍵の政治」だったということなんです。そのころ鍵は「鑰」と綴るのだけれど、これを監物《けんもつ》が管轄した。

そのあたりについては村尾次郎さんが『律令制の基調』で説明しています。図書寮《ずしょりょう》・民部《みんぶ》省《しょう》・掃部寮《かもんりょう》・大膳職《だいぜんしき》・主殿寮《とのもりょう》・大炊寮《おおいりょう》の鍵は、毎朝、宮中から下給され、それを監物が典鑰《てんやく》と大舎人《おおとねり》七人とともに延政門の外で伺候《しこう》して、近衛に門をあけてもらって受け取り、返すときもその逆をやる。そのときの受け答えも細かく決まっている。大舎人が「みかどのつかさ、みかどのつかさ」と呼びかけて、これに女房を含む十数人が「誰《た》そ」と誰何《すいか》する。大舎人もかくかくしかじかということを言い、そんなことを繰り返すようになっているんですね。

有職故実の基調には、受け答えがちゃんとしているかどうかということもあったわけです。これは「かしこまる」ということでもあって、この「かしこまる」ためのモダリティの維持を徹底してきたことに、歌人もついつい引き込まれるんだと思う。

田中　まさにコードとモードの継承ね。

松岡　ロラン・バルトが『モードの体系』を書いているけど、日本では有職故実の授受こそ「モードの体系」だったんですよ。

田中　バルトの『モードの体系』は、言説によってモードがつくられているという分析よね。衣類という「もの」ではなく、それを語る言葉こそがモード、つまり生活文化や流行や時代や方法をつくり上げている。

私たちが有職故実をわかるには、公家がわからなければいけないことももちろんですが、もうひとつはやっぱり言語とも関係があるということです。襲《かさね》の色目も布に染められた色なのだけれど、和歌の言葉でその体系ができあがっています。では言葉だけで成り立つのかというと、「もの」がないと文化として伝承されていかない。言葉にも情報が布置《ふち》されていますが、ものにも情報がくっついているからです。

松岡 ものと言葉と情報が「しくみ」をつくっている。日本の家もそれですね。

天皇と将軍――日本には王権がない？

田中 私は、天皇家という「家」のことも、周辺の「公家」といっしょに扱わないと何もわからないんじゃないかと思うんです。天皇家というのは単独では成り立たないもので、その周辺に公家の文化をまとう必要があったんじゃないか。

松岡 同感です。公家あっての天皇家でしょう。公家社会はとても広くて多彩です。それとともに「武家」というのも合わせて考えたほうがいいでしょうね。というのも「武家」の発生は天皇家の警護、もっというと白河院の「北面《ほくめん》の武士」からですし、その後に武士が政権を執る時代になっても、源氏も北条も足利も徳川も名目上は東の守りをする武家の棟梁として、西の天皇から認めてもらわないと立場がつくれなかったわけです。このへんは天皇家というものをおきながら公家が「ならわし」をつくっていったように、武家は天皇からの任命をもらって「しくみ」や「しきたり」をつくっていったように見える。

田中 おもしろいことに、平安時代には紀《き》氏《うじ》と伴氏《ともうじ》が伝えていた「武官故実」というものがあったんです。でも武家の台頭とともに消えていった。それを、源頼朝が故実に詳しい武士を重んじて、なんとか復元をはかっています。

松岡 弓馬や陣内の作法だよね。

田中 ただし時代によって居城や戦法がどんどん変わっていくので、武家の作法がなかなか定着しないんです。それがどこかで公家の作法と習合して、小笠原流や伊勢流になっていった。結局、武家の作法といっても公家のものをとりこんでいるわけです。

松岡 それはおそらく天皇と公家、天皇と武家という関係だけではなく、そのあいだにやはり「院政」が入っていたというのが大きかったからですよ。なにしろ天皇が余力のあるうちに「院」になって、これはデュアルスタンダードというより、まさにダブルスタンダードやトリプルスタンダードなかたちで統治にかかわったのだから、ここに公家も武家も巻きこまれていったんでしょう。

田中　律令では上皇は天皇と対等の権力をもつわけで、それが平安初期にすでに前提になっています。嵯峨《さが》天皇や宇多《うだ》天皇から、ずうっとそうですからね。

松岡　上皇が「治天《ちてん》の君」として君臨すると、天皇、院、そして公家のトップの藤原摂関家が、鎌倉以降は武家の棟梁までがそこに加わって四者が並び立ちます。こうして、たいへんややこしい日本の「まつりごと」における家父長の混在という状況ができてしまったんだと思う。

以前から、日本は二重王権の国だという説がありますね。吉田孝さんは複武王権という言い方をする。天皇と摂関、天皇と上皇、天皇と将軍、つねにこれらの組み合わせで成り立っていたという見方です。これって、ずばり言えば公家政権と武家政権の二重性のことです。

その武家政権をどう見るかということでは、歴史学者の黒田俊雄さんが言ったように武家システムは天皇を頂点とする「権門体制論」に入ったという見方と、いや天皇と武門は並び立ったのだという佐藤進一さんなどの「東国国家論」という見方がある。いずれも日本の権力はダブルスタンダードだったという立場ですね。その延長には山室恭子さんの研究による西の戦国大名における父と子の二重統治制とか、三鬼清一郎さんがくわしい秀吉と秀次の二頭制とかもある。徳川秀忠が将軍になり、家康が大御所として残ったという例もありますね。

でも、ぼくはそういうことはヨーロッパの教皇と皇帝(王)というように、かなり多くの歴史にも見られるんだと思う。むしろどこにデュアルでリバースなものが動いているかということを見たほうがいいんじゃないかと思っているんです。そうとらえることで、逆に日本の特質、天皇や公家や武家だけができたことが見えてくるはずです。

たとえば天皇は祭祀王でもあるわけだけれど、これは他のリーダーには決して担えないことだった。でもそのおかげで、他の政治上の権限はべつの機関や職掌が担えることが逆に可能になっていたともいえるわけです。昭和になって統帥権干犯《とうすいけんかんぱん》問題、つまり軍部が暴走して天皇による軍事の最高指揮権を犯したということがおこりますが、実際にはあの事件によって、日本では天皇に統帥権が集中していたわけではなかったという逆証明にもなるでしょう。

田中　天皇と将軍の関係もあれほど長きにわたって維持されたという意味では、世界的にめずらしい関係だと思います。江戸時代に入ってから、幕府の朝廷政策にかかわった天台僧の天海《てんかい》が「もう天皇には伊勢にお帰りになってもらっていいんじゃないか」と言うと、それに対して徳川の重臣、藤堂高虎《とうどうたかとら》が「将軍は天皇を輔弼《ほひつ》してこそ信頼を得られるのだから、それはまずいんじゃないか」と答えるんですね。将軍は天皇がいないと成り立たないということが、江戸時代になってもまだ基本だったわけでしょう。

松岡　そこだよね。そもそも日本の王権はヨーロッパの王権神授説のように、神から授かったというかたちをとっていませんね。人麻呂の有名な「安騎野《あきの》の冬猟歌」に、軽皇子《かるのみこ》(文武天皇)が安騎野に狩りに出かけて、亡き父である日並皇子《ひなみしのみこ》(草壁皇子)を偲ぶというふうに歌われていますが、あの歌は、安騎野というトポスで天皇のスピリットが玉体《ぎょくたい》から玉体へ移動するかのようになっている。こういうあり方は、天皇と皇子の関係にしか成立しないことで、他の公家も武家も神官も真似できることじゃない。天皇霊は動くんです。伊勢に鎮座するものじゃないんですね。

田中 さらに重要なことは、天皇が継承していくものは、玉体、つまり身体を通した個別的、物理的なものだから、「王権」ではないということですね。だから「天皇権」とは言わない。他の誰も継承できないからです。権利じゃないんです。

松岡 なるほど、ヨーロッパ歴史学にいう王権じゃないかもしれない。その一方、日本には「家元」というものがあって、芸能や技能の分野でおびただしい係累をつくっていますね。そこでは、さきほどからの公家の継承や武家の継承のように、小さいけれども擬似的な天皇のような継承力をもつということがある。こういうことも含めて、国家も公家も武家も家元も、みんな「家」にしがみついている。ぼくはそのことを一方で好ましいと思うとともに、他方、なぜここまで何もかもが「家」なのかということが、まだわからない。

田中　「家元」という言葉は、「国の家」とか「国という家」というイメージにうまく収まる感じもしますね。実際に「家元」にはそういうニュアンスがあったのかもしれない。

松岡　西山松之助さんの『家元の研究』によると、日本で最初に「家元」とよばれた家は、歌道を継承する御子左家《みこひだりけ》らしい。今日つかっているような意味での家元の初見は宝暦年間(一七五一〜六四)で、馬場文耕《ばばぶんこう》の『近世江都著聞集《きんせいえどちょもんしゅう》』にあるようですね。

田中　おそらく家元の前身はやっぱり公家ですよ。公家は家元制度の起源だと思う。

松岡　技能もだし、学問もね。「家学」という言い方もある。

田中　江戸時代によく出てくるのは「家産」です。財産は個人のものではなくて家のものという意味です。たとえば伊能忠敬は調査に出かける前に何十年ものあいだ家産をふやした。家産をふやすと村落の信頼が篤くなって、親戚まで含むその「家」への信頼も篤くなるから、あとはなんでも好きなことができた。そこから伊能忠敬のように好きなことをめざす人が出てくる。

それにしても国家にまで「家」がついているのはなぜなんでしょう。それにあたるような外国語ってないですよね。

松岡　英語の「ステート」にも「カントリー」にも「家」というニュアンスはないでしょう。ちなみに「ステート」のもとはラテン語の「スタトゥス」です。どうやら『君主論』のマキャベリがイタリア語の"lo stato"の「このような状態」という意味の語を支配体制というふうにしたから、いまの「ステート」という言葉になったというふうに政治学史では説明しているはずです。中国語では「建国」ですね。朱子が校訂した『大学』では、「国を治むるはその家を斉《ととの》うるにあり」と言って、「格物・致知・誠意・正心・修身・斉家・治国・平天下」というふうに八条目を並べるけれども、やっぱり「国家」とは言わない。

田中 明治時代に誰かが「ステート」を翻訳して、「国家」という言葉をつくりだしたんですかね。福沢諭吉だったりして。

松岡 徳富蘇峰《とくとみそほう》かもしれない。ちょっと待ってね。念のために史書をいくつかひいてみますから。……(しばらくして席に戻って)いやあ、驚いた。驚きました。「国家」という言葉は古代にばっちり出現しているね。それも超有名な文書に出ていた。

田中 何だったんですか。『日本書紀』?

松岡 それが「十七条憲法」なんですよ。その第四条に出てくる。全部読みますね。「四に曰く、群卿百寮、礼《ゐやび》を以て本《もと》とせよ。其れ民を治むるが本、要《かなら》ず礼に在り。上礼なきときは、下《しも》斉《ととのほ》らず。下礼なきときは、必ず罪あり。是を以て、群臣礼有るときは、位の次《ついで》乱れず。百姓《おほみたから》礼有るときは国家《あめのした》自づからに治まる」。

田中 やっぱり、日本国のシステムは聖徳太子が土台をつくっていた。

松岡 「百姓有礼、国家自治」という八文字にちゃんと入っていた。群臣たちに礼が保たれていれば、社会の秩序は乱れないし、百姓《みんな》に礼があれば国はおのずと治まる。そう書いてある。いやいや、参りましたね。ほかに『中右記《ちゅうゆうき》』や『平家物語』にも出てくるようです。『平家物語』は巻二で「国家を祈り奉る事おろそかならず」というふうになっている。まったく足元を突かれたなあ。

田中 「国家自治」とは、なんだかすべて言われてしまった感じですね。聖徳太子はどこからこの言葉をもってきたんですか。

松岡 どうも『易経』のようですよ。なんだか衝撃が冷めやらず、だね。

田中 （『易経』を取り出して）ありました。「繫辞下伝《けいじかでん》」に伝わる孔子の言葉ですね。「存すれども亡ぶるを忘れず。治まるも乱るるを忘れず。是を以て、身は安くして国家は保つ可きなり」というくだりです。安定して存在しているときでも滅びることもありうることを考え、平和に治まっているときでも、戦乱がおこることを想定する。そうであってこそ、君子も国も長く安泰だ、という意味です。儒教の理念ですね。

松岡 ま、ここでいったん中休みにしましょうよ（笑）。

3

面影の手法

日本の自然のうつろいの美やはかなさを，大胆な余白や流水文様や飛び交う鳥によってあらわした，春日大社に平安時代から伝わる蒔絵箏の意匠．——「国宝　蒔絵箏」部分（春日大社蔵）

『夜明け前』と日本の「おおもと」

松岡　そろそろ日本の「おおもと」って何だろう、ということを交わしてみたいと思います。島崎藤村の大作『夜明け前』に「或るおおもと」という言葉が何度も出てきますね。藤村が問題にした日本の「おおもと」ってどういうものだったのかということが、ぼくはずっと気にかかっていましてね。

田中　『夜明け前』は藤村のお父さんの実話にもとづいているんですよね。藤村の再構成した幕末の信濃、江戸、横浜、横須賀の描写がくわしくて興味深い小説です。本陣がどういうところで、いったん事がおこると人馬の調達にどれほど苦労するのかも目の前で見ているかのようにわかる。時代が変わると本陣・問屋・庄屋が廃止になり、江戸開城のあとは諸大名が江戸からそれぞれの国元に帰国するので、木曽路もたいへんな混雑になった。そういった明治維新のようすがリアルに書かれています。

松岡　藤村の実家が木曽路の馬籠《まごめ》宿の庄屋の家でしたからね。この物語も庄屋の家長である青山半蔵の半生を描くことで、日本の明治の夜明けをあらわしています。眼目は「夜明け前」というタイトルにあって、「まだ夜が明けていない」「明治維新は日本の夜明けではなかった」という詰問です。

田中　青山半蔵は国学を学んでいるんですね。平田篤胤《あつたね》の養子の鐵胤《かねたね》に弟子入りして「古代復帰」の夢を見る。建武新政《けんむのしんせい》のときのような一時的なものであってはならないとさえ思う。

松岡　それで「御一新は王政復古だ」と聞いて期待していたのに、実際には洋風化がおこっているだけじゃないかと落胆する。いてもたってもいられず、東京に赴いて明治天皇の行列に歌をしたためた扇を投げつけ、自分で新しい村づくりに向かうのだけれど、これもうまくいかない。村人もついてこない。半蔵は悩みに悩んで小さな神社の神官になりますが、ついには乱心して寺に火を放って座敷牢に閉じ込められる。こうして藤村は、日本の明治はいまだ「夜明け前」なのではないかということを問いながら、日本の「おおもと」を問題にした。

田中　藤村は小説のなかで「親ゆずりの憂鬱」という言葉をしばしばつかっていますね。それは半蔵が父親から継承したものであるとともに、藤村自身も父親から受けた憂鬱だった。だから藤村は被差別部落出身者の葛藤を描いた『破戒』をはじめ、ずっと「家」にこだわった。でもそれがはたして、「国の家」の問題をめぐる憂鬱だったかどうか。歴史意識としての「おおもと」も、藤村にとっては家どまりだったように思えるんです。

松岡　たしかに、藤村には日本という国家を背負っている感じはしない。明治維新のあと、日本にひそむ「或るおもと」が見えなくなってきた。それが「家」にも近代の個人にも及んだというふうに見ていたんでしょう。ただそれこそが、「国」を「国家」、つまり「国の家」と書く日本人ならではの歴史意識なのかもしれない。

保田與重郎《よじゅうろう》が『戴冠詩人の御一人者』の「明治の精神」のなかで、鉄幹や子規や漱石には何かが欠けていたけれど、ただひとり透谷の友の藤村だけが西洋に対抗しうる国民文学を書いたというふうに綴って、『夜明け前』をほめていますね。

田中　うーん、国民文学って何なのか。半蔵は「直《なお》さ」「すこやかさ」という言葉を発しています。これは賀茂真淵《かものまぶち》や江戸時代の国学者たちが言っていた「直き」なんです。「漢意《からごころ》」が入る前の日本人の「おおもと」のありようのことですね。明治が復古を実現するとしたら、日本という国は直きすこやかな人びとに満ちあふれ、国柄もそうなるはずだと半蔵は考えていた。しかし結果は逆だった。漢意のうえに洋才まで入って、天皇制の国なのに官僚国家となった。人びとの生活は官僚に牛耳られてしまう。現在の地方衰退は、この延長線上にもたらされたんだと思います。ただ、この場合の「国民」とは何なのか、考えてしまいますね。

松岡　国民文学の「国民」は、もともとは明治的な意味での国民でしょうね。徳富蘇峰《とくとみそほう》が『国民の友』という雑誌をつくっていますが（明治二〇年）、その「国民」という言葉自体が、日本人ということを言いたいのか、近代以降の新しい日本人ということを言いたいのか、世界の国民なのか、けっこうややこしい。

田中　『夜明け前』は昭和四年から一〇年に書かれた。このときすでに日本は満州事変に向かっていました。そういう段階で幕末維新をふりかえって父親と日本の村と自分の家の歴史を書いたということは、御一新が夜明け前にすぎなかったというだけでなくて、明治大正全体が夜明け前に見えているということでしょう。

松岡　近代そのものが夜明け前だったということは、その後の大正・昭和のどこで夜が明けたかということになりますが、夜明けが欧米グローバリズムに与《くみ》するということだとしたら、その前に「おおもと」を考えておきたい、ということでしょうね。それなら、何をもって「おおもと」にしたかったのか。

明治なかばの蘇峰や志賀重昂《しげたか》や陸羯南《くがかつなん》や高山樗牛《ちょぎゅう》は、そのことばっかり書いていたとも言えるし、昭和五年当時も「日本主義」を吹聴して欧風化に歯止めをかけたいと思っていた。露伴や鏡花のように、文芸的趣向によって「おおもと」に戻ろうとした人たちもいましたね。そのころは藤村が見て見ぬふりをしていたのか、あとから「おおもと」に気がついたのか。そのへんははっきりしません。

田中　江戸時代からずっと、日本人は漢意《からごころ》に冒される前の日本と日本人というアルカディアを心にもちつづけていたのではないかしら。

藤村はそういう日本人たち、つまりは父親の心のなかを知りたいと思ったはずで、それは父親のような古代への憧憬をもたなかったからでしょう。もしもっていたら、露伴や鏡花とはまたちがった独特の叙述方法が生み出されたはずです。差別意識を扱った『破戒』もそうですが、藤村の文体は社会や歴史や人物に対して客観的で分析的です。これは父親を理解しようとしているのであって、「おおもと」に合体してはいませんね。「直き」は「成る」ものであって理解するものではないのです。上田秋成は晩年の『春雨物語』でようやく「直き」の人物造形ができた。藤村は、理解はしたが造形はできなかった。

私が思うには、欧米で構築された「自由と民主主義」にあたる日本の「おおもと」のひとつとして、江戸時代から考えられてきたこの「直きすこやか」をおくことができるかどうかということがポイントですね。もうひとつは、産土神《うぶすな》つまりローカルの価値に重点をおいて、デュアルを生きることができるかどうか。

松岡　なるほど。となると、誰かが藤村のつづきを書かなくちゃね。たとえば武田泰淳も三島由紀夫も井上ひさしも、そういう意向をもっていたでしょうが、大きくは「近代化」と「おおもと」の関係は問えなかった。

面影カメラで見る日本

田中　ところで松岡さんは、日本のことをしばしば「おもかげの国」と言ってますね。私は松岡さんの言うその「面影」にこそ、「おおもと」を感じるんです。「おもかげ」っていつごろからつかっているんですか。

松岡　ずっと温めていたけれど、NHKの『人間講座』で日本文化の話をしてほしいと言われたとき、えいっと決断してタイトルを『おもかげの国　うつろいの国』にしたのが外に向けた最初だったかな。サブタイトルは『日本の「編集文化」を考える』。田中さんも山東京伝《さんとうきょうでん》を話した、あの八回分の番組のときです。

田中　あのときですか。「おもかげ」と「うつろい」を交差させてお話しになられて、すごくうまくいってましたよね。でも、なぜ「おもかげ」という言葉にしたのかを聞きたかった。というのも、ふつうは面影って幻影的なものですよね。その幻影によって日本が継承されてきたということですか。

松岡　少し手前からの話をしますと、もともとぼくがやってきた仕事や研究は「編集《エディティング》」です。この場合の「編集」は雑誌や新聞の活字編集や映画・テレビなどの映像編集だけのことではなくて、人や時代や思想が何かをまとめてリプレゼンテーション(表象)するときの方法すべてのことです。編集というより「編集する」ということですね。そこには歴史観や科学観も、儀式もオペラも囲碁も、建築物も俳句も漫画も、生け花も文化人類学もファッションも入る。これらに共通してつかわれている方法をすべて、ぼくは「編集」とよんできたんです。

田中　ふつうならそれらは価値観とか創作とか表現とよばれて、研究の対象にもなるわけだけれど、それを松岡さんはすべて編集のプロセスとみなした。

松岡　そうですね。創作とか創造も、場合によっては科学的発見のプロセスやドキュメンタリーも歴史観をつくることも編集というふうに見てきた。それにぼくはさいわい学者ではないので(笑)、専門的にジャンルを限定したくなかった。アカデミックなレフェリングも好きじゃない。だから、そういうふうにいろいろな「もの」や「こと」の成果を、横断的に編集的に見直していくようにした。それとともに、かならずリバース・エンジニアリングをしながらその特徴的な方法を取り出してきました。

なぜリバース・エンジニアリングするかというと、どんな表現成果もそれがリプレゼンテーションされていくには、素材や部品をいろいろ組み立てているプロセスがあるわけだし、それが絵画や文芸として完成されて流通するにはメディア化するというプロセスもあるからです。内容だけが急にできあがるわけじゃない。言葉だけを素材にした和歌や浄瑠璃《じょうるり》や文学作品だって、いろいろメディアが組み合わさっているし、そこにはそれぞれ独得のプロセスがあるわけです。そこを行ったり来たりしているのが編集で、そのプロセスを見るのが編集工学です。つまりリバースしながら、さまざまなリプレゼンテーションを形成しているエンジニアリングのプロセスを追うわけです。

田中　松岡さんが「編集工学」というふうにエンジニアリングを強調している理由もよくわかりました。

松岡　で、ある時期から、この方法で日本を見るとどうなるかということを考えるようになったんです。そうしたら、日本ってまさに編集的な方法によってできていることに気がついた。そこに「面影を用いる」という方法があった。

田中　それはいつごろですか。

松岡　日本美術全集の編集に五年ほど従事したときかな。七〇年代から八〇年代はじめにかけてのことです。

田中　講談社の『アート・ジャパネスク』ですね。あの編集はすばらしかった。日本文化の見え方が変わるシリーズです。私は『アート・ジャパネスク』でようやく、自分が江戸文化の何を見ているのか理解できました。江戸文化はふつうの距離感ではわからない。あのシリーズでなしとげたように、視野からはみ出すほどぐっと近づいたり、すべてをそろえて俯瞰したりしたときに、見方が変わるんですよ。

松岡　『アート・ジャパネスク』はペットネームで、正式には『日本美術文化全集』というんです。全一八巻です。日本文化の林屋辰三郎さんと中国美術の長廣敏雄さんが監修で、大和文華館館長で慶応大学で日本美術を教えていた衛藤駿さんが講談社とのあいだを取りもってくれた。その編集をしていたとき、仏像とか浮世絵とか着物とか絵巻ばかり扱うんだけれど、そこにあらわれているのは縄文から古墳時代までをのぞくと、ほとんど花鳥風月だったり平家だったり説話だったりするわけで、いったいこれは何だと思ったんです。

最初は、古今集的なデータベースや伊勢や源氏のアーカイブにもとづいて、そういう主題が意匠的にくっついたり引用されたりしているだけ、「本歌取り」しているだけだと思っていたんだけれど、どうもそれだけじゃない。もちろん「本歌取り」も多いのだけれど、そういう説明だけではすまないものがある。そのうち、そこには「おもかげ」あるいは「うつろい」とでもいうべきプロセスにかかわる編集感覚が関与していることが見えてきた。そうか、面影の出入りを編集すればいいのかと気がついたんですね。

そのうちテレビ番組でも日本の美術を企画構成することになった。これは『極める』(一九八六〜九五年)という番組で、田中さんにもときどき監修者としてお世話になった。

田中　あの企画会議もとてもおもしろかった。美術だけでなく文楽や工芸も対象になっていましたし、カメラが何を捉えるか、それをどう語るかで、美術品の意匠の意味や価値が変わってしまうということがよくわかった。

松岡　『極める』は一〇年近くつづいた番組で、ぼくはその一本一本すべての企画構成や監修をした(松岡の監修は一九八八年以降)。で、これをやっているうちに、もっと事態がはっきりしてきた。仏像でも能装束でも狩野派の障壁画でもテレビ番組にするんだから、当然のことながらカメラで撮る必要があるわけです。文章だったら歴史的背景や抽象的な概念や枠組やメタフォリカル(隠喩的)な言い回しでも説明できるんだけれど、カメラはそうはいかない。状況とともに広く撮るか近寄って撮るか、パンするかカットを変えていくか、背景をどうするか、そういうことを連続的にしなければいけない。そうすると日本のものは、寄っても引いても残るものがあることに気がついた。

田中　ああ、そうか、それが面影だった？

松岡　そうですね。日本の歴史文化を撮るカメラは「面影カメラ」になる。

田中　それはわかる。浮世絵もカメラのようなもので、なんでも「浮世絵カメラ」になる。

松岡　そう、そのことです。紙や布や器の上に、花鳥風月や雪月花や源氏や平家が意匠として乗るんじゃなくて、もともとそれらに関する面影の分母みたいなものがあって、それが濃くなったり近寄ったり、輪郭をつけたり余白をつくったりして、花鳥風月を変奏している。面影カメラで追っていくと、それがよくわかる。花鳥風月や雪月花は、画題や主題なのではなくて、絵画や着物や陶芸といったメディアを乗り換えながら日本の面影を編集している方法だと見たほうがいいのだと気がついたんですね。

そうだとすると、ではいったい何が変奏され、何が出入りし、何をもって組み立ての基本においているのか。それは「面影の保持」のためなのではないか。その面影が「うつろい」をもって、歴史のなかを素材やメディアを乗り移りながら動いてきたのではないか。

田中　とてもよくわかる。松岡さんが見ているのは、型ではなく分母のほう、テーマではなく述語の側ですね。その集合に「おおもと」があるかもしれず、だからものを創る人たちは「おおもと」の面影を「保持」しようとしてきた。日本のおおもとはエリートのなかにあるのではなく、ものを創ったり売買したり毎日を暮らす人びとに蓄積されてきたのですね。

NHKがつくった『京都御所』というすばらしい番組がありました。枯れた松の治療を漢方薬でおこなったり、パラリ壁という石灰の粒を含んだつぶつぶの壁を再現したり、天皇がもはやつかわない建物の檜皮葺《ひわだぶ》きを三〇年ごとに必ずおこない、大喪《たいそう》の礼と即位の礼の時しか必要とされない着付けを伝承する。「おおもと」の面影をもちつづけるためだけに職人たちが一流の仕事をしつづけています。税金がもったいないとはまったく思いません。これらの職能が文化を保ち、私たちを救う時がくるかもしれません。いまは「役に立つかどうか」だけ問われますが、大学の高等教育や学問も、本来はそういう部分を含んでいたはずです。

松岡　これがヨーロッパなら、歴史のなかで変奏されていくのは、ギリシア哲学やヘレニズムの概念や思想だったでしょう。そこでは保持されたのは神や王権です。ところが日本のイメージは一元的なものではなく、ゆらゆらとした面影のほうが奥のほうから動いてくる。そうして和歌や物語や説経節や絵巻や蒔絵や装束に定着するんだけれど、その思想的解釈なんて誰も気にしない。多神多仏で、多様多彩だからでしょうね。

田中　それにしても、それを「面影」とよぶことにしたのはなぜですか。というのも、やっぱり面影って、さっきも幻影的と言いましたが、とてもおぼつかないものと思えるでしょう。

松岡　面影はおぼつかないから情報的に強靭になるんです。ゆらゆらするからかえって廃《すた》らないし、摩滅しない。西洋美学にいうイメージやイマーゴに近いものと思えるかもしれないけれど、ちょっとちがう。ギリシア・ローマに発したイメージは、リアルやロゴス（言語）ときちっと対応しているでしょう。その奥には聖書や神話の構造があって、それがルネサンス美術やロマネスクや古典主義という様式になっている。これらを破るときはアナキズムやダダやシュルレアリズムがそうだったわけだけれど、一挙に無政府や無意識にいく。それに対して、日本のイメージはそもそもがリアルに対応していない。むしろリアルに代わる「もどき」なんです。リアル以上と言ってもいいかもしれない。

田中　私が二〇歳そこそこで石川淳の『江戸人の発想法について』が一挙にわかったのは、そのことだったんです。このエッセイは、江口《えぐち》の君（能の『江口』で、西行法師と歌問答をした遊女。遊女の象徴としてもつかわれる）をおもかげにしたお竹説話を事例にして江戸文化を解いたものですが、まさにそこで「おもかげ」と書いています。そしてその説話から「何らかの思想を抽象しようとするのは愚に似ている」としている。「江戸人にあっては、思想を分析する思弁よりも、それを俗化する操作のほうが速かった」「かれらにとって、象徴が対応しないような思想はなきにひとしかった」としています。「俗化」と言っているのが俳諧化、つまりメディアをうつろっていくことです。思想に対応するのはリアルな具体や宗教上の説明ではなく、象徴つまり面影なのです。江戸人たちはそうやって「おおもと」に気づき、つかみだし、つかいこなしたんですね。

松岡　西洋美術ってバロックになっても古典主義になっても、聖書や神話を描くのだけれど、どんどんリアルに対応していきますね。いまなお欧米の社会文化が提供するイメージはリアルと対応していて、そのリアリズムが幻想化したりファントム化(幻影化)したりするんです。ところが日本の場合は、リアリズムの追求をしないまま「もどき」のコミュニケーションをする。万葉古今、女房文学、源氏平家、みんなそうですね。花鳥風月の美術工芸や大和絵もそういうものです。そこに文化的方法としての面影文芸や面影美術が生きていった。

田中　面影は無限につかいこなせるという意味でも強靭ね。たんに幻想的という意味ではなく、分母であり述語だから、その「もどき」としての宝物に気づけば、取り出せるものはいくらでもあります。

松岡　『伊勢物語』に業平《なりひら》の「人はいさ思ひやすらん玉かづら面影にのみいとど見えつつ」と

いう歌があるけれど、かえって面影のほうが「いと見えるもの」になるわけです。あの人は出ていってしまったのだけれど、かえってその面影がいとど強く見えてくる。あの歌は『古今集』にも載った業平の有名な「月やあらぬ春や昔の春ならぬわが身ひとつはもとの身にして」のヴァージョンでもあって、もともと日本人の面影の出し入れの方法が、月や花を媒介にすることでいろいろ変奏できるものなんだ、編集的なんだということを示しています。

田中　「月やあらぬ」の「あらぬ」で否定しても面影は残る。「桜もちるに歎き、月はかぎりありて入佐山《いるさのやま》」は『好色一代男』の冒頭ですが、散ってしまったと言いながら桜の面影が残り、入ってしまったと言いながら月の面影が残る。事実の意味と面影が異なるので、まさに出し入れしながらつかっていますね。

松岡　そもそも面影という言葉つきがなかなかいいんですね。「おも」と「かげ」が抱きあっている。面影の「面」はふつうは顔つきのことで「おもて」とも読むけれど、たんなる「表」ではなく、そこに「裏」からのたどりを含んでいます。これまで話してきた「内」と「外」のあいだにあるものに近い。

田中　面影は人の面影ばかりじゃないでしょう。

松岡　そうです。国も里も故郷も両親も面影になる。大事な「おもむき」はみんな面影になりえたんだと思う。それが「おもしろし」ということだったんだと思います。「おも」は面であって面影であり、それが「おもむき」や「おもしろし」になっていく。

田中　なるほどね。「母」と綴っても「おも」と読む。

松岡　鷗外の新声社のアンソロジーは『於母影《おもかげ》』というふうに書く。「おも」はたんなる主体的なものじゃなくて、どこか母型的なものを帯びる。それから「面白し」というのも、面貌が白いというのではなく、目の前がふわっとあかるくなるという意味ですよね。転じて「興趣をもちました」「感じました」という意味になる。『日本書紀』の斉明紀《さいめいき》にすでに「面白し」という使い方があって、「山越えて海渡るとも面白き、今城のうちは忘らゆましじ」という歌にもなっている。この「面白き」は、趣きがあるとか印象深いという意味です。

田中　「月のいとおもしろきに」なんてつかうわね。たんに思い出すということとはちがう。思い出すだけなら記憶の属性であり、その再生でしょう。

松岡　むろん記憶とその再生のしくみが関与していることもあるけれど、もっと感覚情報的だよね。

田中　風の噂や風聞みたいなものもまじっている。名所というのもね。私の博士課程の学生に名所を研究しているロシア人がいるのですが、彼女が困っているのが、名所の起源は歌枕《うたまくら》だと思っていたのに、江戸時代末までにどんどん変化してしかもふえていくので、「なぜここが名所なのか」の説明がつかない、ということ。ヨーロッパで名所にあたる場所は「見る価値のある場所」のことだから、どうしてもモニュメントが多くなる。しかし日本の名所は風の噂でもつくられるし、三河の八つ橋のように橋がなくなってしまっても意匠として残る。つまり名所を構成していた要素が消えてしまってもいいし、見る価値のないところでも、「月がきれいだった」という風聞ひとつで名所になりうる。

松岡 ほんとにそうだよね。そういう断片的なことを入口にしながら、ある特定の「もの」や「こと」が忘れられなくなっていくんだろうね。記憶のなかの面影カメラみたいなものとともに動いているからですよ。「相」や「場面」をともなっている。

田中 だからふつうの蚊取線香が「金鳥の夏」まで行っちゃう(笑)。

松岡 はい、そうなる。「はるばる来たぜ函館」で、一気に「或るおもと」にまで行っちゃう(笑)。日本人はしばしば「主体性がない」とか「アイデンティティについての自覚の歴史が乏しかった」と言われてきたけれど、必ずしもそうではなくて、「或るおもと」を面影として頻繁につかってきたんです。「花の顔《かんばせ》」にしてきた。そういう編集方法が継承されてきた。ぼくはこの「面影の方法」をいっしょにくるんで見ていかないと、日本のアイデンティティを議論できないんじゃないかと思っていますね。

田中　松岡さんが言ってきた面影は、そういうものなんですね。もうここにないけれど、何かによってそれがつづいていく。

『夜明け前』の半蔵が求めた「或るおおもと」も、たんに天皇を中心にした復古の「体制」ではなく、分母であり述語の側にある面影の集合であったのかもしれない。「直し」という人のありようだけだと個人のなかに収斂してしまうけれど、直き人間は、面影の集合を自由にやりとりし、自らうつろい、うつろわせることのできる人間かもしれません。

松岡　御一新によってその「或るおおもと」が蘇ってくると期待していたのに、そうじゃなかったので、青山半蔵は絶望して狂っていくしかなかったんです。

昭和の礼法と菓子屋の由緒

田中　さあ、そういうふうに見てくると、これまで話してきた有職故実《ゆうそくこじつ》というのも、そういう「或るおおもと」や「面影」をかたちにする装置だったということでしょうね。おそらく公家はそのことに気がついていた。

松岡　恐るべし、公家かな。なぜ公家がそんなことをできたかというと、公家はリアルに対応しないからじゃないですか。武家はリアル・ポリティックスだから、頼朝も北条も信長も改革や焼き打ちができる。でも公家はそんなことはしない。

田中　そこでひとつ気になっているんですけども、伊勢流とか小笠原流とかの「礼法」というものがありますね。あれは武家の礼法ですが、もとはやはり有職故実です。じつは昭和になってからも礼法がつくられています。江馬務さんがそれについて書かれてますが、戦時中の昭和一六年(一九四一)に文部省がつくった『昭和の国民礼法』です。それを見ると、たとえば椅子に坐るときは深く腰をかけ、ちゃんと脚をそろえて膝を付けるようにして、足の先はちょっとだけ開く、なんてじつに細かいことが書いてある。

松岡　モデル坐りみたいに?

田中　いいえ、絶対に足を組んだりしてはいけない。戦時中につくられたものですから、考え方としては礼法によって国体を守るという意味合いがあったんでしょう。それにしても、その礼法が、その後の洋服の生活を中心にしているんですよ。『昭和の国民礼法』自体をいま読んで実行する人はいないでしょうが、小笠原流などはいまもさかんでしょう。こういう日常的な身体や動作のかたちにこだわる「礼法」が、洋風の暮らしをする時代にも適応しながら生きつづけているのは、どういうことなのかなと不思議に思ったんです。やはり有職や故実という価値観が、私たちのどこかにインストールされていると見たほうがいいのか。

もともと有職故実は儒教とけっこう重なる部分があって、古代中国においても、ある立場の人たちは儒教化された身体になること、すなわち儒教で言う「礼」に適ったふるまいをすることが求められていたんですね。そうすればおのずと国の秩序が守られていく。でもそれって、近代国家が国民に求めた身体性とはかなりちがうものでしょう。

松岡　国民国家の時代は、軍備と労働のための頑強な身体を重んじますからね。ぼくなんかはぜんぜん近代国家向きじゃない（笑）。

ぼくは、やっぱり孔子が重視した「礼」やその奥にある「仁」も、なんらかの面影を想定していたんだと思う。失われてしまったかつてのすばらしい国、孔子にとってそれは周の時代なんだけれど、そういうものは青銅器のかたちとして残っているだけでは足りない、身体的なふるまいとしてそういうものをかたちにして残したい、伝えたいということがあったんじゃないか。それは失われた理想の国、理想の君主や聖人の面影なんですよ。白川静さんもそういう見方でした。

田中　国がそういう道徳を教えなくてはいけないという風潮も困ったものです。私は学生に、敬語は他人とのあいだに自分の望む距離をつくり出すことのできる有効な方法だと説明しています。江戸時代では実際、礼儀作法、敬語、辞儀、手紙の書き方は道徳ではなく、コミュニケーション能力そのものでした。それを道徳と位置づけることがおかしい。

松岡　うん、あれはちょっとヤバい。

田中　本当の礼儀は、日常生活のなかで保たれていくものですよ。江戸時代は、子どもが成長して大人として認められるには、上下関係の挨拶がきちんとできること、目上の人に対して礼に適った手紙が書けることが絶対に必要とされていた。最低限その二つができないと、仕事なんかできなかった。挨拶のほうは家のなかで教えられて身につき、家で身につけられないことは丁稚《でっち》奉公先で鍛えられた。手紙の書き方は寺子屋で教えていました。つまり、江戸時代の教育というのは、人間関係を成立させるための礼儀を身につけさせることだった。

松岡　社会の礼儀や世すぎや身すぎがストレートに教育になっていた。でもそれを道徳とはとらえていなかった。

田中　それでいえば、江戸時代には遊女のための有職故実があったんです。『色道大鏡《しきどうおおかがみ》』といって、それによって遊里のしきたりや秩序が成り立っていく。そういうものがなくなると吉原も乱れていった。一八世紀の後半になると遊女の数がふえて、その直前に喜多川歌麿《うたまろ》が活躍します。歌麿が描いたあの高い品格の遊女の世界は、遊郭の貴族化なんですね。遊女の格上げをしないと、このままではまずいという意識があった。蔦重《つたじゅう》（蔦屋重三郎）もそれにかかわっていました。

松岡　それは遊女がふえすぎて大衆化してしまうという危機感？

田中　そうです。蔦重は早くからその仕掛をしていて、生け花と遊女の世界を合体させた本をつくっています。一七七四年（安永三）に刊行された『一目千本』で、遊女を花に見立てている。翌年の『急戯花之名寄《にわかはなのなよせ》』や二年後の『明月余情』は、吉原の年中行事の吉原俄《にわか》にちなんだものですね。吉原俄は旧暦八月に一カ月にわたっておこなわれる芸能の祭典で、その祭を「花」「月」をつかって文化として位置づけていた。『青楼夜のにしき』（歌麿）は、お盆のときに吉原の茶屋の軒先に下げられる燈籠の番付。著名な絵師や書家が参加して燈籠をデザインした。これは吉原の美術館化だった。京伝も『新美人合自筆鏡』で「遊女の手」と言われる筆書を、遊女の姿といっしょに印刷して、遊女の筆のすばらしさを残そうとしました。

松岡　ぼくは日本の書の文化史についての原稿を長いあいだ書道誌に連載していたんですが、それで初めて知ったのは、遊女の世界がものすごい手習いの世界だったということです。

田中　手習いのお師匠さんになれるような遊女がいっぱいいた。「筆は遊女に習え」という言葉もあったくらいです。そうやって遊女の手習いが、遊郭の有職故実をかたちにして守っていた。遊女だけがそれを守るんじゃなくて、客にも守らせていた。そうしないと有職故実は守れませんからね。

松岡　そうそう、有職故実ってたんにひとりで礼儀正しくして成立するもんじゃない。コミュニケーションの鍵と鍵穴でできあがっているものですからね。いまでも芸者さんとか芸能界とかにいろんな作法やしきたりが残っているのは、お客さんや出入りの業者とのコミュニケーションがあるからです。いまだに劇場の舞台裏では、拍子木や火打石を打ってお塩を盛る文化が残っている。それと、季節ごとの花や風物がすごく大事なアイテムにもなっていく。

田中　月次《つきなみ》行事がいろいろあって、それを伝えるための絵巻もつくられていた。行事は外に出てきてやるものも多いですから、そうすると祇園祭が典型的なんですが、町じゅうにいろんなしきたりやふるまいが広がっていくんです。いまそういうものをふんだんに残しているのは、茶の湯、それから武道くらいですかね。松岡さんは、こういう礼法みたいなものはずっと残したほうがいいと思いますか。

松岡　外面だけではダメでしょう。といってむりやり「心」を入れろというのも強引すぎる。スポーツ武道ではよく「心技一体」と言うけれど、それは勝ち負けのためではなく、文化としての「故実」をどう考えるかのためでしょうね。

田中　そうなんですよね。いまの私たちや日本の社会にとって、いったいどういう意味があるのか。そこから考えないとダメですね。かといって、日本人の精神とか心みたいなものを強調するのもちがうと思う。そもそも「故実」って歴史的事実じゃないんです。「故実」であろうとすることが重要で、それによって担い手が代わっても時代をまたいで伝えられていく。それとともに、情報や価値がつねに篩《ふるい》にかけられる。最初は公家が篩にかけて選んだものを、武家がまた篩にかけて選んでいく。公家集団と武家集団という、まったくちがう集団がやるわけですから、決して一貫しているわけじゃない。

松岡　日本全国に、観光客用のお菓子とか食べ物とかのお土産品がありますね。たいてい由緒《ゆいしょ》書《がき》がペラッと入っていて、この焼き菓子はこういうゆかりのものであるとか、この漬物はいつの時代から当地に伝わっていたものであるとか書いてある。民間の有職故実です。和菓子の多くがそういう由緒にもとづいている。もとは菓子司だって有職ですからね。

田中　それも公家や寺社から出た。公家や寺社が、季節や行事に合わせてそういう菓子を納品させていた。それがだんだん民間に降りて広まっていって名物とか名産になる。そこで重要なのは、やっぱり「故実」になっていくものは、たんに古いものというだけじゃなくて、かなり選んでいるということです。そうしないと「故実」になりません。

松岡　日本史学で仮に「河原巻物《かわらまきもの》」とよばれてきたものがありますね。あれは民間に継承されてきた由緒書のことですが、ほとんど偽文書です。しかしながら、木地師《きじし》とか鋳物師とか鵜飼や庭師のような職人たちが、その職能の起源を惟喬親王《これたかしんのう》(平安の文徳天皇の第一皇子)といった高貴な人に仮託して由緒書にしているところは見逃せないところがある。

田中　天皇や公家の系譜を選び、そこに物語をつくって職能の意義を浮上させて、品物まで選んでいく。

松岡　河原者に関する由緒書が多いので「河原巻物」という名になっているけれど、ぼくはもっと広い範囲で、由緒書が一種の民間有職故実としてあったんだと思う。

建築家の磯崎新さんは、そういうことが伊勢や出雲の神社建築などにもあらわれていると見て、それを「始原のもどき」と呼んでいるんです。ぼくはこの見方はけっこう当たっていると思う。西洋の建築様式はグレコローマン様式とかルネサンス様式とかヴェルサイユ様式という名称に慣れているけれど、日本の場合は発生がよくわからないとともに、いろいろ多様になっていく。神社建築も神明造《しんめいづくり》、春日造、住吉造、権現造《ごんげん》、流造《ながれ》というふうにね。これはゼウスの神殿とかアポロンの神殿とかというような神格にもとづいた個別化じゃない。神々の面影を求めるために、その土着化の風土のようなものと結びついている。だからさかのぼって調べても「始原のもどき」しかわからない。神社建築そのものが由緒書みたいなものなんです。

田中　さきほど私は、ものをつくる人たちは「おおもと」の面影を保持しようとしてきたと言いましたが、まさに宮大工のなかに伝承されてきたのね。

松岡　おそらく「ふさわしさ」を求めているんですよ。何のための「ふさわしさ」かというと、面影の保持のためです。肖像の「肖」を「あやかる」と読みますが、面影についての「あやかり」が独特の何かのフィルタリングやエディティングによって生じてきたんだと思う。のちに建築家の伊東忠太がそれを明治神宮や橿原《かしはら》神宮や宮崎神宮などにした。築地本願寺なんて、ユーラシアの風をはらんでやってきた幻獣たちを建築意匠にしてますよね。伊東忠太も「始原のもどき」をかたちにできた面影派だったんです。

田中　評価がはたらいていたからこそ、分母のなかに残ってきたのでしょう。私の学生だった人が今は漆芸の研究をしていますが、やはり惟喬親王が虚空蔵菩薩《こくうぞうぼさつ》から漆器の製造法を伝授されたことになっていて、その日を漆の日にしているという。けれども漆の日を制定しても、漆器の見直しや普及には役立っていません。そこに「評価」がないからです。由緒書はただのお題目ではなく、それによって技術と意匠の共有をしていたはずで、そこにいかなる技術と意匠があり、それをそれぞれの時代にどう取り出してつかいこなしてきたかという評価が必要です。伝統技術や伝統芸能では、それを怠っている領域がたくさんある。評価する能力をわれわれがもてば、もっと取り出せますし、つかいこなせるんです。

ヒエラルキーにならない社会

松岡　いくつか日本社会の模様について例示してきたのですが、ここでもうひとつキーワードをもちだすとすれば、「分《ぶん》」ということではないかと思います。身分とか本分、分をわきまえるというときの「分」、それから分際とか分限の「分」。日本社会は「分」をちゃんともっていた。

田中　そうですね。私はいま大学の総長で、いちばん上にいるはずなんだけれど、分を守らねばなりません。命令するのが仕事なのではなく、人の意見を聞くことや状況を把握することや、組織全体の意思を代表して発信することや、組織の行事つまりまつりごとを順調に運営していくことが仕事、つまり「分」です。

松岡　分担や分掌はその部門のことだけれど、「分」は誰もが担うべきものです。合理的な分類にもとづくんじゃない。

田中　分類は本当に物事を仕分けてしまうけれども、自分の「分」とか身分の「分」は、空間的なんですよ。

松岡　こういう日本的な「分」のルーツというのは、やっぱり儒教かなあ。

田中　どうでしょう？　儒そのものではないかもしれない。中国でいう身分制度ともちがっていたと思います。それはやはり、「さぶらう者」たちの発生の当初から、独自の判断をもつ人びとが担ってきたということでしょうね。

中国のような完全なヒエラルキー社会では、そのヒエラルキー構造はずっと維持されるけれど、トップはいくらでもすげ替えることができます。革命思想も生まれてくる。ところが、日本の武士たちはそういうヒエラルキー構造のなかに入っていたわけではない。さぶらっている者たちなのに、自分たちで分限をつくっていた。だから、武士が権力を握ってからも、天皇そのままありつづけます。天皇と武士の関係はヒエラルキー構造じゃないから、武士たちも王朝をなくしたいとか革命したいとかは思わない。平将門みたいに「新皇」を名乗った武士もいなかったわけじゃないですが、武士が天皇になるという発想は、そもそも将軍家にはないんです。将軍は天皇にさぶらう者という構造だけ、いつまでもつづいていく。

松岡 制度的につくられたものじゃないんですよ。科挙をしなかったのも大きい。そのために選別によってなりたつ人事とか、本格的な制度がなかなかできなかった。

田中 そうそう、試験がないというのはすごく重要かもしれない。誰も試験してくれないから、自分たちでやるしかない。それで思うのは、やっぱり、この日本の「ゆるさ」ってなんだろうということなんです。どう考えても礎《いしずえ》となるものをちゃんとつくろうとしてきていない。にもかかわらず、何かが保たれてきた。基本の構造だけはずっともちつづけて、あとはグズグズに崩れていても平気(笑)。

松岡 いいかげんといえば、こんないいかげんな国はない(笑)。いい湯加減、塩加減(笑)。それにつけても以前から疑問に思っているのは、日本の組織の役職のつくり方です。たとえばアングロサクソンやアメリカ社会では、役職というのはかならず役割と席が一致しているものでしょう。ところが、日本では役割と席をべつべつに扱って、もともとなかった執権とか太閤とか大目付とか大老という、いったいどこに位置する役割なのかはっきりしない役職をどんどんつくる。旗本・奉行・与力・若年寄なんていうのも新しい。

田中 そうね。大君とか神君までつくる。

松岡 ぼくは以前、出版社に頼まれて『日本の組織』という全集をつくったんです。官僚組織から企業まで、祇園の組織からヤクザの組織まで、読売巨人軍から新日本製鉄まで、ありとあらゆる組織をとりあげて、その構造や成り立ちを調べてみた。それで気がついたのは、日本の組織はどうも欧米の組織論では語れないということです。田中さんがおっしゃるように、かちっと制度理論化するにはあまりにもゆるすぎる。そして、やっぱり相談役や名誉顧問みたいな、いったい何の役職なのと思うようなものを平気でつくっている。主任と主事、課長代理と課長補佐とか。でも、そういう席と役割がうまくかみ合わないようなものをつくっていくところに、日本の組織のおもしろさがあるんでしょうね。最近の企業のようにCEOとかCFOとか略号のような役職を名乗りたがるのはどうも好きになれない。

田中　しかも会社の故事とも来歴とも関係のない人がトップに収まってしまう。あれでは企業の物語なんか継承できませんね。

松岡　そこですよ。有職故実は職能を絶やさないためにも重要なんです。千家十職がいまも残って茶道具をつくっているのも、千家が茶道という故実を守っているからです。日本が技術立国できたのも、下請け職人集団のネットワークがあったからだと言われています。

田中　有職故実は、ものづくりをする人たちにも必須でしたからね。

松岡　有職本がないと、デザインが決まらない。誰が、いつ、何のためにつかうのかによって、飾り物ひとつ、結び方ひとつ違ってくる。それを遊芸の世界でもやったのが『君台観左右帳記《くんだいかんそうちょうき》』で、あれをつくったのが当時の目利きだった能阿弥《のうあみ》や相阿弥《そうあみ》です。室町時代の遊芸に欠かせなかった唐物《からもの》の鑑定から床飾りのしかたまで、すべて絵入りで編集した。こういうものがゆるい日本の国の制度の何かを補っていたし、日本の技術や技能をずっと支えていた。

田中　茶の湯で江戸時代に普及したのは『南方録《なんぽうろく》』ですね。千利休に近侍した南坊宗啓《なんぼうそうけい》が記録したもので、元禄時代から広まった。ただし総合的というより茶の湯に限った編集です。ほかにも『立花大全《りっかたいぜん》』や『香之書』など、さまざまな分野の本が普及するようになります。これらの書物や身体による稽古が技術や技能を残した。

境にいる人びとと物語

松岡　ここで少し日本の表現性や物語性を保持してきた仕様や仕立てのほうの話を交わしたいと思います。

有職故実のさまざまな事例を含めて、日本にはいつしか「型」や「間《ま》」や「もてなし、ふるまい、しつらい」などの様式ができあがってきましたね。それはおそらく面影を継承するための方法であったと同時に、それを保持し、維持し、温めておく保温器のようなものだったのだろうと思います。こういう「型」や「様式」のことを、ヨーロッパ流のロマネスクとかアラベスクとかという言い方にあわせて「ジャパネスク」と言ってもいいかもしれないけれど、それだと様式論になるので、ここではもうちょっと融通無碍《ゆうずうむげ》なものをとりあげたい。

田中　そう、様式論では語れないと思う。融通無碍なものってたとえば？

松岡　歌とか物語とか文様とか。ぼくは日本の和歌や物語は文芸というより、日本文化の大切なものを保持しておく情報編集装置だったと思っているし、文様や模様や色どりはそれを明示するために必要不可欠な表象だったと思っているんです。

田中　そうですね。しかもけっこう実用的だったと思う。たぶん日本の物語は、私たちが思っているようなナラトロジーの対象になる物語文芸とはちょっとちがっていて、けっこう実用的な面もあったと思うんですね。たとえば物語には洪水や津波のような災害のことから疫病や流行病《はやりやまい》のことまで入っていて、そういう災いがおこるとどうなるかということを伝え残していくという意味もあった。

松岡　実用というか、大事な「用事」のための物語でもあった。

田中　ある意味では、やむにやまれぬ物語です。

松岡　そうそう、生死にかかわることや村落の維持に不可欠なことも物語になっている。だからこそ、どういう人びとが語り部になっていったかということが重要だった。

田中　日本の物語の多くが、琵琶法師をはじめとした盲僧によって語られていたということは興味深いですね。盲僧がつくった物語の最初は、地神《じしん》という土地の神を鎮める物語です。『地神経』とか『地心経』とか言いますが、これはお経というより土地の神鎮めのもの、荒ぶる神を鎮めるためのものなんですね。

かれらはたいてい神鎮めや占いもやっていたようです。ということは、物語を語ることで世を鎮めるという面があったんじゃないか。あるいは、物語によって死者が体験したことを伝えて、不吉なことがやってこないようにするとか、何がおこるかを予想するという意味があった。盲僧たちの物語も、そうやって死者を弔うということもあるでしょうけど、死者そのものになって、いまの世にはたらきかけているというふうにも言えるんじゃないか。

松岡　琵琶法師たちは『地神経』を琵琶にのせてうたってさえいますね。説経節や十二段浄瑠璃もその系譜です。折口信夫の『死者の書』もそういう物語だった。

田中　わかりやすく言えば、下北のイタコや沖縄のユタのようなものにも似てますね。死の世界と生の世界を行ったり来たりしながら語られる物語。盲僧も、最初はそういう存在だったようなんです。「平家語り」をする琵琶法師たちもたんに物語を語ったのではなく、滅亡してしまった平家、つまり異界に行ってしまった人びととの交信を語った。

松岡　兵藤裕己さんの『琵琶法師』によると、地神の霊威のようなものを感じた盲僧たちが読誦していったみたいね。地神は荒神《こうじん》や地母神《じぼしん》のようなものでもあると書いていた。

田中　そこが始まりです。地神は仏教では五竜王を伴い、中国では盤古《ばんこ》の王子とも言われているのだけれど、日本では五郎王子《ごろうのおうじ》譚《たん》のようなものになり、奥三河の花祭りの祭文《さいもん》や高知の物部村のいざなぎ流の祭文などに採り入れられている。

松岡　そうした物語の語り方には、現世と異界、彼岸と此岸を行き来する情報様式があったはずだよね。だからこそ、そこから「平家語り」をする琵琶法師たちが生まれていった。琵琶法師って「境《さかい》にいる人たち」なんです。

田中　盲僧の始まりはおそらく九州あたりで、筑紫舞《つくしまい》などとも関係があったらしい。筑紫舞もやはり、地の神を鎮めるものでしょう。水俣が古代からの盲僧たちが住み着いて拠点のひとつになっていたらしい。

松岡　水俣というのは象徴的ですね。水俣で詩や文や物語を書いてきた石牟礼道子さんは、まさに現代の語り部です。

田中　ほんとにそう。盲僧琵琶が聞こえてきそう。石牟礼さんが書いた新作能の傑作『不知火《しらぬい》』では、ワキを「隠亡《おんぼう》」（墓守や火葬に携わる人びと）にしていますよね。石牟礼さんの生活圏に「隠亡」がいたそうなんです。弟が革細工をやっていてお兄さんが「隠亡」で、その兄弟とよく遊んでいたんですって。親は何も言わなかったけど、大人になってからその人たちがどのような仕事をしていた人たちなのか初めて知ったって言ってました。

松岡　石牟礼さんが語る水俣は、何か歴史的に生と死や、ケガレ（穢れ）とキヨメ（浄め）をめぐる宿命のようなものがまとわっていた場所のように思えますね。日本の物語は、そういうただならない境い目の人びとが担うものだったことが多い。盲僧や「隠亡」だけではなく、時宗の陣僧などもそういうことを見聞し、周囲に伝えていったんだと思う。それがまた踊り念仏や説経節のようなものになっていった。

田中　石牟礼さんは『苦海浄土《くかいじょうど》』に「非人」と書いて「かんじん」と読ませていた。「かんじん」というのはノマド、つまり移動する人たちのことです。あの水俣の水銀汚染事件のときに、被害者たちが東京に出て来て東京のチッソの本社に立てこもったことがあったんですが、「自分たちはかんじんだ」と言い切って立てこもった。

松岡　五木の子守歌に唄われる「おどま、かんじんかんじん」の勧進だよね。

田中　そこには「ほいと」も入る。乞食《こつじき》でもあるわけですが、まとめていえば、盲僧や勧進や「隠亡」や乞食にはそういう境界をまたぐ存在としての宿命や覚悟のようなものもありますね。

松岡　悲哀もね。それが結局、世阿弥の複式夢幻能のようなものになっていったんだろうと思う。世阿弥はそこにシテに対するワキをつくって、人びとの「残念」とか「無念」を聞く役にした。お能の橋掛《はしが》かりの向こうから出てくる者たちは、ほとんど死者か亡霊か神様、そうでなければ『隅田川』の子どもを失った母のような悲劇の主人公です。そういうシテはみんな面《おもて》をつける。けれどもワキはすべからく直面《ひためん》です。それはシテの時空をまたいだ物語を聞くためだからです。ワキが聞きつづけることによって、シテの怨念や残念を浄化する。

ワキはたいていその場にさしかかった旅の僧という設定になっていて、ひたすらシテの話を聞くだけで、出来事の進行の何の役にもたっていない。それなのにシテはワキがいなければ浄化できません。そういう意味ではこのワキは「面影カメラ」なんです。

田中　こういうふうに見てくると、物語もやはり大事な面影を保持するものであって、かつまたその物語がどのように誰によって語られたり歌われたり、あるいは演じられていけばいいかということを指示しているんだということになる。やはり、たんなる文芸作品ではない。

松岡　さらに興味深いのは、そうした盲僧語りや五木の子守歌や石牟礼さんの詩は、虐げられている人びとの哀しさが歌われたり語られたりしているのに、それを聞く者たちはそこに「或るおもと」と似通ったものを感じられるのはどうしてかということですね。逆にいうと、そこには、日本では権力者やトップが「或るおもと」を語ろうとしてもうまくいかない理由があるようにも思う。靖国に参拝する政治家たちは鎮魂の物語や異界と関連することを語れないでしょう。

田中　そうね。複式夢幻能や「平家語り」のように、なぜ滅びたものによって暗示できるのかということがわかってこなくちゃね。

松岡　そこがない。

田中　しかもそういう物語は延々と語り継がれていく何かをもっている。「平家語り」は一四世紀に明石覚一《あかしかくいち》という盲目の法師が、当道座《とうどうざ》をつくって組織化していますね。そこに検校《けんぎょう》という盲人の最高位の地位も発生していった。明石覚一は、覚一本とその歌い方を定一に伝授し、それが塩小路慶一に伝授されます。そうやって当道座が継承されていく。それでも、さっきの大和朝廷の話とどこか似ているんだけれど、当道座が各地の琵琶法師のすべてを統括するわけではなくて、洩れていくところもけっこうある。薩摩琵琶とか筑前琵琶が生まれる余地をつくるわけです。

松岡　田中さんは『江戸の音』のなかで、琵琶法師が琵琶を三味線に持ち替えていった可能性を指摘していたけれど、そういう余地も出てくるわけだ。

田中　浄瑠璃語りも、そういう余地から生まれていったんじゃないかと思いますね。十二段浄瑠璃もおそらく「平家語り」の十二章が変容したんじゃないかと思っている。

松岡　浄瑠璃というのは薬師如来のおわす東方の瑠璃光浄土のことだから、何か治癒にも関係しているかもしれない。薬師さんは左手に薬壺を持っている。実際にも十二段草子の「浄瑠璃姫」の物語には、牛若丸との恋情にまつわって薬師如来の霊験があらわれる。

そもそも物語にはその民族特有のメタレベルの物語構造があるんだと思います。それゆえ時代によって物語が翻案されたりして主人公が変わっても、物語の基本構造は残っていく。民衆は、牛若と浄瑠璃姫の話がじつは「平家のもどき」であるということを仮に知らなかったとしても、物語を通して何事かを感じとっていたんじゃないかと思う。そこがやはり面影編集なんですよ。

田中　琵琶による平家語りから三味線による浄瑠璃に一気に話が進んでしまいましたが、そのあいだに説経節があります。『をぐり』『かるかや』『さんせう太夫』などですね。死から蘇って歩くこともできなくなった小栗《おぐり》も、親から捨てられた子どもも、誘拐されて奴隷にされた姉弟も、説経節で語られる苦しみはリアルで普遍的です。

語り手は旅芸人で、各地の地名とともに、自身が経験したり旅の途上で出会った人びとの物語、巡礼をする不治の病人、盲人、身体に障害のある人、遊女、芸人、人買いに売られた者たち、被差別民たちの物語が語られたのです。小栗判官は、一度死んだ者を道を行くおおぜいの人びとが交代で車を引いて蘇生させる物語です。

やがてこれらの一部が浄瑠璃となり、近松門左衛門が出現して竹本義太夫が語るようになると、すでに死んだ者たちが人形のかたちで舞台にあらわれるわけです。『曽根崎心中』は、実際におきた事件で死んでいるお初が観音めぐりをするところから始まります。物語が「面影編集」であるとは、そのとおりですね。

4

日本の治め方

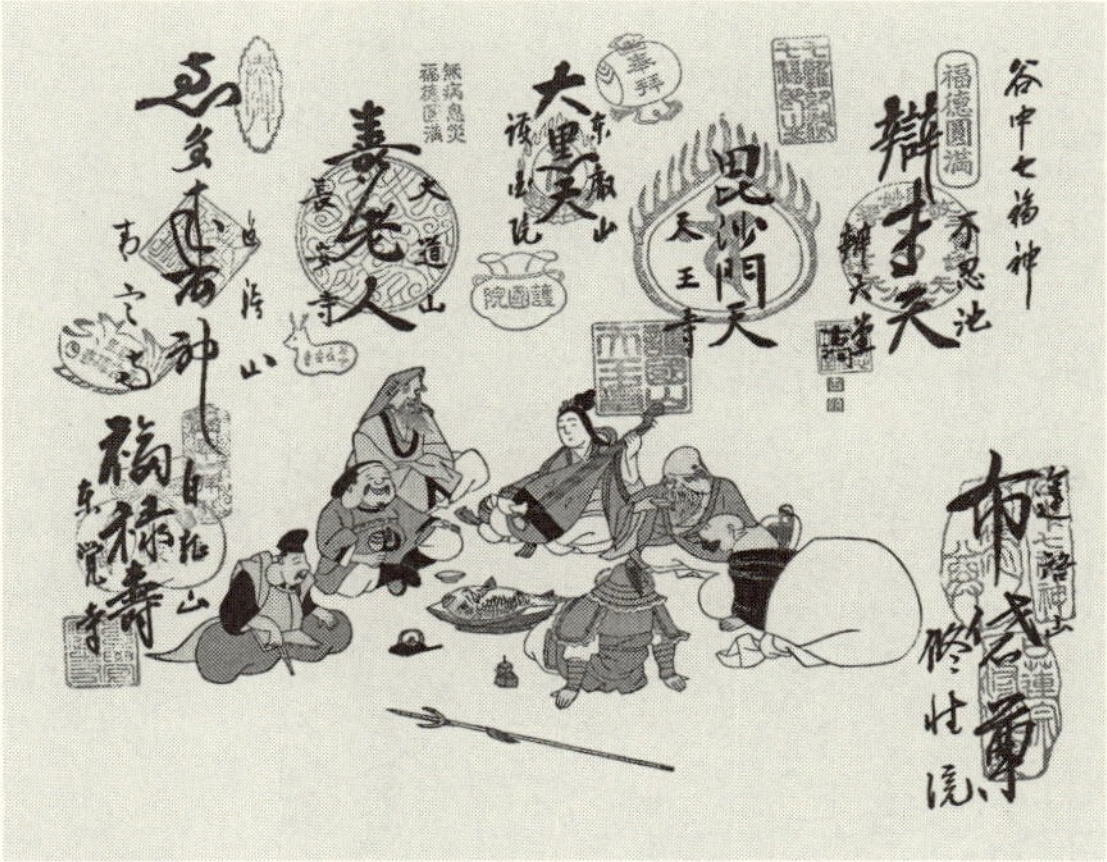

「七福神巡り」は日本人の民間信仰が絶妙に組み合わされ，いまなお全国各地で愛され人気をよんでいる行事.
──「谷中七福神巡り」御朱印之版画(護國院提供)

神と仏とまつりごと

松岡　日本人の心的帰属感についてわかりにくいことのひとつに、宗教や信仰の問題があります。海外で「おまえが信仰している宗教は何か」と訊かれるとみんな困っている(笑)。その話をしましょう。

田中　新渡戸稲造がベルギーの神父から「日本人は何を信仰して道徳を養っているのか」と訊かれて以来のことね。新渡戸はキリスト教に比較して武士道をもち出したけれど、戦後の日本はそれもできないでいる。だから日本人の宗教観はわかりにくいと言われてしまう。

松岡　ぼくは一〇年ほど、三菱商事やリクルートやIT企業のリーダーを相手に、「あいだ」という言葉をコンセプトにして「ハイパーコーポレート・ユニバーシティ」という塾を一年に六回ずつ継続してきたんですが、かれらの多くが海外赴任の経験をしていて、たいていの現地でこの問題に遭遇してけっこうアタマを悩ましていますね。海外経験をすると、おおむね「日本の説明」や「日本人の信念」で行き詰まってしまう。

田中　家には神棚も仏壇もあって、結婚式が教会か神社で、お葬式がお寺。年末には家族でクリスマスケーキを食べて、除夜の鐘をお寺でつき、お正月には神社に初詣に行く。

松岡　文化庁の統計を見ると、日本の宗教人口は、神道系と仏教系とキリスト教系、そのほかの諸宗教を合わせると合計で二億人近くにもなる。これは、ほとんどの日本人が宗教上ダブルブッキングされているということですが、かといって神社やお寺にかかわることが明確な信仰行為になっているかといえば、そうではなく、大半がただの行事や家族イベント感覚になっている。

田中　仏門の檀家になっているといっても、キリスト教のように個人として入信していませんからね。日本人どうしでも「おたくの宗旨は？」と聞き合う。そうすると、個人の信仰や信教ではなくて、「家」の宗旨で答えざるをえない。

松岡　その「家」のほうもけっこう複合的です。うちは父の血筋が近江の長浜にいたころから浄土真宗の「お東」(東本願寺)ですが、京都の家では煤《すす》払いのときは家中に一〇カ所以上に細い注連縄《しめなわ》が出現します。大黒柱にも井戸にも便所にも。大晦日《おおみそか》は近所の寺で除夜の鐘をついて、八坂神社に「をけら参り」に行って火縄をもらってくる。一晩寝て元朝を迎えると、床の間に先祖の肖像の掛軸が三幅掛かって、白味噌のお雑煮をいただく。年間を通しては、先祖の祥月《しょうつき》命日になると仏壇の前に坐らされて、お坊さんや父が誦《よ》む『正信偈《しょうしんげ》』や『阿弥陀経』などの読経を聞く。田中さんのところはどうですか？

田中　生まれたときから仏壇はありますが、神棚はありません。神棚はご商売の家にあるもので、一般の家庭にあるものではないと考えていました。しかも仏壇は信仰のためにあるのではなく、亡くなった家族を偲ぶためにあるのだと思っていた。お線香を上げて手を合わせるのは盆と命日なので。その一方で兄はカトリックの洗礼を受けてベルナルドという名前がありますし、私もカトリックの洗礼を受けるための公教要理の勉強を高校と教会で修めました。マリアマグダレナという洗礼名も決めていた。直前になって「本当に信仰心があるのか」と自分に問いかけ、どうも知的好奇心だけで勉強していたと気づき、洗礼はやめました。

松岡　そうでしたか。たしかに自分自身の信仰の拠点に向かうと、ぐらつきますね。それでどうしていくかというと、日本人の多くは依頼心を多様化する。ぼくもそうでした。京都では「家」だけではなく「町内」とのつきあいもあるので、庚申《こうしん》さまのお祭りもするし、地蔵盆《じぞうぼん》もする。十三詣りもしましたし、氏神さまの神輿《みこし》もかつぎます。ようするに「神・仏・道」の習合ですね。いまやそれにクリスマスとかバレンタインデーまでくっついた。

田中　私は下町だったので町内に講などもありませんでしたが、盆の送り火は個々の家でやっていましたね。個人的には、クリスマスも誕生日も心から納得しているわけでなく、いまのバレンタインデーもハロウィンもコマーシャリズムとしか思えない。

松岡　生活行事的なんです。けっして社会歴史的な堆積じゃない。歴史観にもとづいてはいない。だから、たいていの戦後日本人は子どものころに日本の神さまの話も神話の話も聞かされたことがないし、村の氏神のことも町の神社の祭神のことも知らない。仏壇はあってもその宗旨や宗派の仏教史なんてあまり関心もない。神棚があっても近所の神社のお札をもらってくるだけで、祭神がかたじけないと思えたり、氏神信仰を継承しているとはかぎらない。

田中　生活行事的であることはアジア的な特色でもあって、言いかえれば多神多仏的だということです。多神多仏というあり方は決しておかしなことではなく、どんな民族でも、エジプトも中東もヨーロッパも、古代までさかのぼればみんな多神教だった。それがモーセのエジプト脱出以降、ユダヤ的な一神教が圧倒的に強くなっていったわけでしょう。でもアジアでは、たとえばインドはヒンドゥ教と仏教と民間信仰、中国は儒教と道教と仏教と民間信仰というふうに、ずっと多神多仏多道が混在してきた。

松岡　宗教が政治的にならなかったのもアジア的だよね。それゆえアジアにも日本にも宗教革命がないし、宗教戦争もない。フランスのユグノー戦争やドイツの三十年戦争にあたるものがない。戦国大名や信長が法華宗を抑圧して一揆がおこったり、一向一揆がおこったりするだけです。これは宗教間戦争じゃない。

アジア全域で見ても、イスラムが力をもつまでは、ヒンドゥ、仏教、儒教、道教ともに政治的な制度といっしょになっていない。そのイスラムも最近の過激派はべつにすると、本来は進出した地域での住民の信仰については寛容です。いずれイスラムに靡《なび》いてくるだろうというので寛容なんですね。

田中 アジアでは激越な宗教戦争ではないけれど、大きな宗派間の紛争はけっこうありましたよね。インドでも仏教とヒンドゥ教とイスラムはずっと抗争しています。

松岡 たしかにインドでは仏教がずっと抗ヒンドゥ装置あるいは反ヒンドゥ装置になってきましたね。それが一二〇三年に、東インドの根本道場だったヴィクラマシーラ寺院をイスラム教徒が襲撃して破壊してからは、イスラムが仏教の社会装置性に代わっていった。インド仏教はそこからずるずる後退していった。

田中 私は『未来のための江戸学』を、サティシュ・クマールの思想に刺戟を受けて書きました。その後、本人にお目にかかり、いまでも毎年日本に来られます。サティシュ・クマールはガンジーの思想を継承しているインドの活動家で、ジャイナ教の家庭で育っています。ジャイナ教では相互連関のことを「すべては与えている」と表現し、仏教では「因縁生起《いんねんしょうき》」と言い、ヒンドゥ教では「君あり、故に我あり」と表現する。相互依存の思想ですね。「ヤグナ」「タパス」「ダーナ」という言葉をつかって、それを表現している。「ヤグナによって土を育てること、タパスによって自己を育てること、ダーナによって社会を育てること」というように。「ヤグナ」とは、失われた分を補うこと、「ダーナ」とは与えることで、具体的には自分の才能、労働、知識を、社会に対する贈り物として返すことです。ダーナはドナーおよび「旦那」の語源ですね。「タパス」は自己を育てることですが、贅沢することではなく、断食・瞑想・学問、沈黙・休息・自然のなかに身をおくなどの行為です。これは循環の思想で、江戸時代の循環思想がどこから出ているのか探っているうちに出会ったのです。

ここでわかったのは、インド人もイスラム教徒以外は現実の生活に根ざした家庭のなかの信仰で育ち、かならずしも普遍宗教に拠ってはいないということです。国家はそれぞれ信仰の表看板をかかげるのかもしれませんが、人はそうでもない。日本人が無宗教でも、ちっともおかしくはないのです。

松岡　日本は長きにわたって神仏習合をしてきたのだけれど、この神々と仏たちが併存交差している状態にこそ「内外日本」のまじった特色が滲《にじ》み出ています。すでに九世紀から神宮寺ができていて、神前読経がはじまってましたよね。これは言ってみればキリスト教と仏教が習合したようなものだから、たいへん変わったもの、ヘンなものもそうとう生み出していたということになる。とくに中世に本地垂迹《ほんじすいじゃく》がさかんになって、神々は仏の化身であるとみなされるようになると、神祇《じんぎ》と仏法の功徳がかなりややこしく交錯した。両部神道や度会《わたらい》神道や吉田神道などもかなり異様です。

両部神道は密教側が金剛界《こんごうかい》・胎蔵界《たいぞうかい》の両部を内宮《ないくう》と外宮《げくう》にあてはめたものだし、度会家行に始まった度会神道は本地垂迹をひっくりかえして逆にして「神本仏迹《しんほんぶつじゃく》」をつくりだした。ここでは神が主体で仏がその化身になった。のちの伊勢神道の基本です。ぼくは三十代半ばに度会氏がつくった神道五部書をいろいろ覗いてみて、仰天しました。すべて偽書ですが、ありとあらゆる仮託をしている。

田中　度会氏は南朝派よね。後醍醐天皇(在位一三一八〜三九)についたので、北畠親房《きたばたけちかふさ》は家行に学んでいる。その学習の成果が『元元集《げんげんしゅう》』や『神皇正統記』になった。

松岡　そうですね。度会氏は新たに「神道」を創作したわけで、これを広めるために切紙《きりがみ》や印信《いんじん》を発行します。それが寺院にも及んで三宝院流などになった。

吉田神道もかなり大胆です。大きくは卜部《うらべ》神道系に入るのだけれど、吉田兼倶《かねとも》という特異な人物がほぼひとりで構想したもので、それまでの神仏的言説をいろいろ組み合わせて統括するような〝てっぺん神道〟をめざしている。京都では節分に吉田神社にたくさんの人が押し寄せるのですが、あそこには全国すべての神々が子どものように蝟集《いしゅう》しています。

田中　神道成立以前の信仰を「神祇信仰」というふうにいいますが、そういうものがいったいいつからはじまったのかということも、よくわからない。ある程度早い時期に、日本列島のどこかに惟神《かんながら》や産土《うぶすな》に対するイノリの感覚が生じていたんだろうとは思うけれど、それが縄文期だったのか、卑弥呼や邪馬台国の時期だったかどうかは、はっきりしませんね。

松岡　土着的な惟神や産土はまだ神祇信仰と呼べるものではなく、むしろアニミズムとかシャーマニズムに近いものでしょう。樹霊とか磐座《いわくら》とか神籬《ひもろぎ》とか海境《うなさか》への、ようするに自然に対する畏怖があって、そこから土偶や埴輪などの形代《かたしろ》に対するアニミスティックな信仰のようなものが芽生えた。卑弥呼の実態もほとんどシャーマンと見たほうがいいでしょう。おそらくシャーマンや語り部を中心に、巫祝《ふしゅく》的な「まつりごと」が発生していたんだと思います。この形態は、その後も列島各地の山あいなどにずうっと残響する。

田中　大きな変化は農耕社会になってからですね。農耕儀礼のようなかたちの信仰がはじまって、農耕集団が共通の祖先神や氏神を祀るということがおこなわれていった。この氏神信仰は、列島内に渡来人が定着していくにつれて、「外」からもってきた信仰とも混じりあっていく。

松岡　稲作はアジアの天水農業から届いたものですが、日本でアジア以上の「お米の文化」になったのが特筆されます。それにともなって農耕儀礼がふえていく。伊勢にトヨウケ（豊受）信仰とアマテラス信仰が併存することになったのも、その反映だった。

田中　それを外宮と内宮にした。外と内とを並列させた。

松岡　いつのまにかそれを「お伊勢さん」としていっしょくたにした。そのうち神と仏が習合していった。宗教学の分類でいうと、こういう現象はシンクレティズム（混淆宗教）というふうに言われるんですが、これはかなり当てずっぽうでラフな見方です。神仏習合をシンクレティズムでくるのは当たらない。

田中　混淆というより、さまざまな神様で代理していくように見えるわね。隠れキリシタンが観音でマリアを代理したり、大日如来でアマテラスを代理したり、インドの神様たちを神社に招き入れたりしたように。

松岡　日本仏教はインド仏教や中国仏教とちがっていて、かなり日本化された仏教です。しかも当初から神仏習合していた仏教です。鈴木大拙《だいせつ》が「日本的霊性」と名づけて、法然・親鸞・日蓮・栄西・道元たちが組み立てた鎌倉新仏教のことを扱ったわけだけれど、それらも中国の南北朝や唐の浄土教や中国の南頓北漸《なんとんほくぜん》の禅とはだいぶんちがっていたし、日蓮の法華信仰もインドの大乗仏教のエースとしての『法華経』からすると、ちょっと変わっている。こういうありようは、たんなるシンクレティズムではない。

そういういくつかの特色からすると、ぼくは「自由選択宗教」とか「編集宗教」と言いたいくらいです。そこには空海密教のようにラディカルな統合性をもったもの、山本ひろ子さんが研究した中世神道といわれる雑多なもの、江戸の生き神さまのような民間信仰、さらには近代の新興宗教のようなお告げ的なものまである。度会神道や吉田神道のように、そうとう勝手な仮託や見立てをしているものも多い。とはいえ、こうした組み合わせ信仰を受け入れる感覚は、民衆のほうにもあったんだと思います。たとえば七福神のような奇想天外なセットを見ていると、とくにそんな感じがする。

田中 そうねえ。インドの大黒天・弁才天のような神、中国の福禄寿や布袋《ほてい》和尚のような民間信仰の対象、そこにヒルコがエビスに変化するような日本古来の信仰などがいっしょになっているんですからね。「編集宗教」という言い方はおもしろいですね。何も自分や家族や国家をどこかの普遍宗教に無理矢理分類しなくてもいいわけですから。むしろ文化のなかに要素がそろっていて、個々で編集したほうがいいくらい。

松岡　もっともっとね。七福神は福神思想自体が中国からのものですが、そのメンバーは自由な選択的編集をした。

田中　七福神が宝船に乗っているのは蓬莱《ほうらい》思想ですね。

松岡　そういう組み合わせがどこから出てきたのか。七福神や日蓮宗の三十番神などは、「外」からの情報や知識や流儀を自在に「内」と混ぜているのですが、その「内」がもともとは外からやってきた仏教フォーマットなのだから、本気で研究するとけっこうややこしい。

ともかくも神仏習合のやり方をみると、「見立て」の編集がものすごく多いことに気づきます。ここには日本が「外」と「内」を合わせるときの特徴が出ている。もちろん中国でも、インドや西域からいろいろの仏教がばらばらに入ってきては、それをそのつど漢訳して中国仏教にしていたし、隋や唐の時代には老荘思想をつかって仏教を解釈する格義《かくぎ》仏教が整備され、さらには中国的な解釈にもとづいて五時八教《ごじはっきょう》が組み立てられていくんですが、日本はそういうロジカルなことをしなかった。せいぜい平城京で南都六宗を伽藍《がらん》としてそろえた程度。そのあともおおむね「八宗」というフレームで顕教と密教を並列させますが、それ以外はけっこう「見立て」による習合が多かったでしょう。

田中　欽明天皇が初めて仏像を見たときに、仏の顔が「きらきらし」と言ってびっくりしたと

『日本書紀』にありますね。仏像のヴィジュアリティに関心をもった。「見立て」の編集が多いというのは、そういうことも関係していたかもしれない。

松岡　そのあたりのことを解くにも、やっぱり日本のアニミズムやシャーマニズムの研究がちょっと少なすぎるような気がします。タイラー（エドワード・タイラー）やエリアーデの宗教研究とまではいかなくても、それに近いものさえあまりになさすぎる。

田中　それに代わるものとして柳田や折口の民俗学があったのでしょう。ただし、民俗学は宗教学ではないですからね。

松岡　汎神論と汎心論の研究、物神論と物心論の研究があまり深まってないんですよ。そこをやらないと、たとえば「山川草木悉皆成仏《さんせんそうもくしっかいじょうぶつ》」といった、中世に無常感とともに広がったアニミスティックな思想感覚が分析できていない。あれは天台本覚論《てんだいほんがくろん》として組み上がっていったものので、たんなる流行現象じゃない。

田中　そうですね。一木一草に仏や浄土を見た。

松岡　そういう感覚が、近代になると「土俗」として敬遠されて排撃された。迷信扱いされたり、淫祠邪教《いんしじゃきょう》扱いされた。しかしこの「土俗」っぽいところをやらないと、日本の基層にひそむものは解けません。そこを分け入っていかないと、日本人のイノリの領域がわからない。一方で、聖徳太子の「世間虚仮《せけんこけ》、唯仏是真《ゆいぶつぜしん》」という信仰的なニヒリズムや、中世の吉田兼好や鴨長明が表明することになった無常感などにも、もっと分け入ったほうがいい。

田中　「神」と「仏」のちがいを日本人がはっきりと意識するようになったのは、いつごろなんでしょうね。おそらくは中世に本地垂迹説が出回ってからのことでしょう。

松岡　「神」と「仏」の神格や仏格が議論されて、それらのリストが標準化されてからでしょうね。それでアマテラスが大日如来ともみなされるようになった。つまりは伊勢神道と吉田神道が偽書をつくりまくって、神道五部書が著作されてからのことです。でもそのことと、日本人のイノリの感覚のなかで、神と仏がどう見られていたかということは、なかなかつながって見えてこない。

田中　そこは教義や教理の文字面《もじづら》からは見えません。私たちが自分たちの「奥」を覗かなければならないわね。

松岡　西行作と言われる「なにごとのおはしますかは知らねどもかたじけなさに涙こぼるる」という歌がありますね。『梁塵秘抄《りょうじんひしょう》』には「仏は常にいませども　うつつ(現)ならぬぞあはれなる　人の音せぬ暁に　ほのかに夢に見え給ふ」という今様《いまよう》がある。こういう歌謡とともに、各地のお地蔵さんやお不動さんの信仰、東北のオシラ様や沖縄のオナリ神への思いというようなことを、一つひとつ見ていくしかないですね。そうすれば「奥」が見えてくる。

田中　私はそれこそ「おもかげ」と「うつろい」の方法ではないかと思う。さまざまなかたちに投影され無限に代理されていくけれど、無常を成り立たせている生と死、衰微と隆盛、夢と現《うつつ》の循環は、宇宙と自然に埋め込まれている確固たる事実で、そこにそれ以上、普遍かつ不変なものを求める必要はないと日本人が観念してきたような気がしてならないのです。信仰を超えた境地をもっていると考えています。

松岡　信仰を超えた境地ね。いい言葉ですね。

キリシタンは反秩序

田中　ところで私は最近、江戸時代におけるキリシタンとの接触のしかたに関心をもっています。

松岡　ほう。どういうことですか。

田中　なぜ江戸時代にあんなにがんばってキリシタン禁制をしたか。これは裏を返せば、禁制にしなければならないほど、キリスト教は日本にかなり入っていたということです。実際に江戸時代にはキリスト教信者が六〇万人もいたと言われます。人口が一九〇〇万人ぐらいの時期ですから、すごい勢いでふえていった。ただしそれは最初のころだけで、禁制後はごく一部の「家の宗教」としてひそかに継承された。隠れキリシタンとして。なぜそんなふうになっていったのか、その理由を考えたときに、日本においてキリシタンというのは、いまの欧米にとってのイスラム過激派みたいな存在と思われたのではないかと思うんです。

松岡　イスラム過激派みたいというのは、攪乱者としてみなされたということですか。それは為政者から見て？

田中　為政者だけでなく、一般の人もそう見ていたようなんです。

キリシタン関係の研究書とか議論はいろいろあるけれども、ほとんどが具体的な事実のトレースだけで、その事実をどう見たらいいのかということがあまり書かれていないんですね。なぜ禁じられたのかということについても、天皇制と矛盾するとか、権力に不都合だとか、上からの見方ばかりです。でもその一方、庶民階層にはずっと浸透したまま、明治維新まで継続されていたんだという話をあちこちで聞きます。隠れキリシタンとしてずっと信仰が伝承されてきた。それこそ「家」だけで伝承されてきた。

そういう庶民にとってのキリスト教というものを考えていくときに、井上章一さんの『キリスト教と日本人』という評論にけっこう興味深いことが書いてあって、参考になったんです。庶民のあいだで、由井正雪や大塩平八郎、それに熊沢蕃山《くまざわばんざん》や大久保長安《ながやす》もキリスト教徒だったという噂があったらしい。井上さんの説を借りて言うと、江戸社会にとってキリシタンというのは、「乱をおこしそうな人」のことだったんですね。社会秩序を創造する側と、破壊する側というふうにわけて考えるとすると、キリシタンは破壊する人間たちだと思われていた。ということは、日本人は破壊や反秩序という問題を、巧みにキリシタンに託したんじゃないかとも見えてくる。

松岡　ふーん、なるほど。天草四郎だけがキリシタン反乱者じゃなかったんだね。

田中　日本の歴史を通してみると、江戸社会はものすごくよく治まっているわけです。「治める」ということを至上命題にしているほどに秩序がゆきとどいていた。けれどもそこにはやはり反乱の流れというか、無秩序な流れというか、アナーキーな流れというものもあって、それを世間はどうしても無視することはできなかったんでしょうね。ただ、それには何か名前をつけなければ実態や実情が浮かび上がってこない。そこで「キリシタン」とか「耶蘇《やそ》」という名前をつけたんじゃないか。

松岡　ぼくは、日本には多神多仏の神仏習合のベースがあったから、他との習合を好まない一神教的なキリスト教を禁制したんだろうと見てきた。蓮如《れんにょ》のリーダーシップで隆盛した阿弥陀一神的な一向宗を、信長が潰しにかかったのと同じロジックじゃないかと思ってきた。でもそれだけじゃなくて、民衆レベルではべつの解釈が成立していた可能性があるわけだ。

田中 たしかに信長時代はイエズス会がもたらすもの、耶蘇というものを、神仏と習合できるかどうかを考えたと思う。けれども山本七平も書いていたとおり、やってみたらこれが意外に手ごわいとわかったんじゃないんですか。そこで秀吉も家康もキリシタン禁制を徹底し、鎖国もするんだけれど、案の定、天草一揆（島原の乱、一六三七年）がおこってしまった。禁制にしたからといって、根絶なんてできていなかったわけです。それどころか、天草一揆では「立ち返り」の人びとが中心になった。「立ち返り」とは、弾圧によって一度信仰を捨てた人が再びキリシタンになることです。一説によると、背後にはのちに由井正雪の乱の担い手である浪人たちの画策があって、彼らがポルトガル軍による支援を計画していたと言います。

松岡 キリスト教そのものが、ものすごい戦略をもって日本に来てましたからね。ザビエルが日本に来たのもイエズス会によるアジア布教の一環であって、宗教改革で分裂したプロテスタンティズムに対するカトリックによる世界制覇シナリオの実践です。ザビエルはバスク人で、マラッカで日本人のヤジロウに出会って日本に渡る決心をした。そのヤジロウはデウス（神）をずばり「大日」と訳しますね。けっこう日本の信仰社会と親和的だと思ったのでしょう。

そのあと来日したガスパル・ヴィレラやルイス・フロイスやアレッサンドロ・ヴァリニャーノも、信長や秀吉に最初のうちはおもしろがられています。ぼくはとくにヴァリニャーノが気になる。彼は日本人司祭を養成しようとしてセミナリオ（小神学校）とノビシャド（修練院）とコレジオ（大神学校）を設立し、さらに伊東マンショや千々石《ちぢわ》ミゲルらの少年たちを天正遣欧使節としてローマに送りこんだ。ここまでは順調そのものだったし、破竹の勢いでキリシタン入信者がふえていった。

田中　キリシタン大名も出てきた。大友宗麟、大村純忠、有馬晴信、結城忠正、高山右近親子、それから小西行長、蒲生氏郷も。のちには細川ガラシャ夫人なども入っている。

松岡　これはたいへんな事態ですよ。けれども、朝廷権力と武力政権の微妙なバランスのうえでやっと君臨しつつあった天下人にとっては、このバランスを乱すようなものは絶対に受け入れられない。その点では、蓮如の真宗王国がめざす仏国土も、イエズス会のカトリック的なパライソ（天国）も、同様に困る。まして天皇の遥か上にあるデウス（神）は困る。

秀吉は天下統一をする直前に九州制圧に向かうのだけれど、このとき宣教師やキリシタン大名によって多くの神社や寺院が焼かれたのを知りますね。それから、ポルトガル商人によって日本人が奴隷のように海外に売られていることも知った。そこで秀吉は博多でガスパル・コエリョを召喚してバテレン追放令を出して、その後は徹底して禁圧する。

そこへ土佐沖でスペイン船のサンフェリペ号の難破があって(一五九六年)、取り調べをしてみたら「自分たちの王はまず宣教師を送り込んで懐柔してから、その地の植民地化をはかる」というような証言が出てきた。これでギクッとする。

田中　そんなことがあってかれらは擾乱者とみなされる。背後にはポルトガルとオランダの抗争がありますね。

松岡　コエリョは有馬晴信に秀吉と敵対するように勧めますね。武器や弾薬の支援も約束していましたね。

田中　けれども晴信自身は天下人になりつつあった秀吉と敵対するつもりがない。秀吉もポルトガルを通した南蛮貿易には関心があったから、追放令を出したものの目立った迫害はしていません。ところがしばらくすると、茶道具交易などがさかんになってフィリピンとのつながりが出てきて、フランシスコ会やドミニコ会などの修道会のメンバーが来日するようになるわけです。当時のフィリピンはその国名がフェリペ二世から採られたように、スペインの植民地になっていましたから、そこの宣教師は布教のしかたがちがっているんですね。イエズス会はいわば日本の社会文化に適応する宣教だったけれど、フランシスコ会やドミニコ会は一般民衆のなかに入っていくというふうにした。貧しい階層にも入っていった。

松岡　サンフェリペ号事件がおきたから、秀吉は態度を硬化したんだろうね。すぐに京都のフランシスコ会の修道士を捕え、長崎では司祭や信徒あわせて二六人を処刑してますね。ここからが怒濤のキリシタン迫害です。家康もその方針を継承した。

田中　家康は最初のうちは、宣教師のヘロニモ・デ・ヘスースにスペイン船の来航を斡旋させたり、江戸での教会建設や布教の許可を与えたり、ウィリアム・アダムズ(三浦按針)やヤン・ヨーステン(耶揚子《やようず》、八重洲の名称の起源)を活用しています。ポルトガル、スペインの次にはオランダ、イギリスがヨーロッパの勢力になりつつあることも理解するようになる。ザビエルやフロイスやヴァリニャーノの時代とはちがう認識をもつ。

オランダはプロテスタントの国ですよね。ザビエル以来のカトリックの宣教とはちがう。イギリスは独特の国教会で、時代はエリザベス女王時代に向かっていて、七つの海を制覇しようとしている。家康は国際情勢にけっこう敏感だったから、ここに「外の日本」と「内の日本」がぶつかっていることを見てとった。それで徳川幕府としては儒教を活用した幕藩体制を準備したいし、交易のほうも南蛮貿易を踏襲したいけれども、その出入口は狭くしなければいけないと決断したんだと思います。この方針を秀忠も家光も継承した。

松岡　島原の乱でキリシタンと法華衆と一向衆がまじって、またたくまに三万人くらいが蜂起した。教科書的にはそれで海禁令(寛永の鎖国令、一六三九年)が発令されて、ポルトガル船の来航が禁止されたとなっているけれど、それだけではなかったんですね。

田中　禁令はスペインと国交断絶をしたあと、寛永一〇年(一六三三)に第一次が出されてます。第二次のときは出島の建設に着手し、二年後の第三次では日本人が東南アジアに渡るのを全面禁止した。それなのに天草一揆がおこった。契機は島原藩の松倉家の課した極端に過重な年貢、拷問、処刑に対する反発です。そして天草を領有していた唐津藩の寺沢家のおこなった石高偽装による重税です。だから天草一揆は、百姓一揆でもありキリシタン一揆でもあるんですね。背後にポルトガル軍が見える。幕府側はそのときオランダ船を海に待機させ、大砲の準備をさせた。だからポルトガル船の来航を禁じて、そのあとは出入口をオランダ商館に絞っている。

もし天草一揆がおこらなければ、どうなっていたかわかりません。そのまま放置されていたかもしれない。けれども天草一揆があまりにも鮮烈だったから、その記憶がずっと残っていった。また幕府もそれを「反乱の系譜」として刻印しておく必要があった。

松岡　なるほど。それで、何か不穏なことがおこるたびに「キリシタンのしわざだ」というふうになったわけですか。公序良俗の秩序を紊乱《びんらん》するアナーキーに見える人が、みんなキリシタンにされた。そのへんは、昭和の農本《のうほん》主義者がアナーキスト呼ばわりされた感覚にも近いものを感じますね。

田中　明治以降、同じようにものすごく誤解されているなと思うのは、農本主義ですよ。安藤昌益もアナーキスト扱いされてきた。江戸時代から見ると、農本主義なんて当たり前のことで、むしろ秩序を守る側が農本主義なんです。ただし安藤昌益の主張のなかの「直耕《ちょっこう》」は、アナーキズムと呼べなくもない。江戸社会は八〇パーセントが農民で、ほとんどの人が農業をやっているんですが、昌益は残りの二〇パーセントの農業をしない人たちを問題にした。農業をやらない人たちの食べるものまで、農業をやる人たちが年貢でまかなわなければいけない、これはおかしいというわけです。年貢をやめればすべての人が直耕しなければならなくなる。これは理想的人間観である「直《なお》き」に通ずる考え方で、ただ自分の手で耕せと言っているだけじゃない、「直き」のために耕せという主張なんですね。

松岡　世直しに通じる。

田中　そうなんです。直耕の論理を推し進めると、幕藩体制とぶつかってしまう。誰もが自分たちの食べるものを自分でつくる、完全自給自足の世の中がいいということになる。そこだけを取り上げると、やっぱりアナーキズムなんです。でもそれだと国家が成り立たなくなる。
松岡　由井正雪や丸橋忠弥の慶安の変(一六五一年)にもそういうところがありますか。
田中　由井正雪の場合は、浪人である立場から武士階級が存在していることを問題にしていく。正雪は熊沢蕃山《ばんざん》の教えを受けているんですが、その蕃山が当時「あいつはキリシタンだ」と呼ばれてるんですよ。なぜかというと参勤交代をやめろと言ったから。でも蕃山はキリスト教の取り締まりをやっていたわけで、キリシタンであるはずがない。
松岡　蕃山は水土論ですよね。日本の水土、つまり日本の風土には中国の儒教や儒学は合わないんじゃないかと主張した。幕府からすると警戒したくなるような考え方だったんだけど、その蕃山がキリシタンと思われていたとはね。キリシタンやアナーキストのレッテルがいかにいい加減かという格好の例ですね。ぼくもしょっちゅうアナーキストと思われている(笑)。
田中　松岡さんがそう思われるのは、どこにも分類できない仕事だからですね(笑)。江戸社会の秩序を保っている根幹のところをやめるべきだと主張した人たちも、みんなアナーキズム扱い、キリシタン扱いされる。それもかならずしも幕府の側の人間だけじゃない。町人の感覚にもそういうものがあった。
松岡　そうか、じゃあちょっとは誇るかな(笑)。

南朝ロマンと鎖国

田中　あらためて整理すると、キリシタン問題というのは禁令や弾圧によって終わったわけじゃないんです。キリシタンが大量検挙された事件のことを「崩《くず》れ」とよぶんですが、その歴史を見ていくと、最初が一六五七年（明暦三）の「大村の郡《こおり》崩れ」で、キリシタン六〇八人が捕えられています。次が「豊後崩れ」で、これは二十数年も続いて一〇〇〇人近くが検挙された。続いて尾張藩が徹底的にやった「濃尾崩れ」では、やはり一〇〇〇人以上が処罰されています。それから一〇〇年以上もたった一七九〇年（寛政二）に、「浦上一番崩れ」がおこった。浦上崩れは二番、三番と続いて、最後の四番崩れは一八六七年（慶応三）、明治を目前にしておこっていたんですね。

こう見ていくと、禁令によって日本にキリスト教が浸透しなかったというよりも、禁令したにもかかわらず、キリスト教は根深く浸透していったと見たほうがいい。水が地下に流れこんで、ずっと流れつづけていたんです。

松岡　キリシタンはたんなるレッテルじゃなく、実際にもずっと脅威でありつづけたということですね。そこはちょっと南朝とも似ている。歴史年表では「懐良親王《かねよし》とともに九州で散ってしまいました」で済まされてしまう南朝が、何かあると意外な芽を吹き出すでしょう。

田中　そう。まさにキリシタンは南朝と似ているかもしれない。南朝のことも、江戸時代の人たちはずっと気にしていましたからね。読本《よみほん》には必ず出てくるし、やっぱり秩序を壊す側とされています。『女水滸伝』という、まだ翻刻もされていない水滸伝ものがあるんですが、これはまさに南朝の物語です。南朝の人たちがなんとペルシアに行って生き延びているという話。日本に戻ろうとするけれど、禁令のせいで戻れない。そこで女たちが遊女になって情報を集めて、男たちを救う。こういう話が南朝の物語として伝えられている。

建部綾足《たけべあやたり》の『本朝水滸伝』は吉野の山を舞台にした「まつろわぬ者」たちの物語です。天皇と道鏡に対立した恵美押勝《えみのおしかつ》や蝦夷の王が吉野に結集するのですが、それを「本朝」の『水滸伝』なのだと位置づけた。吉野はまさに吉野朝廷とよばれた南朝の拠点です。

松岡　ここで鎖国のことも少し話しておきたいんだけど、大島明秀さんが『「鎖国」という言説』で、「鎖国」という概念がどうやって広まったかをまとめていましたね。もとはエンゲルベルト・ケンペルのドイツ語の「出入国を禁止して世界諸国との交通を禁止する当然の理」という言いまわしを、長崎通辞の志筑忠雄《しづきただお》が「鎖国」と訳したことから広まった。でも江戸時代には鎖国という言葉はほとんど流通していなかったんですよね。幕府が鎖国を「祖法《そほう》」とみなしていたというのも、だいぶんあとのことらしい。

和辻哲郎が『鎖国』を書いて以来、ずうっと議論を呼んできた鎖国をめぐる研究も、だいたいは落ち着いてきたとみていいんでしょうか。

田中　そもそも「鎖国」という言葉、つまり概念じたいが江戸時代にはなかったと考えています。法律用語としても存在していません。一六三三年に奉書船《ほうしょせん》以外の日本船の渡航と帰国が禁じられますが、長崎にのみ発布された。しかもその年にはオランダ商館長の江戸参府がはじまり、幕府巡察使に対するアイヌのウイマム(御目見得)もはじまりますから、渡航禁止令は同時に新しい外交の幕開けでもあったんです。翌年にも同様の禁止令が発布され、琉球国王の謝恩使が始まるんですね。このころは日本と台湾間の貿易が急増していたんです。窓口は明の政治家であった鄭成功《ていせいこう》のお父さんの鄭芝龍《しりゅう》でした。こんな状況のなか、海外渡航者は一〇万人ほどいるんですね。

松岡　かなりの数ですね。

田中　渡来も賑わう。参勤交代が始まって国内の流動化が一気に激しくなるんです。そこへ朝鮮の馬上才(馬上サーカス団)が通信使として来日して、新しい日韓関係の幕が上がると、その後はずっと長崎会所があった出島の長崎口、宗氏の対馬口、島津が琉球王国を攻略した薩摩・琉球口、松前藩の蝦夷口の四つは開いていた。抜け荷(密貿易)もけっこう多いんです。石見《いわみ》の浜田藩みたいに、船団を仕立てて藩ぐるみで東南アジアまで出かけて密貿易をしていたところもありました。

松岡 江戸時代というのは縮めていえば、「鎖国と開国」という「国を閉めるか、開けるか」という大きな判断に挟まれた二〇〇年が真ん中にあって、その前後に内乱鎮圧プロローグと幕末維新の公武合体エピローグがついているわけでしょう。そのプロローグにキリスト教カトリックの到来と禁圧が先行して、エピローグのほうにキリスト教プロテスタンティズムの隆盛と拡散がくっついている。このことは興味深い。

田中 鎖国についての歴史的事実をめぐる研究はそこそこカバーしえたのかもしれませんが、今日のわれわれがあらためて「鎖国」をどう捉えるか、また当時のキリスト教に代表される「外来宗教」の流入をどう捉えるかということは、これからでしょうね。言いかえれば、この問題は今日のグローバリズムのなかの日本をどう見るかということにつながっている。歴史教科書検定では「鎖国」という言葉をつかわない案も出たようですが、「開国」とのバランスがとれないという理由で、「鎖国などの幕府の対外政策と対外関係」として引きつづきつかうことになったそうです。つまり「鎖国」は採用する必要がない言葉だけれど、明治維新を「開国」とするために維持されているわけです。

松岡　ところで江戸幕府はキリシタン禁令を進める一方で、寺請《てらうけ》制度を導入して、民衆すべてを寺院の檀家として帰属させるとともに、戸籍管理を徹底しますよね。幕府はＩＤ管理を仏教寺院の寺請でやった。なぜ神社じゃなくて、お寺にしたんですか。

田中　一向宗のような危険な宗教を抑えるという目的もあったでしょうね。つまり、お寺に宗教管理をさせることで、お寺を管理する。それに民衆にとっての神社はせいぜい村の鎮守《ちんじゅ》様でしかなく、まだ神道というかたちでは浸透してませんでした。仏教は武力ももっていたし、いつでも大集団になりうるから、やはり危険とみなされていた。

松岡　秩序を乱すものは抑え込むけれど、その思想とか教義とか世界観を問題にしているということではないんですね。たしかに排撃するものははっきり排撃するけど、それによって何を否定しているのかがはっきりしない。ということは、日本のガバナンスが何を守ろうとしているのかよくわからないということになる。

田中　そこはやはり、宗教にしても国のなりたちにしても、日本に起源がない、オリジンがないということが関係しているかもしれません。始祖神話にしてもそうでしょう。たとえば、イザナギ・イザナミが日本国の始まりの神であるなんて、はたしてどれくらいの日本人が信じていたか。

松岡　天皇家の始祖といったことも長らく誰もあまり問題にしていなかった。

田中　イザナギ・イザナミの話は、近世になるといろんな思想書にも出てくるんです。ついには富士信仰にも出てくる。何かが生まれる、生産されるというところにシンボルとして登場するんです。そこから「夫婦和合」という言葉も生まれていく。この「和合」ということ、「和する」ということが、ひょっとしたらいちばん重要な観念だったかもしれませんね。だから対立するものがあっても、表と裏が並立していても、そこが和合していさえすればいい。

松岡　となると、ひとつの秩序でなくてもいいということですよ。絶妙に和合さえしていれば、そういうものがいくつあっても平気というのかな。それにしてもいったい何が「和する」のかな。聖徳太子の「和を以て貴しとなす」も、喧嘩しないで仲よくやりなさいなんてつまらない意味じゃないでしょう。

田中　安藤昌益がこんなふうに言ってるんです。たとえば「天地人」という言葉があるとすると、儒教ではこれを上下関係にする。それぞれちがうものだということをまず規定し、その関係を設定してこれを秩序とよぶ。でも昌益は、そんなふうには考えない。これらは同時に存在するもので、天は同時に地であり、地は同時に人である、そのすべてがそろって初めて動くのだと。この「同時に存在している」というのが、「和する」に近い感覚じゃないかと思うんですね。で、この「和」を保つことが、「治める」ことになる。

松岡　なるほど、それが「まつりごと」であり、政治である？

田中　さきほどのキリシタンにしても、当人は意図して秩序を乱そうとしているわけではないのだけれど、一瞬でも「和」を破って乱しているとみなされると危険視されるんです。

松岡　いまでもよく、芸能ニュースなんかで「お騒がせしてすみません」という会見をするけど、「和」を乱すというのはああいうことなんだ。

田中　ああ、そうかもしれない。物理的に騒乱をおこしたとか、何かを壊したとか、そういうものではない。たとえば「由井正雪の乱」(慶安の変)と言うけれど、乱がおこる前に露見して捕えられてしまって、実際には何もおこしていないんです。

松岡　大塩平八郎の乱だって一日の蜂起で捕まっている。それでも人はそれを「乱」とよぶ。竹内式部《たけのうちしきぶ》なんて「謀反《むほん》の心あり」というだけで「乱」にされてしまった。ということは、何かの動向によって「和」が乱されたかどうかを見ているんでしょうね。

田中　由井正雪の乱のあった年に、浪人問題が実際に浮上していたんですね。ものすごい人数の浪人が日本橋あたりでウロウロしている。そういう背景があったうえで「乱」とされるわけです。その多くは乞胸《ごうむね》、つまり市中で大道芸なんかをやってみせてお金をもらう芸人になっていくんですが、武士階級だった人がなぜそんなところまで身をやつせるのかというと、それで治まりがつくからです。つまり「和」になる。

松岡　なるほど、「身をやつす」というあり方ね。時代は飛びますが、辛亥《しんがい》革命を応援して孫文を支えた宮崎滔天《とうてん》が、革命運動に失敗して桃中軒牛右衛門と名乗って浪曲師になった。しかもものすごくヘタクソだったらしい（笑）。けれども、いまの話からすると、それがいい「治まり」になるからなんでしょうね。

そういえば、ぼくが学生時代に左翼運動にかかわっていたときも、そういう先輩たちがいた。田中さんの世代は全共闘世代でしょう。ぼくらはそれより一世代早かったんだけど、当時憧れられていた連中って、機動隊に勇ましくぶつかっていくヤツじゃなく、山谷とかそういうところに入っていったヤツなんですよ。もちろんデモや闘争委員会とかにはちゃんと出てくるんだけど、ふだんは山谷のドヤ街にいたりする。それがなんだかかっこいい。まるで沖仲仕をやってたエリック・ホッファーみたいでね。

田中　ホッファーみたいな哲学者はなかなか日本にはいませんけどね。学生時代に勇ましくやっていた人も、みんな大学や予備校の先生になっちゃった。内山節《たかし》のように農民になって哲学者であり続けた人は例外的ですね。

松岡　「やつし」という生き方には憧れるものがありますね。『東海道四谷怪談』の民谷《たみや》伊右衛門だってそうでしょう。色狂いなのか悪人なのかサディストなのか、いまひとつはっきりしないんだけど、あの「やつし」の風情はかっこいい。

田中　伊右衛門は『仮名手本忠臣蔵』の忠臣から外れて身を「やつし」た。

松岡　「やつし」の話はのちにまたするとして、「治める」ということから言うと、もうひとつ、「諫《いさ》める」という方法がありますね。中国の革命思想、なかでも孟子の湯武《とうぶ》放伐《ほうばつ》論では、三度諫めても言うことを聞かない君主は討ってもいいとか、君主の元を去ってもいいというふうに教えます。ところが日本では、三度諫めても言うことを聞かない君主に対して、腹を切ってみせる。諫死《かんし》する。なぜこんなやり方が武士のなかで生まれてきたのかということも興味深い。

田中　やはり、腹を切ることで何かが治まるんでしょうね。「治まる」ということが大事で、誰かが「治める」ということとはちがう。日本はどうも、そういう「治まる」構造さえ用意しておけばなんとかなってしまうようです。問題はどの方向に治まるかだと思います。どんな治まり方でもよいというわけではない。そこは評価力が問われる。

松岡　そこは大きい。「治める」じゃなくて「治まる」。いまの日本の企業にもそういうところがある。岩井克人さんもそういう話をしていますね。日本には株主主権とかステークホルダーとかいった考え方はどうにも合わない。そういうものでは日本の企業は治まらない、何かとても不思議な「係り結び」みたいなものがはたらいているんじゃないかと言う。

田中　日本の企業は、社長の一存ではなかなか治まらないでしょう。そういうふうに主語をひとつにしてしまうと、日本はどうもうまくいかない。

松岡　不祥事をおこした企業や政党を見ていると、オレも治めるからお前も腹を切って治めてくれ、みたいなやりとりをしているとしか思えない。しかし歴史には、もっと大きな「治まり」が要請されることもあります。たとえば西郷隆盛などはそういうことがよくわかっていて、かなり大きな日本的混乱のリスクを呑み込んで治めたんじゃないかと思う。西南戦争に巻き込まれたときだって、大久保利通とのあいだで「オレはお前に討たれてやる。その代わりお前は日本に治まりをつけろ」といった気持ちがあったんじゃないか。敵どうしになっても、そういう超越的な「和」を互いに交わしていたんじゃないかと思います。

それにしても、主語がはっきりしない、主体もはっきりしないのになぜそれで治まるのか、それで「和する」ことになるのか。権威も責任もはっきりしないと、ふつうならアナーキーで無秩序になってしまいそうなのに、なぜそうならずに済むのか。

田中　アナーキーなほうが治まるんです。

松岡　そう？　なかなか信じてもらいにくいけど、じつはそうなんだ(笑)。

田中　『勧進帳』がそうですね。関守《せきもり》の富樫《とがし》は弁慶が義経を隠していると知っていながら、追及するふりをして逃す。本当はこれ、まったく治まっていないのだけれど、誰もが納得してしまう。秩序のなかに収拾するのではなく、その外にアナーキーに逃して治まるわけです。

5

日本儒学と日本の身体

本居宣長は「めつらしきこまもろこしの花よりもあかぬいろ香は桜なりけり」と，桜への飽きぬ思いに託して心の姿を描いた．――「本居宣長四十四歳自画自賛像」(本居宣長記念館蔵)

なぜ江戸幕府は朱子学を御用学問にしたか

松岡　かねて田中さんとは、日本儒学のこと、すなわち和儒《わじゅ》についていろいろ交わしたかったんです。ぼくがいままで日本文化について語ってきたときも、みんな日本儒学というものがほとんどよくわからないみたいでね。しょうがないから「小学校の校庭に立っている二宮金次郎が読んでいる本は何？」なんてクイズから入って、「はい、『大学』ですね。ではなぜ二宮金次郎は『大学』を読んでるのか」なんてやってみるけど、ほとんど反応がない(笑)。

田中　「四書五経《ししょごきょう》」がすでにもうわからないのでしょう(四書は『論語』『孟子』『大学』『中庸』、五経は『易経』『書経』『詩経』『礼記《らいき》』『春秋』)。

松岡　数年前にビジネスマンたちに四書五経を答えさせたら『論語』しか出てこなかった。これ、キリスト教社会で言ったら旧約や新約の『出エジプト記』や『マタイによる福音書』にあたるのにね。教会とバイブルの力は大きいね。

田中　近世になると各藩の塾や寺子屋で読ませるんですが、それ以前は儒者たちの私塾に通わないと読まなかったんでしょうね。

松岡　むしろ明治のほうが「格物・致知・誠意・正心・修身・斉家・治国・平天下」といった朱子学の八条目をリピートしていた。これが二宮金次郎が読んでいた『大学』に書いてある国を治める八つのコンセプト。

田中　松岡さんのところのスタッフは優秀で、みなさんよく勉強されているけれど、儒学はどうですか。

松岡　まったくだめです(笑)。うちのスタッフだけじゃなくて、最近のビジネスマンやクリエイターも儒教も儒学もからっきしだと思う。せいぜい『論語』の解説案内でしょう。そもそも諸子百家がダメなんです。まして日本儒学はまったくカバーされていない。とくに朱子が組み立てた新儒学、つまり朱子学が京都・鎌倉の五山《ござん》に入って宋学として重視されていたというあたりがすっかり抜けている。日本では五山の禅僧が宋学をやったんですが、そのへんもわかってないと思います。でも、日本の歴史における儒学の見え方がそうなってしまう理由もわからないわけではない。一般的な歴史解説の本でもほとんど扱われていないですからね。

田中　仏教がものすごく力をもって権力者に影響を与えていったことにくらべると、儒学は長いあいだ天皇家や公家のごく一部の学問にすぎなかったんですね。平安期の嵯峨天皇をはじめとして、歴代天皇は学問、つまり儒学を学ぶのが当たり前でしたが、なかなか儒教や儒学の役割が見えにくかった。それにしてもよくわからないのは、なぜ天皇家の一部の学問にすぎなかった朱子学を、江戸幕府が御用学問として採用したかなのです。

松岡 田中さんはどんな仮説をたてますか？

田中 私が思うのは、まさにグローバリズムの問題が関係していたんじゃないかということです。朱子学を日本にもたらした人びとは中国の亡命者だったでしょう？

松岡 中国でも唐の時代に仏教が広がったこと、道教の教団が力をもったこと、さらに北方民族の脅威や支配を受けた時代がつづいたこともあって、儒教は長らく弱体化しています。そこへ、漢民族の中華思想をもう一度たてなおす機運がおこって、理気の哲学を体系化した新儒学としての朱子学が立ち上がっていった。つまり「儒のルネッサンス」がおこった。この新儒学を日本に伝えたのは真言僧の俊芿《しゅんじょう》とされていますが、学問として日本に定着させたのは臨済《りんざい》宗《しゅう》の渡来僧の一山一寧《いっさんいちねい》や蘭渓道隆《らんけいどうりゅう》で、以降、京都・鎌倉の五山が朱子学の研究センターになっていった。元《げん》の国書をたずさえて一山一寧が日本に来たのは、北方のモンゴル民族がつくった元王朝によって中国が変化してきたからですね。これもグローバルな風のひとつです。

田中 禅儒の一致、まさに禅儒一味《ぜんじゅいちみ》よね。中国ではそれ以前から、禅は儒とまじっていたでしょう？

松岡　華厳《けごん》とも儒ともまじっていた。そういうものが日本に来て、日本化をおこしていった。だから江戸時代より前に朱子学が禅とともにすでに日本に入っていたといっても、ピュアな儒とは言えないものになっているんですね。

田中　それをなぜ江戸時代になってから幕府の御用学問にしようとしたのかといえば、ひとつにはもちろん、社会秩序をつくりたい江戸幕府にとって、朱子学の説く理気論が都合のよいものだったから、つまり誰もが理に従って生きるべきと説く朱子学は、君臣の身分を固定化させたい幕府の大義名分論になりえたからでしょうね。それともうひとつ、当時の、中国の大きな変化がかかわっていた。漢民族の大帝国である明《みん》が衰退していった。そこに日本の近世の為政者たち、すなわち秀吉、家康がかかわった。

松岡　ちょっと整理しておきましょうか。モンゴルのつくった元を破ってつくられたのが明王朝。これは江南から生まれて中国を統一した漢民族の王朝です。足利義満が「日本国王」の承認をもらったのは明の永楽帝からですね。以降、室町時代を通して日明貿易がものすごく活発になり、北山・東山では中国渡りの唐物《からもの》をよろこぶ文化がさかんになる。

その明をあろうことか制圧しようという野望を抱いて、秀吉が朝鮮出兵を断行して失敗してしまう。家康はなんとか明との国交回復を試みるんだけれど、明のほうは秀吉の出兵もさることながら、倭寇《わこう》にも困りはてていたから、なかなかうまくいかない。そうこうしているうちに、中国の東北からツングース系の女真族《じょしんぞく》が台頭し、一六四四年には明を滅ぼして中国全土を統一してしまう。こうしてできたのが清《しん》王朝で、以降、江戸時代を通して中国は再び異民族支配の国になってしまうわけです。

それで田中さんの推理に戻ると、江戸幕府がなぜ儒学を登用したのかといえば、徳川将軍家の正統性をつくるということがやはり大きかったんじゃないですか。

田中 家康は秀吉の失敗も見ていますからね。

松岡 なにしろ秀吉が考えていたことは、北京に後陽成《ごようぜい》天皇をお迎えして、自分は寧波《ニンポー》あたりで大帝王になり、大アジア帝国みたいなものをつくるという途方もないことです。秀吉はこれを「国割り」とよんでいた。けれどもそれを実現するために「仮道入明《かどうにゅうみん》」(朝鮮半島を征してから明に入る)をしようとしたとたんに、朝鮮水軍に大敗してしまう。その過程を家康は見ているんですね。家康は、中国をとる必要はないけれども、中国の根本的なイデオロギーだけはほしかった。そういうなかで「儒」というものを正統性のロジックとしてつかおうとしたんじゃないかと、ぼくも見ている。

田中　その場合の正統性というのは、その前の時代までの正統性とはまったくちがうわね。天皇家による正統性ではなく、東アジアにおける正統性そのものを将軍家がもとうとした。

松岡　そこだよね。そもそも徳川の出自は三河の田舎武士にすぎません。岡崎の小さな城主だった家康が秀吉に代わって日本という国を治めるために必要としたものは、日本のトップとしての証しです。しかも、それまでの将軍というのは、天皇から任命されたというかたちをとることで正統性の証しとされていたのに、家康はそれでは足りないと考えて、東アジアにおける中国の皇帝と日本の天皇と将軍という三角形型で正統性を組み立てようとします。つまり、国内向けに通用するトップとしての正統性だけじゃなく、中国との関係において、対外的にも通用する正統性をつくろうとした。中国との関係においてということは、当時のグローバルな状況からすれば、全東アジア社会に対して、ということにほかならない。

田中　これは驚くべき展開で、それまでの日本とはまったくちがう発想です。まさに大事件。

松岡　日本の歴史がそれまでどうだったかなんてことと関係なく、グローバル社会に対して日本の正統性というものをリストラクチャリングしてしまうわけですからね。

それで何をしたかと言うと、まず林羅山《はやしらざん》ら林家《りんけ》の儒学者たちに朱子学をマスターさせた。いわば、正統性に必要な普遍原理としての中国思想をマスターさせた。次に、日本の天皇と中国の皇帝の関係を明示化しようとした。日本の天皇が中華秩序のなかで位置づけできれば、その天皇から任命された征夷大将軍の位置づけも安泰になると考えたんですね。でもこれはいくらなんでも強引すぎた。林家はなんとか天皇と皇帝が同根であるという理屈を持ち出そうとするんですが、うまくいかなかった。

そこへきて東アジアの中華秩序の中心であるはずの中国で明朝が崩壊してしまった。徳川の正統性を根本で支えるはずの、そもそもの中国王朝が崩れてしまったわけです。中華帝国は漢民族が仕切る王朝が王統だから、異民族では困るんです。

田中 中国が理想の中国ではなくなってしまったのであれば、日本は日本でやるしかない。しかしそのときにはすでに江戸時代体制は、内政から外交関係に至るまで整っていました。しかも中国の不安定がヨーロッパとの貿易を妨げることになったので、その利は日本にまわってきたわけです。肥前磁器が伊万里港から大量に輸出されたのは、そういう背景がある。明の崩壊が、日本の国産を可能にしたのです。

なぜ神道と儒教が結びついたのか

田中　私がすごくふしぎなのは、家康の神君化ですね。家康が亡くなると、最初は吉田神道によって駿河の東照宮に葬られ、その日のうちに神道家の梵舜《ぼんしゅん》が遺体を久能山に運んだ。その後、一周忌を迎えたとき久能山から日光に改葬することになったんですが、このとき吉田神道の形式によって家康を「明神《みょうじん》」にしようとする梵舜や金地院崇伝《こんちいんすうでん》と、天海とのあいだでもめる。天海のほうは山王一実神道《さんのういちじつしんとう》を推していた。結局、天海が勝って、家康は「東照大権現《とうしょうだいごんげん》」として祀られますが、家康をどうやって「神君」にするかということを、神道どうしで争っているわけです。しかもそこに金地院崇伝や天海のような仏教者がかかわっている。いったいこれは何なんだろう、どういうことだろうと思うんです。

松岡　「明神」も「権現」も日本独特の神仏習合的なイコンですよね。そのうえで、秀吉がすでに吉田神道によって「豊国大明神」にされてたから、家康を同じ「明神」にするわけにいかなかったという事情もあるでしょう。

　ただ、山王一実神道そのものがよくわからないですよね。山王神道って比叡山で生まれた日《ひ》吉《え》(日枝)信仰と天台とが習合したものだけれど、その後は廃れてしまったようなものだった。天海はそんな誰もよく知らないものをもちだして、これをあっというまに「山王一実神道」にバージョンアップしてしまった。

田中　最終的に山王一実神道が勝ちますが、吉田神道だってそれだけの力をもっていて、江戸幕府もその権威を認めていた。その神道と、今度は儒教が習合して、山崎闇斎《あんさい》の垂加神道《すいかしんとう》になるわけですが、じゃあ、なぜ神道と儒教を習合したのか。こうやってみていくと、じつは神道のほうが主流というか軸になっているのかなと思わざるをえない。儒学はあくまで政治思想なんだから、「儒」を究めて理論的に考えていけばいいはずです。それなのになぜわざわざ神道と習合しなければならなかったのか。

松岡　なるほど、「儒」が「神」と習合したがったのか、「神」が「儒」と習合したがったのか。大問題だよね。

そもそも室町時代に吉田兼倶《よしだかねとも》が集大成した吉田神道は、前にも話したように仏教も道教も儒教もぜんぶ採り入れていたわけです。仏教を「果実」、儒教を「枝葉」、神道を「根」というふうに位置づけていた。ものすごく融通無碍な解釈です。それ以上に、儒教的な考え方を強調したのが吉川惟足《よしかわこれたり》です。商人の出身で、吉田神道の口伝を受けて新しく吉川神道を築いた。吉川神道は巧みに朱子学をつかって、神儒の一致を説いただけではなく、皇室中心主義の立場だった。尊王思想にも大きな影響を与えましたよね。山崎闇斎は自分はこの吉川神道を垂加された、奥義を授けられたというふうに自覚して「垂加神道」を名のった。

闇斎は土佐南学派の谷時中《たにじちゅう》に習って、最初は京都の堀川で儒塾を開いていたんだけれど、江戸に出て会津の保科正之に師として迎えられるでしょう。あのへんから変貌して、吉川神道と出会ってからかなり独創的になっていますね。天皇をアマテラスの系譜に直結させているし、「敬」を最重視して、敬をまっとうすれば天地と合一できるとも唱えている。尊王派の竹内式部も水戸学の浅見絅斎《あさみけいさい》も闇斎の影響をもろに受けています。

こう見ていくと、神道のほうが儒学を必要としていたんじゃないかとも思える。でもその必要性はどこにあったのか。そこですね。

田中　ええ。このままだと神道は消えていくかもしれないという危機感があったかもしれませんね。儒教と合体しておけば、神道は生き残るかもしれないと考えたとか。

松岡　神道は自前のロジックをもってなかったですからね。せいぜい中世の蒙古襲来のときのような神風思想みたいなもの、伊勢神道や度会《わたらい》神道程度のものしかなかった。神国日本とか神君家康でやっていこうというときに、やっぱりその正統性を儒学を借りてでもつくっておく必要性があったんじゃないか。

田中　ロジックとしての「儒」が神道に必要だった。そのことを仏教者たちも見抜いていた。そうだとしても、やはりそこを詰めようとした仏教者たちの立場が、とてもふしぎです。

松岡　天下を平《たい》らげる、治めるためのロジックとして、すでに信長などは仏教じゃダメだ、有効ではないと考えていましたよね。「安土の宗論」で浄土宗と法華宗に論争をさせたり、一向一揆をつぶしたり、比叡山を焼いたり、徹底的に仏教を叩いた。

話が少し戻りますが、いわゆる鎌倉の新仏教として隆盛していった教団のうち、その後、貴族や武士階級とうまくやっていたのは浄土宗と禅宗だけなんですね。一遍上人《いっぺんしょうにん》に始まった時衆《じしゅう》の一部は同朋衆《どうぼうしゅう》となって将軍や大名に重用されて、三阿弥(能阿弥・芸阿弥・相阿弥)のような人たちも出てきますが、もともと教団化すること自体を拒む宗教なので、信徒がだんだん他宗派に吸収されていってしまう。浄土真宗は北陸を中心に信徒を爆発的にふやしていく一方、徒党を組んで一向一揆をおこしたりしたので、権力からは徹底的にたたかれる。日蓮宗も不受不施《ふじゅふせ》を徹底する過激な教義や行動があるので煙たがられていたのだけど、一向一揆が奈良の興福寺を襲撃する事件がおこると(一五三二年)、細川晴元が日蓮宗徒の力を利用して一向宗徒を抑えにかかる。これをきっかけに日蓮宗が一時的にものすごく力をもちますね。

禅宗がなぜ中世から近世にかけて大きな力をもったかというと、やはり五山文化が大きかったのと、そこから生まれた茶道や花道が武家にも広まって、茶の湯御政道までいったからですね。その禅文化をしのぐ勢いで、日蓮宗徒、つまり法華衆が、刀剣の本阿弥《ほんあみ》家とか金工の後藤家とか、すばらしいテクノクラートを次々輩出する。このあたりまでは「儒」はあまり影響力を表沙汰にできていないんです。むしろ禅と法華です。

田中　長谷川等伯《とうはく》や狩野派も法華衆でしたね。法華衆は文化の力で生き残ろうとした。それはカトリックがバロック芸術で生き残ろうとしたこととちょっと似ている。

ところで、私の父方の祖父も信仰の篤い法華信徒でした。娘、つまり私の伯母に「蓮《れん》」「法《のり》」という名前をつけています。祖父は父が生まれてまもなく亡くなるんですが、父が『宮沢賢治全集』の初版本を大切にしていたのは、家のなかに法華信徒の空気があったからではないかと思っています。

松岡　へえ、そういうお父さんだったんだ。法華の力はほんとうにいろいろなところに浸透してますからね。

田中　そうなんです。

松岡　その法華衆の力は、天文年間の京都に法華二一カ寺をつくって町衆となって、自治区を形成するにまで及びますよね(天文法華の乱、一五三二〜三六年)。ところが、法華衆が山科本願寺を襲ったり、延暦寺や園城寺とも衝突をおこしたりしたので、このとき信長に徹底的に叩かれてしまう。

前に日本は「治まる」ことを重視してきたという話を交わしましたが、一向衆や法華衆の叩かれ方を見ても、やはり強くなりすぎたり、他を排除しようとする勢力になったりすると、どうもうまくいかない、治まりが悪いんですよね。こうしたこともあって、幕府のレジティマシーに仏教や仏教僧をもってこなかったんじゃないか、そこで神道や儒学をもってきたんじゃないですか。

田中　ただ、仏教にはあいかわらず経済力はあったはずです。信長や秀吉や家康といったクラスの権力者なら、経済力としての仏教をどう扱うかということも当然考えたでしょう。それとともに、各村に仏教の講《こう》ができて、布教のためのネットワークも全国規模で広がっていた。権力者の側からすれば、このネットワークは魅力だったろうし、つかいたかったはずです。実際にも江戸幕府はそれをつかって、寺請《てらうけ》制度をつくり、戸籍の管理をしましたからね。

それにくらべると、鎮守《ちんじゅ》の森、つまり村のお社《やしろ》のほうは、それぞれの土地の神様を祀る場所であるというだけですから、江戸時代に神道が重視されたといっても、仏教のようなシステムやしくみになっていたわけではない。

松岡　江戸幕府は神道イデオロギーと儒学ロジックと仏教システムという三つをぜんぶ、いいとこどりしてつかっちゃったというわけかな。だとしたら、すごい社会編集ですね。

田中　江戸時代の人たちって、寺請けと檀家制度のために仏教とは身近に接していたし、家には仏壇もあったけど、仏教を必ずしも信仰したり尊敬しているわけではありません。洒落本《しゃれぼん》では仏陀が遊郭で遊んでいるし、読本では禅定の姿で生きながら葬られた僧侶が、蘇ってみるとただの愚者だったという描きかたをされる。江戸幕府がいいとこどりしてつかっていたばかりでなく、庶民も距離をおいて観察しながら、生活のためにつかいこなしていました。

松岡　富永仲基《とみながなかもと》が『出定後語《しゅつじょうこうご》』や『翁の文』で仏教加上《かじょう》説を展開して、三国比較をしているのがおもしろいですね。インドは「幻」、中国は「文」、日本は「絞」だと言っている。やっぱり日本仏教は締めすぎて、かえってゆるゆるになったのかもしれない。

田中　また、実際には貧しい僧も多かったようです。

松岡　その後の儒学の展開を見ていくと、かなり拡散するというか、ひとつのイデオロギーにはくくれないようなものになっていくでしょう。あれだけ強い大転換をおこすために家康ないしは側近たちが組み立てたものが、どんどん自由化していくというか、まるで儒学が自由思想のように広まっていく。

田中　儒学があるからこそ、自由に議論ができたということです。議論の共通項が儒学によってできた。だから百家争鳴状態になったと見たほうがいいでしょうね。

松岡　貝原益軒が「大疑《たいぎ》」と言うでしょう。まず疑わしいものを立てるというように、デカルトみたいなことを言う。ああいう考え方が出てきたのも、日本で初めてのことだと思う。

田中　熊沢蕃山《くまざわばんざん》ぐらいになると、儒学者だからこそ本気の幕府批判ができたと思うんです。思想的根拠があるから、できる。たとえば『大学或問《だいがくわくもん》』では、「在府の大名残らず帰国せしめ」「江戸詰めをゆるくし給ふ所、仁政の大本《たいほん》なり」と書いています。これは経済の視点から見た参勤交代批判です。

松岡　ホッブズが『リヴァイアサン』で、王権の正統性を説きながら「国家」とは何かをロジカルに説明しますよね。そのなかで人民の生存権は自然状態のなかでは競合しあうものだから、「万人の万人に対する闘争」にならないように社会契約によって国家に生存権をゆだねるべきだと説いた。この社会契約説という考え方をロックやルソーがさらに深めて、もう一方にミルとかの自由論が出て、イギリス経験主義がそこから育っていく。江戸時代の儒学の百花繚乱は、あれに匹敵するようなものじゃないかと思うんです。

ところが明治維新後、儒学は幕藩体制のための学問であるとか、封建主義の学問であるとかいった言われ方をして、福沢諭吉なども叩いていますね。本当は儒学という根っこから自由思想やメディア文化がものすごい勢いで開花していたのに、そういうことはあえて脇におかれた。

徂徠や仁斎や蕃山の儒が、まったく顧みられなくなってしまった。

田中　武士階級だけではなく、天皇も公家も、町人も商人も、みんな儒学を学んでいたんですが、そういう儒のあり方が明治以降にわかりにくくなってしまったんでしょうね。

幕府がイデオロギーのために朱子学を導入したとしても、その後、中国の明が滅んでしまうと、イデオロギーの根拠を中国におけなくなってしまう。あるいは、もう中国におく必要はなくなってしまう。ですから、正統性の中心は日本、それも江戸に移っていく。全国で広がった儒学の自由化にはそんなことも影響していたと思います。

松岡　京都には朝廷があって、江戸には幕府がある。江戸さえあれば、幕府は京都にこだわる必要がない。そのぶん、京都からは自由な儒学が生まれやすくなるということかな。

田中　なぜ伊藤仁斎のような儒学者が京都に生まれたかということも、それで説明がつくと思います。一言でいえば、幕府が江戸に行ってくれたから。だから自分たちで好きなように中国というもの、古義《こぎ》というものを研究してみようという機運が京都に生まれた。仁斎のやったことは、朱子学的な解釈、つまり幕府の儒の解釈の否定ですよね。

松岡　荻生徂徠《おぎゅうそらい》も若いときに父親が幕府から蟄居《ちっきょ》を命ぜられて、上総《かずさ》に逼塞《ひっそく》していたときに学問の礎を築きますね。自分の学知は「南総の力」であるとも言っている。その徂徠が柳沢吉保や将軍吉宗にも取りたてられて、政策提言をしていくわけでしょう。このあたりには、「日本は日本の方法でやっていくんだ」という意識がだんだん確立している。

田中　近江聖人こと中江藤樹《なかえとうじゅ》が、やっぱり朱子学ではだめだと考えて陽明学に傾倒して、そこで学んだ熊沢蕃山が岡山藩に登用されるというのも、そういった流れのひとつでしょうね。

松岡　京都堀川の仁斎の古義堂の向かい側では、山崎闇斎が塾をひらいていた。

田中　仁斎や徂徠が古義学や古文辞学によって中国の「おおもと」に戻って、そこから日本を考えようとするなら、そのまま日本の「おおもと」に戻ればいいじゃないかと考える人たちも出てきます。それが、次の世代にあたる契沖《けいちゅう》、荷田春満《かだのあずままろ》、賀茂真淵《かものまぶち》、本居宣長の国学になっていく。

一七〇二年に赤穂浪士の討ち入り事件がおこりますね。このとき徂徠が綱吉側近の柳沢吉保のブレーンとして、赤穂の義士たちは切腹すべきだという有名な主張をする。ちょうどそのころ真淵はまだ生まれたばかり、本居宣長は徂徠が亡くなってからの生まれですから、この赤穂浪士の一件以降、思想的な世代交代がおこっていくというふうに見るとわかりやすい。吉宗の享保《きょうほう》の改革で実学が奨励されるのも、この境い目の直後です。そこに国学も出てきた。

国学が解いたこと

松岡　国学について、田中さんは大きくはどんなふうに見ているんですか。

田中　やっぱり宣長が「からごころ」(漢意)というものを発見したということが、おもしろいと思いますね。漢字漢文が到来して一千年以上なので、「からごころ」がすでに日本人の言語にも思考にも入ってしまっている。だからいったんそれをはずしてみなければ、日本の「おおもと」は見えてこないんじゃないかと考えたという点が、ものすごく興味深い。

松岡　よくぞあんなことを試みたと思いますよ。アタマのなかから漢字漢文思考の要素もプロセスもいっさい消去して、ひたすら「古事《ふること》」を思索しようというのは、そうとうアクロバティックです。いわばカタカナ語を外して喋りなさいというようなもので、容易じゃない。

ぼくは、そもそも日本の神話をいったい、いつから誰が解こうとしたのかということが気にかかっています。『古事記』に関しては、おそらく宣長以前には誰も本格的に読もうとしなかったし、宣長が読まなければ誰も読めないものになっていたでしょう。もっとも『古事記』が読めなくても『日本書紀』はあったわけだし、ほかにも六国史などの正史とされるものはあったわけですが、そんななかで日本神話というものを解読する必要性がどういうふうにあったのか。または誰がそのことに最初に気づいたのか。

田中　私はそれは必要ではなかったんだと思う。なぜかというと、それは天皇家の歴史であって、天皇家がやっていればいいだけのことでしょう。にもかかわらず、宣長が『古事記』の読み解きをはじめたことや、国学者たちが歌語《かご》を重視して研究をはじめたことのほうが私には驚きです。なぜそういうものを天皇家の問題として預けて済ますことができなかったのか。それこそが自分たちの「おおもと」の問題であるというふうに思えたのか。

それにもし歴史の読み解き、つまり天皇家の系統の研究をするなら、正史の研究でいいはずですから、『日本書紀』をやればいいんです。なのに『古事記』を選んだのはなぜなのか。おそらく『古事記』にこそ、天皇家だけではなく自らが担わなければならない歴史があると考えたからですよね。自分たち日本人の「おおもと」はどうなっているんだという関心が出てきたからです。

松岡　そうでしょうね。その関心は徳川がレジティマシーを求めて儒学に頼ったこと、頼ってみたら儒者たちがだんだん古学のほうに分け入ったこと、しかしそのオリジンを求めた古学は漢字漢文によるオリジンだから、そこからどうすれば「日本」に向かえるかというので、儒学と神道を重ねようとしたりしたこと、そういったことが前提の積み重ねになって、だんだん水が溢れてきたんでしょうね。

田中　儒学の「楽《がく》」の思想では「淫《いん》」となってしまう三味線音楽が巷にあふれ、産業のためには、中国の本草学では解けない日本の土地に育った大和の本草を研究する必要に迫られた。赤穂浪士の事件は、儒学的な秩序論理で言うと「非」になるけれど、忠孝で理解しようとすると「是」になるし、当時の将軍である綱吉の仏教から見ると、暴力を肯定しては治められない。その一方で浄瑠璃や歌舞伎はすでに忠孝を「情」の根拠として庶民を誘導している。たしかに水が溢れてきたんですね。すべてが論理的には片づかなくなっていった。

松岡　しだいに日本のための「歴史の言葉」もほしくなったんだと思います。「外の言葉」ではなくて「内の言葉」がね。そこから、水戸の光圀がなぜ朱舜水《しゅしゅんすい》を招いて日本の正史をつくりなおそうとしたのかということも見えてくる。光圀は、後醍醐天皇から皇室が南朝・北朝に分かれてしまうこと、その正閏《せいじゅん》問題をどう考えればいいのか困って、明の亡命儒者である朱舜水に相談するわけでしょう。これはどう考えても徳川幕府にとって必要な議論とは思えない。光圀は本気で日本に歴史思想というものを確立したかったとしか思えない。

日本各地にはお社《やしろ》があって、それぞれご祭神がいます。まさに八百万《やおよろず》神と言われるくらいいっぱいいる。ところがこれはほとんど体系だっていないし、そもそも日本人は思想の体系化が必要とも考えていなかった。それぞれの由緒やご利益さえはっきりしていればよくて、読み解く対象というふうにはまったく思わなかった。それが一八世紀に入って元禄半ばすぎあたりから、しだいに日本における「名」と「実」を、まさに名実ともに証したくなってきたわけですね。赤穂浪士はその名実を証す事件として受け止められた。それならば庶民にご利益をもたらす神々はどうなのか。どんな名実にもとづいているのか、そこも気になってきた。

田中　そういうことを読み解く言葉を必要としたというか、読み解く作業をすることで、儒教とか仏教とはちがう方法の必要性に気づいたのかもしれません。そもそも神社は、明治で強制的に分離させられるまでは寺と合体して成り立っていたわけで、「おおもと」と思えるいかなる要素も、儒仏から独立しては存在していませんよね。漢字や儒仏の乗り物に乗って存在している、あるいはそこに寄生して遺伝子が生き延びている、といったふうです。

松岡　契沖や真淵もそこに気がついていったはずです。とくに契沖でしょう。水戸光圀から『万葉集』の研究を頼まれた下河辺長流《ながる》が『万葉代匠記《まんようだいしょうき》』にとりくみはじめて、病気にかかったあとは契沖に頼んだのだけれど、これが画期的だった。日本語の歌の本質をついた。歌は心の塵《ちり》を払うものだ、歌ははかなさを詠むからいいんだと断定して、そこから儒仏の教えでは心は浄められないというふうに断じていった。すごいね。

田中　高野山で密教修学をしたうえで和学に向かったわけですからね。上田秋成《あきなり》もまずは契沖の本を集めました。

松岡　契沖のこと、真淵のこと、宣長のことを今日の日本人に伝えるのは、至難ですね。みんな「国学」というだけで尻込みする。

田中　最近のいわゆる「右寄り」とされる人びとは、『論語』や『大学』が美しい日本に戻る手立てだと思っているふしがあります。教育勅語をありがたがるのも、その勘ちがいから来ていますね。日本とは明治日本のことだと思っている。なぜ国学をやらないのか、なぜ着物を着ないのか、なぜ和歌や俳諧をつくり謡の稽古をしないのか、なぜ国学者たちが研究に値すると考えた『古事記』『源氏物語』『大和物語』『伊勢物語』『万葉集』を熟読し、日本語の研究をしないのか。ほんとうは日本に興味がないんでしょうね。

松岡　ぼくがレクチャーのなかで日本の神話の話をするときも、みんな一様に何かをつかみそこねて困っているようです。日本が多神多仏の国だったということはわかるし、だから一神教的な世界観とはちがうんだということもわかる。けれども、どうしても日本の神々の係累が明確に捉えられないと、納得できないらしい。システムとして捉えようとするからです。

田中　いわゆる「宗教」という見方をどうしてもしてしまうのでしょう。キリスト教は係累をばっちり系統樹のように組み立てましたから、ああいうものが宗教だと思い込んでいるのかもしれない。本来の信仰は説明とは別次元のことなのに、説明できないと宗教ではないと思っているのですね。松岡さんはそこをどうやっているんですか。

松岡　客神の話や神仏習合の話や「まれびと」の話をしますよ。日本の神は一所定住していない、キリスト教が「主よ」というふうに祈る対象のような神ではないというふうに言います。そういう「主」としての神、すなわちホストとしての神ではなく、稀《まれ》にやってくる客なる神であるからゲスト的である。だから、諸君が神社に行って手を合わせても、拝殿の向こうにいつも神様がいるというわけではない。むしろ一所不在に出入りしていると思ったほうがいいと言う。そういう話をすると、さらに釈然としない顔をする（笑）。

田中　その話を聞いて、いまわかったのですが、江戸時代に国学が生まれた理由も、ひょっとしたらまさにそれが原因だったのかもしれませんよ。そういうことを誰かに説明しなくてはならないという必要に迫られたんじゃないか。たとえば儒者たちにとか。

松岡　上田秋成に突っこまれたとか（笑）。

田中　秋成と宣長の論争はヒントになるかもしれません。秋成と宣長の論争は、細かい紹介をしてもかえって理解しがたいことになるので、私なりに咀嚼《そしゃく》すると、地理的には地球規模の大きさから、文化的には多くの国の多様性から考えたとき、秋成は「アマテラスが全世界を照らす神だという考えには無理がある」と当然のことを言ったわけです。けれども宣長はそのような合理的論理的な思考こそが「漢意《からごころ》」だと考えた。

それでは論理以外にいったいどのような思考法をつかえばよいのか。そこにいわゆる信仰らしきものが立ちあらわれればまだわかりますが、国学は信仰ではなく学問ですからね。自然や生命の内部に立ち入ってそれを相対化しない学問をつくろうとした。そのかぎりでは、自分を照らす太陽はすべてを照らす太陽だと考えてもかまわない。ただし国学の限界は、説明を完成できなかったことでしょう。説明の言葉を追究しきれないうちに明治維新となって、漢意の上に洋意も重なり、そのあげく天皇を西欧の王権に見立ててわけがわからなくなった。

私は、日清日露から太平洋戦争に至る過程は、日本が強くなった過程ではなく、混乱の過程だと考えています。「おおもと」を見る努力を放棄し、たんに競争しつづけてきた。青山半蔵のような野の国学者が夢見た「直《なお》き」は、儒学がめざした政治思想でも倫理や道徳でもなく、生命の自然のあり方が言語化されたものなんです。「もののあはれ」もそうです。そう考えると国学の姿勢は本来アナーキーなもので、生物学、植物学、生態学、環境学、生命科学、宇宙物理学、民族学、そして国家自治の考え方に、西欧とは異なる方法をもち込む可能性をもったものだったと思います。つまり江戸時代は、日本が独特な方法をもつ千載一遇の機会だったんです。けれどもそうはならなかった。

松岡　国学が近代に向かって説明をネグったというのは、当たっていますね。ただし宣長自身はネグったのではなく、「説明できないもの」を主張したかったにちがいない。宣長はすでに先生の賀茂真淵に会う前から、『源氏物語』の研究を通して「もののあはれ」を解きたいと考えています。だから、説明を誰かにしなきゃいけないという前に、何らかの思いが自発していい、たという可能性があると思う。なかでも「もののあはれ」の「もの」っていったい何なのかがわからない。それを解くのに四〇年ほどかかった。

田中　ということは、宣長の時代にはすでに直観的にはわからなくなっていることがある、ということに気づいたのですね。

芸能を喩《たと》えにするとわかりやすいと思うんですが、説経節から文弥節《ぶんやぶし》を経て近松浄瑠璃に移ったとき、同じ物語を元にしていてもまるで世界がちがってきますよね。説経節は近松浄瑠璃にくらべると、いまの私たちからするととても退屈なんですが、それは私たちが説経節に込められた霊的なものを感じることができないからです。では、説経節の時代の人たちが近松浄瑠璃を聞いたらどう感じたかといえば、きっと聞いていられないと思ったんじゃないか。そこはやっぱり、物語の向こうにある霊性や魂の受けとり方のちがいがあるからです。

こういう、まさに「霊《もの》」であって「物《もの》」でもあるような、神的な「もの」の世界をどう感じ取るかということが、江戸時代に入るとそうとう見えなくなってしまった、変わってしまっていたんじゃないか。そういうものを知りたい、解きたいと思っても、鎮守の森を訪ねても神官に聞いてもわからない。手立てもなかったでしょうしね。

松岡　そのとおりだと思う。宣長は神の定義もしようとしていますが、それって「霊」と言ってもいいし「魂」と言ってもいいし、ようするに「もののあはれ」の「もの」って何なのかという問いですよね。そのうえでぼくがまだわからないのは、その宣長の問いは、日本民族の「おおもと」を問うという意識まで行ってたのかどうか。

田中　私たちがいま言うような「日本人」とか「日本民族」ましてや「日本国」といったものは考えてはいなかっただろうと思います。ただ「からごころ」は自分たちのものじゃない。だとしたら自分たちのものは何なのかというようなことは、考えようとしていた。そしてそれを「古意《いにしえごころ》」とか「やまとごころ」と仮定した。

日本の「身」と「体」——国体とは何だったのか

松岡　国学の影響を受けて、幕末日本に「国体」という考え方が芽生えました。本格的にこの言葉をつかったのは、水戸学の会沢正志斎《せいしさい》が『新論』を書いたときからですが、山崎闇斎や一門の栗山潜鋒《せんぽう》などもつかっていた。そこには尊王攘夷のムーブメントも当然にまじりますが、よくよく考えてみると、なぜ「国体」というキーワードが突然にもてはやされたのか、どうもよくわからない。文字通り「国の体」ということなんだけど、なぜそういうものが必要だということになっていったのか。

田中　私も「国体」という言葉がよくわからないんです。知識としてわかっていても、どうにも実感ができない。

三島由紀夫が一九五二年から朝日新聞で連載していた『にっぽん製』という本を読んだらいろいろと興味深かったんですが、三島は、戦後日本がどんどん西欧化していくようす、銀座や日本橋がどんどん変わっていくようすを、かなり楽しんで見て書いている。そのなかで、「正《ただし》」という朴訥な柔道青年と、フランス帰りのファッションデザイナーの卵である「美子」という女性の恋物語がおもしろおかしく展開していくんですが、この名前からして、なんともわかりやすい構図ですよね。「正義」と「美」を図式的に置いて、柔道によって肉体をもって日本から打って出ようとする男と、欧米ファッションに身をやつす肉体なき女が対比されている。しかも美子のパトロンは「金杉」といって、まさに経済原理をもって「正義」と「美」の行方に介入してくる（笑）。

松岡　一九五二年ということは、三島が日本回帰していく前の作品。

田中　そう、だから興味深い。ちょうど三島がヨーロッパから帰ってきたばかりのタイミングで、そういうものを書いている。その三年後にボディビルをはじめた。おそらく三島のなかに何か大きな喪失感があったんじゃないか。それはもしかしたら日本の身体性、もっと言えば戦前の「国体」ではなかったかと思うんですね。三島には、戦前の国体のなかで身体性が与えられたというような感覚があったんじゃないか。それが戦後社会になったとたんに剝奪される。そこにものすごく大きな空虚を感じていたんじゃないか。日本の男の身体性が生きる場所というんでしょうか。

もちろん、「国体」としての身体性なんて幻想にすぎないものです。でも三島だけではなく、多くの人がそういうものを思っていた可能性がある。ひょっとしたらそういうものが失われてしまったというような思いはいまなおつづいていて、「日本を取り戻したい」と言うときに、取り戻すべき日本と身体性のつながりが強く意識されているということもあるんじゃないかしら。

松岡　だとしたら、これからも男たちの身体性が国体的なもの、軍規的なものへ回帰する可能性があります。その身体性という感覚は、もう少し言えばどういうものなんだろう？

田中　ひとつは、「いまこの瞬間を生きている」感覚みたいなものでしょうね。ギリシア哲学で言う「エロス」もあるかもしれない。まさに生きている感覚というのはエロスですからね。ただしそれって普遍的なものであって、戦前の日本の国体なんかに還元されえないもののはずなんですが、どうも日本人にとっての身体性は、そういう普遍的なものに行かないで、国家とか国体とか軍隊のところに行ってしまう悲劇性をはらんでいるんじゃないかという気がしてならないんです。

松岡　三島のそういう身体感覚の奥にあるものは、宮本武蔵の『五輪書《ごりんのしょ》』や大道寺《だいどうじ》友山《ゆうざん》の武道観や、侠客《きょうかく》や山伏《やまぶし》や火消したちがもっていた江戸的身体性の多様性とは対応していません。やはり昭和の軍事的身体性、あるいはせいぜい明治以降の軍人的な身体性だったはずです。だから切腹のような自死の美学を大事にした。

明治日本には「立身・立志・立国」という三位一体がありました。身を立て、志を立て、国を立てるということを、男たちはみんな意識していた。つまり身体と精神と国家が完全に重なったのが明治時代だった。これは司馬遼太郎が描いた日本に近いもので、日清日露を戦った男たち、乃木大将や秋山兄弟なんかを思い出すとわかりやすい。ああいう戦う日本人の姿こそ美しいと思われてきたし、「美しい国」のイメージに直結していた。三島の前の世代にも三島にも、軍人の身体性や修身としての身体性こそ国家の身体性であるという感覚がきっとあったと思う。

田中　そういうものを一言であらわしたのが「国体」なんでしょうね。「国体」という言葉の奥には、たんに国柄とか国の全体という意味を超えて、非常に感情的なものもあるようにも思う。感情的にすごく激しいものや、興奮している状態、喜びに満ちている感覚、やはりある種のエロスですよね。だからどうしても忘れられないものになっている。

松岡　「国体」という言葉は、さっきも言ったように正志斎が『新論』に書いて、同じ水戸藩の藤田《ふじた》東湖《とうこ》がそれを継承した。吉田松陰もかなり影響を受けています。でも、いったんはそこで断絶したはずなんだよね。ところがその東湖の『回天詩史《かいてんしし》』を明治以降の軍人たち、のちの二・二六の青年将校たちが好んでいった。軍国日本の男たちが好きになりそうな感情的キーワードのせいです。「回天」は太平洋戦争のときには、海軍の特攻隊、人間魚雷の名前にもなりました。

田中　水戸学というのはあくまで水戸藩士たちの意識を変えるためのものであって、それ以上のものではなかったんです。そもそも、江戸時代には近代で言うような身体性とか古代ギリシアで言うような身体性という考え方はなかったと私は思っている。あるのはいかにして元気に生きるかというための養生論くらいです。浮世絵を見ていても、エロスはあるけど身体性はないと思う。近代的な意味での身体性、つまり外から見える、あるものの表象としての身体性はない。だから、水戸学が国体を言い出したときも、あくまでも手段にしかすぎなかったはずです。ところが明治以降になると、その手段にすぎなかった「国体」が目的化して、「国体」さえ守れば日本は安泰だというふうに変わっていってしまった。

松岡　水戸学以降の「精神＝身体＝国家」という方程式は、やっぱり黒船と開国による「外からの衝撃」によってぐっと押しつめられたものだったと思います。その押しつまったところに、かつての儒や仏教や、あるいは神祇《じんぎ》や国学が守ろうとしてきたものが寄せ集められ、それらが尊王攘夷のイデオロギーに向かって換骨奪胎されたものですね。そこへ、一人ひとりの藩士という個人といえば個人、身体といえば身体を問う考え方がくっついてきたときに、脱藩がおこり、テロもおこっていった。

田中　そのとおりですね。藩士たちにとっての精神性というのは、「忠」につながっていますよね。この「忠」というのも不思議なもので、もともと儒教では親子の関係を「父子天合」、君臣の関係を「君臣義合」として、「父子天合」を「孝」、「君臣義合」を「忠」として両方を重んじていた。「父子天合」というのは、父親が過ちをおかしたときは、子は「三度諫《いさ》めて聞かざれば、すなわち号泣してこれに随《したが》う」。つまり父がまちがっていても子は従わなければならないとする教えです。これに対して「君臣義合」というのは、主君が過ちをおかしたときは、「三度諫めて聞かざれば、すなわち号泣してこれを逃《さ》る」となっていて、自分の意に沿わないという君主であれば、去ってもよいということになっているわけですね。

このように、もともとの儒教ではどちらかというと、「忠」よりも「孝」を重んじていたんですが、日本では朱子学を入れてから「孝」よりも「忠」を重んじるようになり、さらには「忠孝」は一致させるものというふうになった。

だから、おかしな主君に対しても、そこを去ることはしないで自分で腹を切る。前にも話が出ましたが、諫死《かんし》するというふうになっていく。もっともそれは理念で、現実的対応としては「主君押し込め」がありました。

松岡　「父子天合」か「君臣義合」かという問題に加えて、孟子の湯武放伐《とうぶほうばつ》思想をどう考えるかということも、日本の儒の受容において大問題です。

孟子は、暴君の桀王《けつおう》を湯王《とうおう》が討って殷《いん》王朝を開いたこと、さらにその殷の最後に武王が酒池肉林に溺れた暴君の紂王《ちゅうおう》を討って周王朝を開いたという二つの例をあげて、このようにして革命をもって王道を守ることがありうると説いた。ここでいう革命というのは「易姓革命」のことで、つまり王朝の交代のことをさしているんだけど、天皇制をいただく日本としては、儒学はほしいけれどもこの湯武放伐をどうしたものか、ずっと悩みつづけていた。天皇には姓がありませんからね。

田中　徳川幕府が採用した朱子学は、当然のことながら孟子の考え方も含んでいますが、湯武放伐を認めながら現政権の正統性をたてる朱子学は、つきつめていくとどうしても矛盾点が出てしまうわけです。しかも日本には天皇家と将軍家という二つの正統性をたてておかなければ成立しない。朱子学でそれをやるにはどうにもムリがあった。

松岡　そこを突いたひとりが闇斎だよね。闇斎は湯武放伐論を否定したうえで、日本において正統なるものは天皇家であると説いた。それがのちのち将軍家の正統性を揺るがしていく。闇斎の考え方を継いだ浅見《あさみ》絅斎《けいさい》も『靖献遺言《せいけんいげん》』を著して、屈原、諸葛亮孔明、陶淵明、顔真卿《がんしんけい》といった八人の「君臣の義」を説いた。これが勤皇の志士たちの隠れたバイブルになっていくわけでしょう。

田中　儒学を柱にしても、手放さないものがあったということね。それが天皇だとすると、日本人は天皇に依存しすぎたことで、さきほど国学の可能性で述べたような、独自の論理を打ち立てる機会を逃してきたとも言えます。

松岡　もうひとつ、三島由紀夫が晩年に傾倒していた陽明学という問題がある。陽明学は朱子学に不満をもった王陽明が朱子を批判しながら組み立てたもので、中国ではその後の李卓吾などをべつにすると、おおむねすたれてしまったのに、日本でかなり広がって水戸学の成立にも影響を及ぼしました。陽明学が何を説いたのかを一言でいえば「知行合一《ちこうごういつ》」に徹するということですよね。これが、朱子学には飽き足らなさを感じていた日本人たちを強烈にゆさぶった。中江藤樹も二宮尊徳も大塩平八郎も、吉田松陰も高杉晋作も西郷隆盛も惹きつけられたし、三島由紀夫もはまっていった。

田中　知行合一の「知」は「良知《りょうち》」のことですから、国学的考えのなかの「直き」に近いですね。外の論理道徳に縛られるのではなく、自らのなかに良知があるという考えです。中国では陽明学は朱子学への対抗として出現したわけですが、日本では、日本に合ったもの、理解でき導入できるものをスクリーニングして選んで入れている。そういう陽明学はかなりなじみやすかったはずです。実践をともなうので、『大和本草《やまとほんぞう》』などの例にあるような、日本の内なる風土に合わせた応用が可能なのだという自信にもつながった。

松岡 陽明学がどのように日本で受容されてきたかという問題は、まだまだ研究されていませんね。『伝習録』(王陽明の教え)も、はたしてどのくらい読まれているか。安岡正篤《やすおかまさひろ》の帝王学めいているのにカジュアルすぎる講話に流されたのかもしれない。

田中 私はやっぱり、そういうものがぜんぶ「国体」に吸収されてしまったのが問題だったと思っている。水戸学的な国体と、明治以降の大日本帝国と日本陸軍がつくりあげた国体主義、あるいは教育勅語が押しつけた国体とは、やっぱり何かがそうとうちがう。

松岡 そこに問題が集約されていくのかな。

田中 どうしてもそう思わざるをえないですね。国体が成り立つという考えの基本には天皇制がありますね。じつは天皇さえいれば国体が保てるという考え方は、敗戦後のサンフランシスコ講和条約の時の判断でも生かされたでしょう。アメリカとのやりとりのなかで、天皇制を残すということになった。

松岡 そうね。GHQも吉田内閣も、新憲法でもサンフランシスコ体制でも、天皇制を残しました。憲法によって国体護持を保証してもらったうえで、アメリカと同盟関係に入っていった。

いわば、アメリカと国体を取引した。それが自民党の五五年体制のあいだも、日米安保や日米地位協定も含めていまだに続いている。

田中　しかもその天皇は、いまや象徴である。つまりこれはかたちだけを護持し、「骨抜き」になってしまった日本でしょう。そういう日本が、ずっとアメリカと取引をしつづけている。

私は、この日本のあり方はすでに明治維新から始まっていたという気がしているんです。ペリーが来航してハリスが来て日米修好通商条約を結んで、そこから列強パワーズとのあいだで次々と不平等条約を結ばざるをえなかった。あのときに日本がかろうじて守ろうとして取り返したものといえば、たとえば裁判権や貿易レートみたいなものだけですよ。でも結局それはグローバリズムのルールに合わせていくということで、大久保利通や伊藤博文にはそのことがすでにわかっていたと思う。陸奥宗光ががんばって三〇年ほどかかってついに不平等条約を解消はするけれども、それはグローバルな〝衣裳〟をやっと外国からもらえただけです。

となると、外国から与えられるものではないもので、日本にあるものといえば、やっぱり国体しかない。グローバルな取引に合わせながらも、それだけは護持していかないとまずい。そんなふうに考えた人たちもいたんじゃないか。つまり、戦後日本のありようは、すでに明治維新からずっとそうだったんですよ。

松岡　なるほどね。それを、列強と対等に取引できる唯一の大日本帝国のコアであるというふうにしすぎたんだ。かつての日本には、神の身体や仏の身体や、あるいは儒の「忠」や「義」や「孝」の身体だったりしたものがあった。それだけでなく、王朝的身体や仏教的身体や武門的身体や能楽的身体のような多彩な身体もあったんだと、ぼくは思っている。それがなぜか幕末に向かって、神儒的身体から皇統的身体の称揚ばかりになっていったわけです。あげく、すべて「玉体《ぎょくたい》」のほうへ、天皇の身体や国体的な身体に集約されてしまった。

田中　集約したというよりも、一人ひとりの日本人が自分たちの能力を手放し、生活を手放し、家族や社会との関係を手放していくなかで、国体と天皇に依存したんですね。つまりは怠けたという感じがする。国体に収斂《しゅうれん》されるというのは、そういうことだったのではないか。自分の身体も含めて手放していった結果、収斂されてしまった。

松岡　そのことが、その後の日本のトラウマになっていく。敗戦と天皇の人間宣言と東京裁判はとくに再現トリガーのようになった。

プリンシプルのない日本

田中　白井聡さんの『永続敗戦論』という本のなかに興味深いことが書かれてまして、アメリカがフセインやビンラディンにしてきたことと、日本にしてきたこととはほぼ同じだと書いてある。つまり、日本がアメリカを裏切ろうとしたときには、アメリカは日本に対してフセインなどへと同じ行動に出るだろう、と。だから、いま日本人がふつうに期待しているように、有事のときにアメリカが守ってくれるというようなことはないと。それはそうだろうと思うんです。

松岡　いろいろ議論のあるところだけれど、暗示的な視点でしたね。戦後レジームが日米合作で、象徴天皇制から基地問題まで、日米構造協議から東芝問題まで、たしかに「敗戦」は了《お》わっていない。

田中　朝鮮戦争が終わっていないことで、東アジアがそこに「とらわれの身」になっていますが、日本は敗戦体験に閉じ込められています。敗戦体験とはアメリカに負けたことだけを意味するのではなく、ヨーロッパ列強に向き合わないまま競争に巻き込まれた明治以降のことも意味します。そこから抜け出さないと、対等とは何なのか、わからないはずです。本当は日本の成り立ちを振り返って、独自な政治思想をもつべきですね。

松岡　そもそも日本は「多面」と「対等」がヘタなんです。白洲次郎も『プリンシプルのない日本』のなかで同じことを言っている。白洲次郎はNHKのTVドラマになったこともあって、いまや白洲正子のハンサムな旦那さんということのほうが知られてますが(笑)、戦後日本の特異なキーパーソンのひとりでしょう。GHQの占領下で吉田茂に乞われてブレーンをやっていた。憲法の条文やその翻訳(憲法は英語で書かれていた)をめぐっても、GHQと丁々発止をやった。白洲は敗戦国であっても立場はアメリカと対等であるということ、また日本はプリンシプルを打ち出すべきであるということをずっと言いつづけた。

その白洲がサンフランシスコ講和条約締結で吉田たちとアメリカに飛ぶんですが、吉田の演説原稿が、外務省とGHQの外交部がつくり上げた英語だったことに怒りますよね。最大の悲願だった沖縄返還のことも触れられていない。白洲は怒りまくって全部日本語に直させて、沖縄返還に関する文言も強引に盛り込ませています。

アメリカのメディアはこれを「吉田茂のトイレットペーパー演説」といってからかった。講和条約締結が無事に済んで、なんとか半分の独立は勝ち取れたかなと思って、翌日の日米安保条約の調印式に出たとたん、またしても落胆する。日米安保条約のほうの締結は米軍の下士官クラブのような場所でおこなわれて、取材すら一社も入っていない。内容は日本国民にもまったく知らされない。この瞬間に白洲は、さきほどの白井聡の言い方でいうと、「永続敗戦」という状態が続いていくのだということを思い知ってしまうわけです。

田中　敗北したというより、欧米諸国はアジア・アフリカ諸国に「日本は敗北した」と思わせる術に長けていたんではないでしょうか。江戸時代では中国の四書五経を入れつづけていたけれど、中国に敗北したとは思っていませんでした。そもそも競争していなかった。世界が「競争」の構図にはまっていくのは産業革命以降ではないかしら。

松岡　明治維新のときから日本の身体性やプリンシプルがおかしなものになってしまった、という田中さんの考え方は当たってるでしょう。明治の大日本帝国憲法も、あれはあれで近代国家としてつくらざるをえなかったにしても、国体というものだけを依代《よりしろ》にしてしまい、立身・立志・立国のためにその依代を皇統にもっていったのだけど、大失敗だった。

田中　神仏分離令が出されたのが明治元年(一八六八)、その翌年に神祇官が設置され、さらに明治三年には「大教宣布《だいきょうせんぷ》の詔」が出て、神道が国家神道化しますね。それとともに、廃仏毀釈《はいぶつきしゃく》が吹き荒れて日本中のお寺や仏像が壊されていく。この神道一元化の流れは、明治維新後、異常なほど早い時期に猛スピードで進んでいく。それまで長いあいだかけて継いできたことを、いっせいに捨ててしまった。

松岡　道端の馬頭観音やお地蔵さんまで壊すというような極端なやり方でね。それが「王政復古」の号令のもとに進められていった。藤村の『夜明け前』に描かれていたように、その王政復古もただの擬装にすぎなかった。一方では、明治六年にははやばやとキリスト教を解禁しますね。岩倉具視たちが欧米を視察して、条約改正のためにはキリスト教を認めないと列強から相手にされないと考えたからでしょう。

田中 その直前に、キリシタンを処刑してるんですよ。国家神道以外はすべて排除するということを徹底的にやろうとしていた。にもかかわらず、それでは列強とうまくやっていけないと判断したとたん、手のひらを返したようにキリスト教を受け入れてしまう。

松岡 近代日本の装置がなぜそれまでのデュアルで複雑で多様な日本をコントロールできなかったのか、あるいはしようとしなかったのか。大久保(利通)や伊藤(博文)ならできたかもしれないのに、そうならなかった。いまの天皇家を見ても、決して国家神道ひとつではなく、神仏習合的なものの上にいますよ。

田中 逆にいうと、なぜそれまでの日本はあそこまで多様で平気だったのか。柔軟かつ強靭な寛容を感じます。

松岡 なるほど、そう見たほうがいいのかもしれません。ぼくは、ジョン・ダワーの『敗北を抱きしめて』を読んで驚いたことがありましてね。さすがに『吉田茂とその時代』を書いただけの慧眼があるなと思った。ジョン・ダワーは、JapanはJapansと呼ぶ以外にない、自分のすべての良心と日本への愛情と冷静な学問の目から見て、ジャパンはジャパンズである、ということを言う。そのうえで、戦後日本の問題は天皇制というものに複雑さや多様性を与えられなかった日本人の狭量にもとづいているのではないか、マッカーサーはもっと多様でいいと思っていたはずだとも言っているんです。

田中　ジョン・ダワーはたしかそのなかで「天皇制民主主義」という言葉をつかっていますね。戦後の日本は天皇制民主主義に収斂してしまって、そのままずっと来てしまった。

松岡　そのくせ、ふだんは平気で神も仏も拝んで、では日本人の信仰とは何かを聞かれると答えられなくなってしまった。中世の本地垂迹に始まる神仏習合というのは、ものすごい方法だったのにね。仏教のほうだって顕教と密教の両方を並列させていた。

田中　にもかかわらず誰も混乱していなかった。アマテラスを大日如来に見立てても平気だし、インドの神々までつれてきて、七福神なんてつくってしまう。いくらふやしても平気で、日本の全体をそういう多様性によって治めるというやり方をしてきた。

松岡　おそらく、メインを単一にしてしまうとうまくいかないということを、日本人はわかっていたんじゃないかと思うんです。あえて中心思想をつくらなかった。合理的に考えれば、天皇制を排して将軍だけが残ってもよかったのかもしれない。武家の連中にしてみれば、公家を潰そうと思えば潰せたはずです。ところが、そういうふうにはしなかった。つねに多様性を維持する方法を選んできた。レキジット・バラエティというふうにサイバネティックスでは言いますが、「最小多様性」のようなものがあったほうがこの国はうまくいくという見方が、どこかにひそんでいたんだと思うんです。

田中　実際にも、後醍醐天皇が力をもったとたんに、朝廷が南北に分裂してしまった。もちろんそこには足利尊氏の仕掛けもあったでしょうけど、むしろ一四世紀のあの段階で、天皇制があそこまで力をもとうとするのはまずいという判断もあったと思います。

松岡　北畠親房の『神皇正統記』も、「後醍醐さん、ちょっとやりすぎです」と書いている。そういう見方や判断が、日本独特のリベラルアーツのようなもの、教養としていきわたっていたんでしょうね。

6

直す日本、継ぐ日本

平安以降，多様な職人の風俗を描いた「職人尽絵」が多数制作された．なかでも喜多院の『職人尽絵』(狩野吉信筆)は，25 種の職人図が六曲一双の屏風仕立てになった名品．――図は機織師(喜多院蔵．川越市立博物館提供)

なぜ出雲は隠れたのか

田中　二〇一三年に伊勢でも出雲でも遷宮《せんぐう》がありましたね。あの機会に、私は出雲に留学生を連れて行ったんですが、出雲は六〇年ぶりの大遷宮ということもあって、かなりの参拝客でにぎわっていました。しかし、出雲が何なのかということについては、メディアでも地元でもあまりきちんと語られていないようだった。

松岡　伊勢の遷宮のときも出雲の遷宮のときも、日本を大きく振り返るチャンスだったんだけれどねえ。ＮＨＫはちょっとがんばっていた。

田中　留学生のために神官に説明をしてもらったし、自分でもそのあいだに立っていろいろ説明をしたんですが、そのとき留学生からある質問が出ましてね。その質問に答えようとしたんだけど、これがなかなかむずかしくて、自分でもあらためていろんな疑問がわいてきた。

松岡　どういう質問だったんですか。

田中　そのことに入る前に、まず、出雲のことを理解するには、出雲神話というものを理解する必要がありますよね。出雲神話には「国引き神話」があって次に「国造り神話」があって、最後に「国譲り神話」がある。「国造り」はまだしも、この「国引き」と「国譲り」っていったい何なのかということがそもそもわかりにくいでしょう。

松岡　そうねえ。「国引き」というのは、新羅の土地に綱をかけて「国来《くにこ》、国来《くにこ》」と引っ張ってきて、それでできたのが島根半島であるという、とんでもない話ですからね。それをリードしたヤツカミズオミツヌノミコト(八束水臣津野命)という神のこともはっきりしない。八束水というのだから洪水神だと思うんだけれど、ともかく、それで出雲の国ができてオオクニヌシたちが上手に繁栄させていったところ、今度は高天原からアメノワカヒコらのメッセンジャーが何度か遣わされて降りてきて、いろいろすったもんだのすえ「国譲り」されたというんですが、そのネゴシエーションの内容がまったくもってわからない。

もちろんこれは、古代の大和朝廷と出雲との政治力学的な取引関係をあらわしているわけですが、朝廷が出雲に攻め込んで土地を奪ったというならまだしも、出雲が「国譲り」したっていったいどういうことなのか。オオクニヌシとコトシロヌシの関係もはっきりしない。

田中　まさにそこなんです。『古事記』では、国譲りのときにオオクニヌシが「私は隠れてさぶらうことにした」と言ったと書かれていますね。「さぶらう」というのは「そばに控えてお仕えする」ということですから、出雲をつくったオオクニヌシは「自分は大和朝廷に対して隠れてお仕えする」と言ってるわけです。それに対して『日本書紀』のほうでは「顕露《あらわ》」という文字をつかって、これまでオオクニヌシが治めていた「顕露」のことは皇孫(天皇)が治めていくから、これからは「神事《かみのこと》」のほうを治めなさいというふうにタカミムスビ(高皇産霊)が言ったとなっている。つまりここで、人間社会である「顕世《うつしよ》」や「顕事《あらわしごと》」と、神々の世界である「隠世《かくりよ》」「隠事《かくりごと》」や「幽世《かくりよ》」「幽事《かくりごと》」とが区別されるわけです。

これに対して留学生の質問があった。これがもし大和朝廷と出雲との関係をあらわすのであれば、ふつうは支配と被支配の関係に入ったときに、そういう語り方はしないものではないか、と。つまり、完全に植民地になって従属したのであれば、「隠れる」のではなくて、完全に消えてしまうのではないかと言うんです。ここで私は、はたと言葉が詰まってしまった。

松岡　もっともな質問です。

田中　たとえば吉備王国の場合には、被支配者は「鬼」というふうにされましたよね。首を切られて吉備津神社の釜の下に埋まっているとされて、「吉備津の釜」という有名な伝説にもなっている。実際には「温羅《ウラ》」という王がもともと吉備を支配していたんですが、大和朝廷に支配されてから「鬼」とされた。

松岡　桃太郎の鬼退治伝説のおおもとの話。

田中　そうです。吉備王国と大和朝廷の関係は、まさに支配されたものと支配したものの関係になっていて、だからこそ吉備の王は「鬼」とされて埋められてしまった。では、どうして出雲の場合はそうならなかったのかというのが留学生の疑問だった。

出雲大社の宮司の系図によると、千家《せんげ》と北島の二つの家がある。主に千家が宮司を務めていまして、その千家の祖先はアメノホヒノミコトというアマテラスの息子なんです。アマテラスの二人の息子のうち一人、アメノオシホミミノミコトの息子ニニギノミコトが皇室の先祖であって、もう一人が千家の先祖であるという位置づけをしている。ということは、出雲大社は出雲の神だったオオクニヌシを祀っているけれども、その出雲大社は大和朝廷からつかわされた千家が司《つかさど》っているという関係になる。そういうところを見ていくと、やっぱり出雲は大和朝廷に支配されていたとしか思えないんです。

にもかかわらず、なぜ出雲大社はあそこまで大きな社殿をつくってオオクニヌシを祀っているのか。あの本殿はいまは二四メートルの高さですが、かつて四八メートルもあった、二倍の高さだったということも発掘調査でわかっています。それは出雲が従属させられたことに対する配慮だった、代償だったというふうに出雲大社側も説明しているんですが、本当にそうなんだろうか。

松岡　ぼくなりに仮説をいくつかたててみますと、三つくらい考えられる。ひとつは、出雲の国にはとてつもない力があって、反乱をおこすかもしれないから懐柔策をとったというのが、まず考えられる理由ですね。クーデター未然防止仮説です。ただし反乱の兆候があるというわけではないから、ずうっと未然にする必要があった。

二つ目は、大和朝廷の前身が出雲を支配したと言っても、じつはそれは一方的な支配ではなかったかもしれない。そこには何らかの交換条件があって、トレードがおこったのではないか。それが「現れるもの」と「隠るるもの」のデュアルな二重性として、まさに「顕と隠」との関係として残されてきたという仮説です。

三つ目は、大和朝廷にとって必要な何事かを出雲が握っていた可能性があります。これは投資仮説です。おそらくは何かの情報か技術か人材のような貴重なソフトウェアを出雲がもっていて、いざというときに大和朝廷はそれをつかえるようにしておきたかったのかもしれない。だからいまふうにいうと、出雲をM&Aしたうえで、もっと投資をしつづけたかった。大株主は大和朝廷です。

田中　どれもおもしろいですね。で、松岡さんはいまの仮説のなかの、どれが一番ありうると思うんですか。

松岡　どれもありえそうなんだけど、ひょっとしたら、この三つとも全部が大和朝廷と出雲の関係の複合性のなかに含まれてたんじゃないかな。なぜかというと、出雲というのは大和朝廷よりもあきらかに先につくりあげられた国だった。それは大和朝廷にとってはイノベーティブな「国家モデル」だったと考えられるからです。

田中　なんといっても出雲は製鉄の技術をもっていましたからね。テクノクラートもいっぱいいた。これは大きかったでしょうね。

松岡　出雲に行ったスサノオはクシナダヒメと結婚するために八岐大蛇《ヤマタノオロチ》を退治した。これはしょっちゅう氾濫して暴れる斐伊川のことだという説もありますが、たたら製鉄の溶鉱炉から流れ出るドロドロの真っ赤な鉄をあらわすんじゃないかという説もある。きっと出雲には外来のハイテクノロジーである製鉄に秀でた者たちがいた。大和朝廷はその技術と人材をほしがったんだと考えるとわかりやすい。支配・制圧というより吸収・合併。

田中　出雲は大陸から人が流れ込みつづけていたはずだから、そこには先端技術がその後も入りつづける可能性があります。それなくしてはヤマトの権力はなかったでしょうね。

松岡　同様のことは、伊勢神宮が内宮と外宮に分かれつつ統合されたことにもあらわれていますよね。ヤマトヒメ(倭姫)がアマテラスをお祀りしようとして各地を探して伊勢に鎮座していただくことにしたという『日本書紀』の記述は、実際にはそんなにかんたんに決まったことじゃない。もともと伊勢のあの場所はトヨウケノオオカミ(豊受大神)がコントロールしていて、そこを交渉して譲り受けたはずです。トヨウケは食糧神ですから、食糧事情の安定に必要だったんでしょう。そこには出雲の「国譲り」ならぬ「神譲り」があった。少なくとも互いにシェアしようということになり、アマテラスに皇大神宮《こうたいじんぐう》としての内宮が、トヨウケに衣食住を司る豊受大神宮としての外宮が配当されたんだと思います。こちらはイコール・パートナーシップです。

田中　伊勢神宮の構造そのものが、『日本書紀』的な多様性の構造なんですね。だとすると国学者が『古事記』に日本の本質を見ようとしたことは、どこかが欠けていることになる。多様なものが並び立つ状況でバランスを保って秩序を維持してきた方法が見落とされています。

松岡　はい、その方法は日本的な契約の方法でしょう。ユダヤ＝キリスト教では旧約聖書と新約聖書がありますが、この「約」が神との契約(コントラクト)をあらわしているように、日本神話にもいろいろの契約があったわけです。日本では「誓い」とか「ウケヒ」と言いますね。

田中　神話では神どうしの誓いですが、現実社会のなかでは、各地に共存する氏族が戦いを最小限にして共存する方法をとったということでしょう。それが、局地的内戦や領地替えで流動性は高くなるものの、江戸時代末まで残った。そういう共存のしかたに重要な日本の方法があったんだと思う。それが出雲にも、また伊勢にもあったということでしょうね。

アマテラスとスサノオの誓約

松岡　日本的な契約感覚を解くために、『古事記』に何が描かれているかということをちょっとおさらいしておくと、不首尾や不出来や失敗についての記述が多いことに気づきます。

たとえば最初に夫婦神であるイザナギとイザナミがまぐわうとき、なかなかうまくいかず、手足の萎えたヒルコのような子どもが生まれてしまう。そこでまぐわい方を変えてみるけれど、またまたうまくいかず、イザナミはカグツチという火の子を産んで女陰を焼かれて死んでしまう。残されたイザナギは悲しくて淋しくて、イザナミのいる冥界(黄泉の国)に下りていきます。イザナミは汚物まみれの恐ろしい姿に変わりはてている。イザナギが一目散に戻って体を浄め、目を洗ったり鼻を洗ったりすると、アマテラス、ツクヨミ、スサノオの三貴子が生まれ、ここからはいったん別々にアマテラスとスサノオという姉弟神の話が展開していくわけです。

成人になったスサノオは「すさぶ神」であって乱暴者だった。アマテラスは耐えかねて、二人は「ウケヒ」(契約)をする。それでもスサノオの横暴がつづき、アマテラスはスサノオを追放する。ここで和する神アマテラスと荒ぶる神スサノオが分かれて、天津《あまつ》神《かみ》の世界と国津《くにつ》神《かみ》の世界が分離するわけですね。スサノオが追放された先が出雲ですが、そこは当初は「根《ね》の国《くに》」とか「根《ね》の堅洲《かたす》国《くに》」とよばれて、これはアマテラスや神々の住む高天原から見て異界というか、シャドーステートみたいなところです。

田中　すでにそこにデュアルな姿が見えます。顕と隠の関係もありますね。

松岡　この日本神話の前半のストーリーには日本の国づくりをめぐるファースト・ドラフトとして、いくつかのデュアルな謎が埋め込まれていますよね。どうも何かがうまくいっていない。辻褄が合わない。それでドラフトを接ぎ木しているようなところが目立つ。ここにはその後の日本神話の出来事や日本の国づくりが二重化や多重化していく構造的な矛盾も発露しているんだと思います。それが出雲の国譲りにも伊勢の内宮・外宮化にもつながっている。

田中　そのとおりですね。しかしそれは矛盾ではないかもしれません。構造的な「和」のしくみなのかもしれない。

松岡　なるほどね。たしかにイザナギのミソギというモノセクシャルな単性生殖によって、のちの国家の起点になるアマテラスやスサノオが生まれたというのは、かなり奇妙ですよ。

田中　一貫して単性生殖というわけではなく、イザナミは出産によって死ぬわけですから、その「死」をどこかで浄めておかねばならないのでしょうね。そこにはイザナギの悔恨が見える。もしかしたらイザナミの死の意味には、深く傷つけた征服戦争が隠れているのかもしれません。その亀裂の回復によってヤマトは成り立った。

松岡　当初が復活・回復・再生だったということですね。民俗学では「擬死再生《ぎしさいせい》」ということになる。なぜ、そういうふうにしたのか。あるいはなぜ、そうなったのか。

少しヨーロッパと比較すると、ユダヤ＝キリスト教の「誓約」の根本にあるファースト・ドラフトは、「旧約聖書」に書かれているモーセの十戒です。これが、のちのち王権神授説やホッブズの国家身体やルソーの「社会契約説」にもつながっていくし、いまの欧米社会が契約社会であることの根本になっている。ヨーロッパの宗教社会や王権社会は、このドラフトの上にピラミッド的な組織を構築し、他国への侵略や併合を可能にさせる制度をつくっていった。

これに対して、日本は国づくりのプロセスを統合しなかったところがある。というよりも、そこにあったものをあえて伏せておいて、統合しきらないという編集的な方法を選んだんじゃないかと思うんです。

田中　統合されていないものだから、解明のしようもない。そうやって、「顕事《あらわしごと》」と「隠事《かくりごと》」としか言いようのないものにしてきたんでしょうね。いまの話と、江戸時代に国学が出てきて日本を解こうとした方法、とくに「直《なお》き」ということを言い募っていくこととのあいだには、何かの関係性を感じるんですよ。「直き」については前も話しましたが、自然状態で生きることです。支配、征服、策略、戦い、競争などが入り込まない状態です。現実的ではありませんが、それを理想としてもつことの意味のなかに、国家統合を望まない意志を感じます。

松岡　このへんは、いままでの話のなかでいちばん重要な秘密です。

田中　江戸時代の記録を見ていると、出雲の大遷宮のために幕府はそうとうお金を出していますね。大遷宮は江戸時代からはっきりと始まっている。ぴったり六〇年ごとではないけれど、だいたい七〇年前後でちゃんとやっていたようです。それとじつは江戸時代の垂加《すいか》神道《しんとう》が、幕府の出雲政策にかなり影響を与えたらしいんです。

松岡　垂加神道が出雲の遷宮にもかかわってくる?

田中　儒教と神道が習合した垂加神道によって、それぞれの土地の神々の世界が重視されるということがおこったようです。なかでも出雲大社は非常に重要なところだという位置づけになった。だから幕府もお金をつかった。伊勢神宮にもつかっているけれども、伊勢神宮に劣らないくらいのお金を幕府が出雲に注ぎ込んでいた。

松岡　神だけではない、儒だけでもない、神儒でいこうということを、そのころの幕府は意識していたということかな。徳川中期になってから、そのような天津神と国津神の関係や「顕と幽」の関係について、儒のノリとハサミをつかって、なんとか日本というものを説明しようと言うふうになってきたんでしょうね。そういう考え方が、儒学の担い手が林羅山から山崎闇斎へと移っていくあいだに生まれていた。

田中　つまり、江戸時代に「出雲を説明しなければならない」という事情がはっきりしてきたということです。

松岡　なるほど。海を閉じて、中国離れをして、本草だって国産化して大和本草でいきますというふうになっていくなかで、今度は「内なる異質性」をなんとか維持、説明しなければならなくなったということでしょうね。出雲ってまさに「内なる異質性」ですからね。

田中　出雲の説明は外に向かってするためのものではなく、内に向かってするためのものだったわけです。ということは、本居宣長が出てきて『古事記』を解釈したことと、江戸時代から出雲大社が注目されることとは同じ意味をもっていたかもしれない。

松岡　いままで「隠る国」だった出雲を、なんとか「顕る国」にしなければならなくなった。それを待ってましたとばかりにやったのが平田篤胤の平田神道ですね。あれはすべての仮説が出雲軸にあって、オオクニヌシ重視論だった。もしかしたら、宣長がもし出雲論を深くやっていけばそういう方向へ行ったかもしれませんが、実際に国学者でそのことに気がついたのは平田篤胤だった。篤胤は宣長の幽冥論《ゆうめいろん》の考え方を継承しつつ、「幽界」を司っているのは出雲のオオクニヌシであるという解釈によって日本神話を読み解き直すということに、あとから気がつくわけです。そこに崎門派《きもんは》(山崎闇斎の学派)の神儒説が重なっていった。

田中　平田神道は発想に奇抜なところがあるため、いまだ本格的に議論されていないんです。

松岡　出雲と大和朝廷の関係について、もうひとつ気になっている謎があります。オオクニヌシ(大国主)とオオモノヌシ(大物主)とオオナムチ(大穴牟遅)の関係です。この三者の関係は、ぜんぶオオクニヌシの別名であって三種類のペルソナであるとされてますが、その一方でオオモノヌシとオオナムチは奈良の三輪山の神になっている。ということは、おそらく大和朝廷が成立する以前に三輪山あたりを治めるリーダーがいたことが、反映されていますね。

田中　三輪山の大神神社《おおみわじんじゃ》に行くとわかりますが、オオモノヌシとオオナムチは蛇体の神ですよね。だからみんな蛇の好物である卵をお供えする。

松岡　とても異様な神だよね。おそらくかなりマジカルで呪術的な力をもつ一族だったことが暗示されているんだろうと思いますが、そんな神々をなぜ出雲のオオクニヌシといっしょくたにしてしまったのか。おそらく大和朝廷側による巧妙な跡付け編集というか換骨奪胎があったはずです。つまり三輪山も出雲もひっくるめてオオクニヌシに国譲りさせるというストーリーにしてしまったんじゃないかと考えられる。

田中　出雲と三輪山って、地形が似ているんですよ。出雲大社の背景に八雲山がありますね。ちょうどおにぎりみたいなかたちの小高い山がある。三輪山はもう少しなだらかできれいな三角形ですが、あのへんの土地は山々があって川に囲まれて、そのデルタ地帯に神社がある。その構造が出雲とそっくりなんです。どちらが先かはわかりませんが、同じような地形を選んだのはまちがいない。おそらく三輪山のほうが古いんじゃないか。

松岡　似た地形が選ばれるというのは重要な類感呪術《るいかんじゅじゅつ》の基本です。古代風水にも準じたでしょうね。そうするとストーリーや登場人物も投影しやすくなる。いずれにしても出雲と三輪では、ヤマタノオロチ伝承と三輪の蛇神伝承が相互投影したんでしょう。ということは、隠るるものと顕るるもの、つまり隠事と顕事というのは、完全に別々のものじゃなくて、もともとどこかに共通する両義的なプロフィールをもっていて、その一方が「幽」あるいは「冥」になって、もう一方が「顕」あるいは「現」になるというように見たほうがいいのかもしれない。これもまさに日本のデュアルスタンダードそのものですよ。
日本の各地でこのような出雲と三輪山の似せ方というか、場所の移し替えや名前の付け替えがけっこうやられています。江戸の鬼門に東叡山寛永寺をつくったのは比叡山延暦寺の「うつし」だし、中国の洞庭湖《どうていこ》をめぐる瀟湘八景《しょうしょうはっけい》だって、これを借りて近江八景にしたり、ありとあらゆるものにうつしている。

田中　「うつす」というのは、「写」でもあるし「移」でもありますからね。

松岡　「映」でもある。ぼくは『遊《ゆう》』をつくっていたときに、ロジェ・カイヨワに会いにパリに行ったんですが、そのとき最初に「日本のカニは元気か」と聞かれたんです。何の話かと思ったら、ヘイケガニ(平家蟹)のことだった。ヘイケガニって九州や瀬戸内海に多くて、甲羅に人間が怒ったような苦悶するような顔に見える模様があるので、平家の怨念が乗り移ったんだとか言われてますね。カイヨワはそのヘイケガニの話が大好きらしくて、これこそが日本のエクリチュールだと言っていた。

田中　さすがカイヨワはすごいところに目をつける。
私が着物の研究を通して気づいたのもそれだった。着物の技術や意匠には、日本的な着物と海外からの影響を受けた着物の二種類あるんですが、きわめて日本的な着物が江戸時代になって初めてできるんですね。絵羽《えば》模様で風景画をそっくり着物にうつしたようなもの、着物を風景画のキャンバスにしちゃったようなものです。インドやペルシアのタペストリーにはそういうものがありますが、着るものに風景画をまるごと入れてしまったような例は世界にも類がない。そういう着物をまとうということは、その中身の人間が風景そのものになるということでもあって、風景を着物を媒介にして身体にうつしていく。着物を通じて自然界が身体のなかに入っていく。そういうしくみをつくっているんですね。

松岡　着物というのは古代は魂の宿る形代《かたしろ》とされていましたよね。いまだに人が亡くなると「形見分け」といって、着物を譲ったりするのもそういうところからきている。

田中　それで思い出したんですが、出雲大社の宮司の千家では、代替わりのときに皇室と同じことをしているらしい。皇室では前の天皇が亡くなると、次に天皇になる皇太子がお籠もりして、真床追衾《まとこおうふすま》をして玉体をうつすということをやりますね。千家の神官の話では、「皇室のやり方は見たことがないけれども、基本的には同じです。お籠もりして、魂がうつるんです」と言っていました。

松岡　へえ、そうでしたか。真床追衾では、衾《ふすま》、つまり夜着のようなものを引き被って、そのなかで玉体をうつすわけですよね。布っぽいものを媒介にして魂をうつしている。ここでも顕事と隠事は二つでひとつ、完全に分けられるものではないですね。

神の庭・斎の庭・市の庭

田中　顕事と隠事が相互にデュアルであるということは、日本の「まつりごと」、つまり政治と祭祀の関係がデュアルであるということにもそのままつながります。政治としての「まつりごと」には祭祀としての「まつりごと」の始まりもあった。政事が祭事で、祭事が政事ですからね。

松岡　『日本書紀』に、神武天皇がいまの奈良の桜井市の鳥見《とみ》の山中に霊畤《れいじ》をつくり、皇祖の天神を祀ったという記述があります。これは日本で最初におこなわれた大嘗祭《だいじょうさい》とされている。霊畤というのは、「まつりの庭」、つまり神庭《こうにわ》です。神が降りてくる庭のことですね。もしこの記述が本当だとすると、鳥見の霊畤が日本最古の神庭であって、これが祭祀としての「まつりごと」の最初だったということになるわけです。

ただし霊畤という言葉そのものは、古代中国の皇帝が泰山の山頂で封禅《ほうぜん》(皇帝による報天儀式)をするときの祭祀の庭のことなので、きっと『日本書紀』が古代中国の史書の記述を借りて、あとから神武紀に入れ込んで書いたものでしょう。それ以前から、日本には日本の神庭があったんじゃないかとも考えられます。三輪山の山頂にある巨大な磐座《いわくら》なんかはまさにそのひとつで、日本の神庭は最初はああいうところだったのではないか。この神庭がやがて山から降ろされて、「まつりごと」の中心である「宮の庭」を形成する。これがいずれ「みやこ」(宮処・都)とよばれていくわけです。

田中　「庭」というのは、いまはガーデンとか庭園のようなものと思われていますが、もともとは神事なんかをおこなうために特別に用意された平らな場所というような意味ですね。

松岡　そうです。そういう「庭」はもともと三種類あって、ひとつが「神庭」で、ほかに斎庭《いつきのにわ》と市庭《いちば》というものがあった。

　神庭は祭祀のための場ですので、そこには神が降りて来る依代《よりしろ》として、たいていは大きな岩だとか常緑の木がある。これが構造的に建築物になったものが社《やしろ》で、やがて出雲大社や伊勢神宮のような神社というものになっていく。斎庭は、「斎《いっ》く」とか「斎《い》む」という言葉でわかるように、神の真意や裁きを待つところ、神との交流のために浄められた場所です。転じて、よく時代劇なんかに出てくる〝お白洲〟になる。大岡越前の裁判なんかにつかわれる庭です。能舞台の白洲もこれですね。

市庭はまさに「市場《いちば》」で、日本的マーケットの原型です。「市《いち》」です。売買や取引がおこなわれる場ですが、もとはそれらの行為もすべて神と人との交流とみなされた。だからかつては虹が立つ所に市がたてられるという、不思議なしきたりになっていた。

田中　なるほど、そんな背景があるから日本では作庭がものすごく重視された。江戸では大名庭園が次々とつくられ、そのおかげでいまでも東京は緑が多いんです。建物より庭園のほうが広い。たんなる贅沢ではなく、そういう空間を守る意味がある。

松岡　平安時代には、庭園術のマニュアルが『作庭記《さくていき》』として成立していましたね。江戸時代なかばまでは『前栽秘抄《せんざいひしょう》』と言っていた。『作庭記』には、「石の乞《こ》はんにしたがへ」というものすごい名文句が出てくる。これは石が言っていることをちゃんと聞いて配置しなさいという意味です。

日本では才能というものは「才」と「能」との二つが共に合わさらないとだめだとされていた。「才」は「ざえ」と呼んで、これは人間ではなく、もの(素材)のほうに備わっているものです。だから庭師にとっては、木や石のほうにあるものが「才」で、それを引き出すのが庭師の「能」ということになる。「石の乞はんにしたがへ」は、日本人の「才能」についての考え方がよくあらわれている言葉です。ここにも「内なるもの」を「外に出す」という見方がある。

田中　「才」というものはもともと隠れているもので、それを引き出すのが「能」であるとすると、やっぱりここにも顕事と隠事がある。それらは二つでひとつだという考え方がひそんでいるような気がしますね。おそらく作庭師だけではなく、日本の職人たちはみんな「才」と「能」のつかい方がわかっていた、顕事と隠事の関係がわかっていたのかもしれない。

松岡　縄文期をべつにすると、日本の職人技術のほとんどは、古代に今来《いまき》の手人《てひと》たち、つまり渡来の技術者《テクノクラート》たちがもたらしたものでしょう。「能」のほうは外来だったけど、「才」のほうは日本の風土にねざしたもの、日本の自然のなかにある木や石や土にある。

田中　技術だけが入ったのではなく、技術の持ち主である「手人」がいっしょに入ってきて、日本に定着していったということが大きかったでしょうね。聖武《しょうむ》天皇の大仏建立のときも、鍍金につかう材料なんかを東北や九州から持ってきて、これをやったのもみんな渡来の職人だった。そういうテクノクラートたちが日本に居ついて、そのまま日本の国土を開いていった。日本では手に職をつけた人たち、職人に対するリスペクトがいまも根強い。その奥には、やっぱり物にひそんでいる「才」に対する思いがあるのかなという気がする。

松岡　いい職人ほど素材にこだわりますね。ぼくの知り合いの優秀な職人たちも、みんな木でも土でも、素材に対する知識が深くて、そういう素材を手に入れるためにそうとう投資もしていますよ。岐阜高山の挾土秀平(はさどしゅうへい)という左官はついに青い土を探し当てて、その一握りの土をとても大事にしている。

田中　私は『布のちから』を書いているときに思ったんですが、染織の技術をとってみても、その素材も道具もすべて自然のものなんですね。絹も木綿も麻もそうですし、それを染めるときには木や植物を採ってきてそこから色を引き出していく。当然、その土地によって、季節によって、それらをどうやって組み合わせていけばいいのかを経験として積み重ねて、ものすごく洗練された技術に高めている。

松岡　ぼくも家の仕事がら、そういう職人社会のことを子どものころから感じていました。そこにはもうひとつ隠されたことがあって、殿上人は木でも土でも石でも、そういった自然の素材に触れるという行為がある種のタブーになっていたということです。皮革を扱う人たちについてはよく知られている差別がありましたが、陶芸家のように土をいじる人や、石にたずさわる人たちも同じようにみなされていた。そういうものに触れることは、一種の「穢《けが》れ」とされて、天皇や公家のような高貴な人たちは、やってはいけないこととされていた。そういうものと職人へのリスペクトが裏腹になってきた。

田中　ああ、そうでしたね。それはまた職人たちだけではなく、「河原者《かわらもの》」と呼ばれた芸能者たちも、「山水河原者《せんずいかわらもの》」と呼ばれた庭師も、天皇の葬送のときに棺を運ぶ「八瀬童子《やせのどうじ》」のような人たちも、みんなそうだった。

松岡　そういう人たちをアンタッチャブルなものとすることによって、それぞれの権益を保護しているという面もあった。こういうところにも「外」と「内」、「顕事」と「隠事」の微妙な関係がひそんでいる。

田中　インドではいまだに職人たちがカーストの最下層に位置づけられていますね。もちろんどんな文化圏に行っても、そういった職業による階層はあって、階級社会であるヨーロッパにももちろんある。日本の職人たちの位置づけについても、近世に入っていくときに法律的に整備されています。よく知られているように、職人は士農工商の「工」に位置づけられた。でもこういう社会制度と、日本人の内にある職人へのリスペクトの感覚はどうもずれている。

松岡　士農工商でいうと一番下に置かれた商人たちが最大の財力をもって、一番上にいる武士たちの貧困の問題が深刻になっていくんだから、そういう意味でもずれずれだった(笑)。

田中　士農工商というのは中国的な秩序を無理やりもってきたようなものですから、実態とずれていて当たり前なんです。そういう秩序が制度として社会に定着しきれなかったのも、やはり職能集団に対するリスペクト、もっといえば「畏《おそ》れ」があったからですよ。

松岡　そうそう、「畏れ」があった。そこに「穢れ」の問題もつながっていた。マタギなどもそうでしょう。田中さんは『カムイ伝講義』で、そういう職人やマタギや被差別の民たちのことをかなり書いていましたね。

田中　「穢多《えた》」のことまでね。「穢多」というのは自分たちでは動物を殺さずに、死んだ牛馬を引き取ってきて皮を剝ぐわけですね。しかも死体が腐る前に、商品に疵《きず》をつけないようにものすごい技術で皮を剝ぐ。そのためには、どこで牛馬の死体が出るかという情報をできるだけ早く知らせてもらわなきゃいけない。その情報のスピードがすごく重要だったそうです。で、死んだらすぐに駆けつけて死体を運んで、すぐに皮を剝ぐ。たいへんな職能です。

しかも皮や脂肪は膠《にかわ》をつくるための重要な素材になり、皮をなめすときに取り去る毛とか蹄とかはすべて肥料になる。もちろん肉は食料になる。死体からとれるものを何ひとつとしてムダにしないで、捨てるものは何もないというほどに処理していく。

松岡　そういう高度な技術をもっているからこそ異能者である、畏れ多い人たちであると思われた。「穢多」や「非人」に属する職人や職能たちを統括管理したリーダーのことを長吏《ちょうり》と言いますが、長吏の役割はとても重要ですね。ぼくは『フラジャイル』にその実態の一部をくわしく紹介したことがありますが、おそらく統率はしていたけれど、いわゆるマルクス主義的な支配や労働搾取みたいなことはなかったのだと思う。たとえば代々の弾左衛門（江戸時代の被差別民の頭領）の歴史を見ると、長吏も畏れられていた。

田中　幕府はその権利を保護していました。牛馬が死んだときに農民が勝手に処分すると、そこをテリトリーにしている人びとの権益を侵すことになりますので、裁判にでもなれば農民が負けます。弾左衛門の屋敷は立派な門で厳重に守られていて、その支配圏は治外法権をもっている。裁判権も独立していた。身分と富はべつなので決して貧しくはありません。とくに関西では裕福でしたから、遊郭に行く話も西鶴の小説に出てきます。ただし髪型がざんぎり、つまり現代風でした。さかやきを剃らなかったので、隠さないかぎり目立った。

「富」とは何か――支払いとお祓い

松岡　日本社会はいまでもケガレ・キヨメ・ミソギを気にしますね。政治家も芸能人も不祥事があると、ミソギの期間をおく。ケガレは浄められるべきものとされたわけです。ただ生理的な行為から職能的なものにまで当てはめられたので、ここから差別が生じた。

そうした他者のケガレを浄めることが功徳《くどく》とされたのも特筆すべきことですね。こうしたことから意外な価値観が出てきます。そのひとつにお金に対するケガレの感覚があった。そこには日本人にとっての「富」とは何だったのかという問題があらわれてきます。

その前段の話になるんだけど、ぼくは以前、小松和彦や栗本慎一郎たちと日本の中世経済に関する研究会をやっていたんです。その中味は工作舎のスタッフによって『経済の誕生』という本になっていますが、そのなかで『信貴山縁起絵巻《しぎさんえんぎえまき》』とか「ウントク譚《たん》」のような、いわゆる長者伝説と呼ばれているものや、何かと何かがずっと交換されていく「わらしべ長者」みたいな話なんかをずっと調べていった。それでわかったことは、日本の「支払い」はじつは「お祓《はら》い」だったということです(笑)。

田中　あ、それはおもしろい(笑)。

松岡　ケガレをお祓いするというしくみのなかから、「支払う」という行為が生まれていったようなんです。いまでも神社でお祓いをしてもらうときに神主さんが「幣《みてぐら》」を振ったりかざしたりしてくれますが、「幣」というのは紙幣の「幣」でしょう。実際にもお祓いをしてもらって、「志」としていくばくかのお金を神社に納めたりもする。

もうひとつわかったことは、日本では経済の成立にさまざまな汚いものや穢れたものや、さらには異界がかかわっていたということです。ウントク譚もそうですし、桃太郎でも一寸法師でも花咲爺でもそうなんですが、日本の昔話には、ばっちいことや異界とのかかわりをもつことで富を手に入れてめでたしめでたしとなるというパターンがものすごく多い。

田中　なるほど「払う＝祓う」は、償《つぐな》うことでもあったということでしょうね。さきほどイザナギがミソギと祓いによって神々を生んだ背景に「悔恨があったのではないか」と言いましたが、べつの言葉で言うと「うしろめたさ」です。イザナミの死を祓うことによって償った。そうして初めて次のものを生める。お遍路さんの通り道にある家々は米や銭を渡すことで日頃の罪をつぐない、それをもって遍路たちは代参して祓ってくるわけです。

松岡　どうやら日本には、お金や財宝が循環しないで溜まっていく状態はよくないという考え方があったようですね。清盛の時代には「銭の病」なんて考え方もあった。日本に宋の貨幣が入ってくると、お金をもつことが「銭の病」と言われて嫌われたりもした。

おそらく「富」というものに対しても、たんに貯蓄が多いとか裕福であるということではない、べつな価値観をもっていたんじゃないかとも思えるわけです。

田中　「長者」と呼ばれる人がどういう人だったかということでいうと、西鶴の『日本永代蔵』が、長者教、つまり長者になるためにはどうしたらいいのかという話を書いています。それを読むとわかりますが、長者になるというのは金儲けするということではないんです。お金が貯まるのは結果なんです。まずは汗水たらして働くこと、贅沢せずに倹約始末すること、過剰な利益を得ないこと、そして隠蔽や偽装で人をだまさないことなど、人間としての生き方を伝えています。つまり、富をもつということには、それに見合うだけの人間性や信用性が重視されていたということがわかる。信頼こそ富への道なんですね。

松岡　『信貴山縁起絵巻』が描いていることを見ても、長者というのは財を溜め込むだけではだめで、世の中に循環させるはたらきをしないとうまくいかない。あの話では、都の帝《みかど》、里の長者、命蓮《みょうれん》のいる信貴山、この帝と長者と山が三角関係になっていて、長者は信貴山に対して寄進し、信貴山は帝の病気平癒を祈り、帝は長者の市場的権益を認めるというかたちで、うまく富や価値が循環できるようにまわっています。ところが長者が十分に機能しないと、倉の米俵が山のほうへとどんどん飛んでいってしまう。

田中　「飛び倉」ね。あのシーンはおもしろい。ものすごい想像力ですよね。

松岡　「縁起の経済学」ですね。市場経済型による経済学には、この「山」がはたしている機能がありません。縁起の経済では、「山」がなければ「長者」も成り立っていかない。だから長者は「山」に対して寄進しつづけなくちゃならない。いわばドネーション（寄付）をすることでソーシャルキャピタルがたまり、それによって長者は長者として成り立っている。これはメセナやCSRとはちょっとちがっている。根本的に循環なんですね。

田中　それがないと、まともな経済社会にならない、経済が循環しないということを、当時の人はわかっていたんでしょうね。カール・ポランニーの経済人類学では「経済は社会の中に埋めこまれている」と見て、経済行為には経済機能として意識されない交換がいろいろ含まれていると言いますね。信貴山モデルは、このポランニーの経済文明観の解釈に入ります。ポランニーは貨幣というものも、言語性、筆記性、度量衡などと似たようなもので、ただひとつの交換力しかもっていないわけではないと見る。これは「お祓い」と「支払い」が似ているという見方にもつながる。

松岡　信貴山モデルは、経済学的にいうと貨幣を介在させない非市場社会における経済システムのひとつではあるんですが、ポランニーが研究した古代社会の交換経済モデルとはちがうし、モースの互酬的経済のモデルともちがう。信貴山モデルでは帝＝都と、長者＝里の関係がうまくいかなくなったとき、つまり帝が病気になってしまうという事態がおこったときに、山のような異界が関与することで回復させるというふうになっている。ぼくはこれを、「欠損と回復」の経済モデル」というふうにも見ているんですが、かつての日本ではこの「欠損と回復」によって、「富」というもの、もうちょっといえば価値や価値観のようなものが保たれていたんじゃないかと思います。そこには異界という外部性がかかわっていた。

田中　それは当然で、貨幣は生産物ではないので都市部で交換されるものです。人はお金を食べたり着たりはできませんから、農村、山林、河川、海洋で生産される衣食住の素材が都市部に入って消費される。貨幣だけで人は生きられない。そこで、それを取引する市場が都市に立ち、人の排泄物も商品として市場に出て周辺部に運ばれて肥料になる。循環がなければ貨幣は役に立ちません。

松岡　中世日本では市場そのものも、異界のように思われていたふしがあります。さきほど「市庭」の話をしたとき、かつて、市は虹の立つ場所に開かれたと言いましたが、いま四日市とか八日市といった地名が残っているのも、四日とか八日とか、特定の日にちに市がたつ場所だったことの名残りです。これって、ただ市場は買い物をするところというだけではなく、祝祭に近いものだったということです。

田中　そういうときには、それまで隠れていたものがいっせいに出てくる、職人たちがつくり上げたものがダーッと並んで、山海の珍味が一堂にそろう。これは神社で神に供物を捧げるときのやり方と似ているんです。祭祀では海の物と山の物と野の物とを全部そろえて、祝詞《のりと》のなかで一つひとつ神に対して説明する。米とか稗とか粟とか、何々の魚だとか、広き魚とか狭き魚とか、全部言葉にして述べ立てる。そうやって自分たちが得た富を供えながら確認する。おそらくこれも循環経済のことと関係していて、神に捧げることによって次の循環につなげることができる、持続させることができるということなんでしょうね。

マタギがこれと同じ習慣をもっているんです。山に入って熊や猪をとると、まず解体する前に皮だけきれいに剝いで、中身を置いたその上に皮をかぶせるんですけれども、この皮を頭と尻尾を逆にしてかぶせる。

松岡　作法があるんですね。

田中　秋田のマタギ資料にすべて書いてあります。そこで祈りの言葉を述べるんですが、これは「山言葉」という独特の言葉です。マタギは山に入っているあいだは、里言葉を捨てて山言葉でコミュニケーションする。その山言葉による祈りがあって、それから今度は肉の解体をする。そうして、「持ち串」というんですが、一本の串に三つの肉を刺したものを山に残して帰る。その日に猟をした量、どのくらいの大きさのものを何頭獲得したかによって、持ち串を何本置いてくるか決まっている。

松岡　おそらくマタギと山とのあいだで、大中小の循環が非常に細かく決められているんでしょうね。お祓いに使われた供物もそのあと下げられて、みんなで供食しますよね。それを直会《なおらい》とも言いますが、これはまさに「直き」をやっているということです。そこでやっと神々と人びとがひとつになる。

田中　直会も循環ですし、勧進とか托鉢のように向こうからやって来る人たちに喜捨《きしゃ》するとか、四国八十八か所のように巡礼者を「お接待」するというのも、すべて循環です。それらはお金を介すとはかぎらない。経済にとって大事なことはこの循環であって、かならずしも金銭じゃないんです。金銭は循環させるために存在するメディアにすぎません。それ自体が価値や富になるというものではない。

松岡　源平の世に、お金を穢れたものとみなした風習があったのも、循環プロセスのなかに神仏や超常性や異界が介在していないからでしょう。

田中　鎌倉には「銭の病」を浄める銭洗い弁天がいまでもありますね。

循環型の経済システム

田中　もともと物質の世界は、木、火、土、金、水でできていますよね。五行《ごぎょう》という。だから人間の富もそこから引き出してこないかぎりつくれないはずです。そういう自然界そのものが循環の世界なんだから、人間も循環を大事にする。こういうことは、自然とともに人間が生きていた時代は、ごく当たり前のこととしてわかっていたんじゃないかと思います。

松岡　いまでいう生態系重視やエコロジーのような考え方はなくとも、本来の意味での「オイコスとしての経済」、すなわち「生態系としての経済」という見方は各地にあった。

田中　孟子もそういうことを書いた。富を得るためには木を伐りすぎないとか、魚を細かい網で捕らないといったことを書いている。中国にも日本にも、そういう考え方が仁政の教えとして存在していた。仁政は人の暮らしが成り立つようにすること、民が飢えないようにすることです。となると循環が基本になるんですね。循環が滞らないようにするのが仁政の基本ですが、それを具体的に説いたのが孟子だった。

江戸時代もまったく同じことをやるわけです。隅田川のある一定の地域は魚をとることを禁止するとか、山の伐採制限令もやたらにつくっていた。御巣鷹山などは触ってはいけない山だった。このように、循環しつづけるためにはどこで何を抑えなければならないかということを、最初に見極めてしまう。

松岡　一方、世界史を見ていくと、レバノン杉を絶滅寸前まで伐採しつづけたメソポタミア文明とか、巨像をつくるために森林を破壊してしまったイースター島のようなことはしょっちゅうおこっていた。ジャレド・ダイアモンドが『文明崩壊』という本で、資源を採りつくして滅んでいった文明の例をいろいろ紹介していますね。なぜ中国や日本は早くにそれを食い止める知恵を獲得できたのか。

田中　そういった知恵は、ひとりのリーダーによるものではないと思います。実際に山に入っている人ではないとわからないこと、実際に海に出て漁をしている人でないとわからないことがたくさんある。日本のリーダーは、そういう人たちとのあいだで、ちゃんと情報交換をしていたんじゃないかという気がします。

たとえば、世界遺産にもなった石見《いわみ》銀山がありますね。石見銀山の労働者たちは、南米のポトシ銀山などと比べるとずいぶんちがう。ポトシ銀山はスペイン人がインディオたちに奴隷労働をさせて開発した銀山です。短期間で銀を採りつくす勢いで過酷な労働をさせたので、一説では八〇〇万人もの人が亡くなったと言われています。でも石見銀山では、そのようなことはおこっていない。

石見銀山で働いていたのはどういう人たちだったかというと、おそらく土地持ちでないお百姓さんたちだったのではないかと考えられます。しかもかなり大勢の労働者がいないと採掘できない。いろいろ見ていくと、職人的な職業性です。もちろん職人たちを支える人びと、つまり本当に肉体労働をしている人たちもいた。石を切り出したり水を汲み出すといった労働に従事する人もいた。けれども、そういう人たちにも奴隷労働はさせていない。

松岡　説経節や森鷗外の『山椒大夫』で知られる安寿と厨子王の物語は、幼い姉と弟が人買いの「さんせう太夫」によって潮汲みや塩焼きの過酷な労働をさせられるという話になっていますが、あれはもとは「散所《さんじょ》」の話でしょう。安寿と厨子王があまりにも有名になってしまったので、「散所」といえば悲惨な奴隷労働を連想してしまうけれど、また中世以降は賤民視された働き手も各所にいたようですが、もともとは本所《ほんじょ》に対する散所ですからね。貴族や社寺に隷属はしていたのだけれど、労務を提供する代わりに年貢も免除されている。網野善彦さんがそのあたりを説いているように、供御人《くごにん》もいたし、室町時代には陰陽師や遊芸人たちもいたようです。門付芸《かどづけげい》の万歳《まんざい》も散所をネットワークしている例がある。ソーシャルキャピタルにも関係がある。

田中　遊行の人びとは僧侶から芸人、職人など多種多様な人たちがいたわけですが、かならず拠点とネットワークがあった。散所はその拠点のひとつですね。網野さんが言っていたように、農民中心史観では移動することで生きている遊行民が見えなくなります。経済は定住民の年貢や税金だけでは循環しません。

松岡　あえて散所の例を出したのですが、循環型の経済文化には、いろいろの機関や機能が複合的に響き合ってきたんだと思います。たとえば「宮座《みやざ》」ですが、これは株座《かぶざ》と村座《むらざ》が組み合わさっていた。株座は名主・草分け・勧請主、社家・社人などの家々が世代をこえて祭祀的な組織をつくり、村座は一定の年齢か元服などのイニシエーションを済ませていれば、誰でも参加（座入）できるようになっている。そのうえで宮座としては表衆・中老・乙名《おとな》（大人・年寄）などがいて、重層的にネットワークされていたわけですね。

またたとえば「結《ゆい》」がありましたね。田植え、稲刈り、家造り、屋根葺きなどの作業を、共同で相互扶助することで、ここから地縁ネットワークや近所付き合いが維持されていった。

田中　沖縄にも「ゆいまーる」がありますね。「結」は人びとの結びつき、「まーる」は「回る」です。

松岡　「もやい」も似ているけれど、「結」が「共にはいないが、共に事をおこなう」のに対して、「もやい」は「共にある者が共に事をおこなう」。

田中　そういう村落ネットワークが循環をつくっていった。

職人と商人が継いでいたもの

松岡　最近、「もったいない」という言葉が日本人の美徳みたいに言われていますが、あれはいつごろからですかね。

田中　そもそも「もったいない」(勿体)という言い方があって、これは一つひとつの物の生命をうまく生かす、特徴をよく生かして全部つかうという意味が込められています。さきほどの、死んだ牛馬の解体作業みたいなことですね。おそらく日本の職人がもともとやってきたことで、自然界から採ってきたものについてはすべて「もったいない」を生かさなければならないという考え方があった。そのうえで始末をちゃんとしないとムダが出てしまうので、職人としてまずいわけです。こういう職人的な自然との付き合い方が、商人たちの考え方にも流れ込んでいる。そこで商人たちの世界に手形決済というものが生まれてくる。つまり人間関係における信用が重視されてくる。「始末」というのもそういう意味でつかわれていくようになるんです。

松岡　時代劇では回船問屋といえば悪玉扱いされちゃうけど(笑)、本当はもっと手堅い仕事をしている人たちだった？

田中　といっても堅いわけじゃない。信用を確立するには、堅いばかりじゃやっていけません。だからいっしょに遊びに行くということも大事。

西鶴の『世間胸算用』のなかに「分別のほかぞかし」という言葉が出てくるんです。大店《おおだな》をきちんと経営するためには、それこそ始末が大事だとか、旦那がちゃんと家にいることがすごく重要だと言っている。江戸時代の大店には従業員がたくさんいて、みんながそこで生活しています。旦那が家にいることでそのようすを全部見ていられる。全部チェックしているわけではないけど、「いるぞ」という雰囲気をつくる。そうすると、そこで働いている人たちの行動もちゃんとしてくる。大店を経営していくにはそれがすごく重要だという話がずっとつづく。ところが最後のところで、「分別のほかがある」と言って、遊郭の話が突然出てくる。遊女と地女《じおんな》はどうちがうか、傾城《けいせい》と地女はどうちがうかということが書かれていて、これは重要なことだ、これは「分別のほか」なんだと言うわけです。信用のために分別というものがある、でも「分別のほか」というのもある、その二つがいっしょになって信用のおける商人というものが存在すると、そういう言い方をしているんですね。

松岡　「分別のほか」ね。それはいい。やっぱり「ゆるみ」や「ゆらぎ」なんだ。日本においては、店や市といってもたんなる流通じゃなくて、すべて融通《ゆうずう》だったのかもしれない。

融通というのは仏教の言葉で、華厳経からきています。華厳経の世界観というのは「重々《じゅうじゅう》帝網《たいもう》」、つまり帝釈天の網の目が細かくなって、それらに一個一個パールのような球体がついていて、お互いがお互いを輝きあって映しあっている、だから一個のものは世界をすべて映し出しているというものです。そういうものがつながっている世界のことを「融通無碍《ゆうずうむげ》」(融通無礙)というふうに言う。

こういう仏教用語をつかって、日本人が「お金を融通する」とか「融通しあう」というふうに言っていることの背景には、そういう行為や関係性の一つひとつが社会全体をくまなく反映しているんだという考えがあったからでしょうね。一遍上人《いっぺんしょうにん》が融通念仏というものを説いて「南無阿弥陀仏」を唱えさえすれば往生できると説いたことも、頼母子講《たのもしこう》をつくってまさかの時のためにお金を出しあって融通するというのも、基本は同じで、独特の社会経済メソッドになっていたのかもしれない。

田中　日本人の暮らしというのは、モノを貸し借りしたり、古いものを修理したり再利用したりしながら、まさに融通や循環をしつづけてきたという面がありました。

松岡　京都には、家々をまわって生活道具を修繕してくれる職人さんがいっぱいいましたよ。包丁研ぎも来ましたし、鍋や釜を直す鋳掛屋《いかけや》さんもいました。そういう修繕屋さんは呼んでもいないのに、「そろそろ来てくれないかな」と思っているると絶妙なタイミングでやってくる。町をどういう順番でどれくらいの頻度でまわればいいかということをちゃんと知っていたんでしょう。子どもごころに、いつもふしぎに思っていた。

田中　そうやって修繕屋さんが定期的に家々をまわっているということにも、循環性を感じますね。

松岡　町を「治める」という感覚もあった。「直す」ことには、きっと「治める」ことに近いものがあったと思います。社会のなかのほころびを「まあまあ」とか言って治める感覚と、家々の生活道具や生け垣や石垣や屋根を修繕する感覚はどこか通じ合っていたんじゃないか。父や母も壊れたものをそのままにしておくなんてことはしなかった。

田中　それが「手入れ」ね。

松岡　まさにそう。「手入れしとかなあかんで」とかしょっちゅう言われた。そういえば、警察も手入れをする(笑)。あれもやっぱり、世の中のほころびを直しているんだね。そういう日常的な感覚が、日本の「世直し」につながっていたのかもしれない。

レヴィ＝ストロースは修繕のことをブリコラージュと言って、神話世界がつねに歴史のなかで修繕されてきたとみなしたんだけれど、日本では修繕という感覚につながる「世直し」はもっと社会的だったのかもしれない。

田中　「革命」という言葉はピンとこないけど、「世直し」ならよくわかるというのが日本人の心情じゃないかしら。それでいうと、もともとすべてのモノを直す技術をもっていたのは農家の人たちなんです。草鞋《わらじ》から蓑笠《みのかさ》、家や屋根まで、何でも自分たちでつくるし、自分たちで直していた。それと女性たちが家のなかのものを何でも自分で繕いものをしていた。とくに着物や布ものの繕いは女性なら誰でも技術を身につけていた。

私は、布の研究をやりはじめてから、あるコレクターと出会ったことで、物が生まれてから死ぬまでのプロセスに強い関心をもつようになったんです。その人はもともと古道具屋だったんですが、あるときからボロ布ばかり集めるようになった。江戸時代や明治時代の古い布を見ているうちに、「これはすごい」と思うようになったそうです。何がそんなにすごいかというと、繕い物の技術なんです。とくに農家の女性たちが野良着に継ぎ当てをしたようなもの。野良着は農作業でつかわれてだんだん薄くなっていくところに別の布を継ぎ当てして、ボロボロになるまでつかいつづけるんです。すごい野良着になると、八十何枚もの継ぎ当てがされていて博物館がほしがるほどです。

松岡　津軽の裂織など、ぼくもいろいろ見たことがあるけど、あれはびっくりしますね。鶴見和子さんもそうした繕いに関心を寄せておられた。

田中　そのコレクターも継ぎ当てだらけの野良着に魅了されて、農家をまわって探したそうですが、みんな恥ずかしがってなかなか出してくれないんだそうです。いまは木綿の研究者なんかもそういう布を探しまわっていますよ。刺し子なんかもそう。あと韓国のポジャギという、モンドリアンみたいなパッチワークもいい。あれはひとつのものを完成させたあとで、それを要素に分けて新たにつなぎあわせてつくる。まさに編集的な布です。

松岡　そういう繕いの感覚は、日本社会のいろんなところ、さまざまな職能のなかに見いだせるものです。たとえば日本の道のつくり、店のつくり、衣裳のつくり、芝居のつくり、そのほか物事の手続きにもあった。毎年のお祭りを村人や町内のみんながやっていくのは、生活や共同体そのものの「繕い」ですよね。これって、すべてひっくるめて「仕立て」なんですよ。石組みなどもみごとな継ぎはぎの技術だし、仕立ての技法です。

田中　たんに組み合わせるというのではなく、積極的に「継ぐ」ことに価値を見いだしているんです。

松岡　中国から掛軸が入ってきたときに、日本の五山僧たちが変わったことをはじめます。もともと中国の掛軸は中国料理店に行けばわかるように広幅の大きいものなんですが、日本ではそれをうんと小さくして、そこに絵を小さく書いて余白だらけにした。その余白に、たくさんの五山僧が落款《らっかん》を捺《お》して讃《さん》を連ねていく。お墨付きをたくさんもらって、それによって価値がどんどん上がっていくわけです。たった一枚の「瓢箪鯰《ひょうたんなまず》」(『瓢鮎図《ひょうねんず》』)の絵が、そうやってとんでもない価値をもっていく。こういうところにも、何かを「継いでいく」というかな、継いでいくことで価値を生み出していくような方法を感じますね。

田中　継いでいくことで、それにかかわる人がふえていくし、そのぶん物語もふえていく。

松岡　たえず新商品を開発しなくても、継いでいくだけで物語経済が動いていく可能性があったんでしょう。交換価値というより、循環的編集価値です。拡張をめざさないといられない市場経済とはいささかちがった経済システムですよ。

田中　芸能でも何でもそうですね。つねに過去のものを取り出してきてつかう。決して過去のものをそのままにしておかない、しまっておかない。仕立て直しによって価値が蘇える。

そういえば「しにせ」という言葉なんですが、いまは中国由来の「老舗」をあてていますが、あれはもともと「仕似せる」という動詞が語源なのです。だから、単に同じものを守っているわけではなく、ただ継いでいるわけでもなくて、前のものに似せながら新しくしているわけです。そこから、血はつながっていなくてもいいという考え方が成り立つ。よりよく似せられる人が出れば、その人に継いでもらうということもできるわけです。

松岡　そうなのか。知らなかった。「しにせ」っていい言葉ですよね。

7

物語とメディアの方法

葛飾北斎による蔦屋重三郎の絵草紙店「耕書堂」の店先の絵.「蔦屋」は江戸のメディア文化を牽引した名プロデューサー. ——『画本東都遊』より(たばこと塩の博物館蔵)

「個」のなかにもデュアルがある

松岡　このへんで日本人の思考や趣味の傾向について交わしておきたいと思うんですが、日本人特殊論にはしたくないので、造形された日本人のことから入ってみます。

田中　はい、それは恰好の入口です。

松岡　唐突ながら、ぼくは『東海道四谷怪談』の民谷《たみや》伊右衛門に、日本のデュアル性を象徴するキャラクターを感じていましてね。『東海道四谷怪談』は『仮名手本忠臣蔵』と裏表の関係になっていて、鶴屋南北はこの二つを同時進行する物語として構想しましたね。つまりデュアルな物語構造になっていた。そのうえで、妻のお岩をいびり殺した伊右衛門はじつは赤穂の不義士で、浅野家(物語では塩谷家)に対して不義理をはたらいて浪人になった男というデュアルな設定になっているわけです。どうもこの伊右衛門こそ「義」と「欲」と、「顕」と「幽」の行ったり来たりを象徴している人物ではないかと思うんですね。

田中　伊右衛門のデュアリティは本当におもしろいわね。伊右衛門がお岩を捨てて若い女性と結婚しようとするのは、色欲もあるけれども、つまりは出世欲です。不義理をはたらいて浪人に身をやつしている伊右衛門は、なんとかしてもう一度武士になりたかった。そういう不義の武士と義の武士の二重性のあいだで分裂している人物です。

松岡　そこに日本人像のある種の傾向が見える。

田中　このようにデュアルに分裂している人間像は、江戸時代になるとかなり頻繁に描かれています。近松が書いているのもほとんどそういう人たちですよ。

たとえば『心中天網島《しんじゅうてんのあみじま》』は、実際に江戸時代におこった紙屋治兵衛と遊女小春の心中事件を近松が脚色したものです。そのなかに「女どうしの義理」というものが描かれている。治兵衛の妻のおさんが、夫と小春が心中してしまうかもしれないと考えて、小春に「夫を殺さないでくれ」と手紙を出す。小春はもっともなことだと思い、女どうしの義理を重んじて治兵衛と別れようとする。けれども彼女にとっては治兵衛と別れるということは、ひとりで死ぬことを意味している。おさんにはそれが直観的にわかるので、小春を請け出すように夫に言って、自分の箪笥《たんす》から着物を次々と取り出してきて質屋に行かせようとするわけです。このとき、おさんが治兵衛から「おまえはどうするんだ」と訊かれるんですが、おさんはそのとき、はっとします。おさんは自分の身の振り方をまったく考えていないわけです。

もしあの時代の人びとが、自分の身の置き所だけを気にして、単一のアイデンティティにしがみつこうとしていたのなら、あのような場面は成立しません。「夫を殺さないでくれ」と願うおさんと、「小春を助けなければ」と思うおさんは、ある意味で矛盾していますが、そういう他者を含んだデュアルな人間像にこそ、江戸の人たちも共感をもった。だから『心中天網島』は大ヒットした。まさに「惻隠《そくいん》の情」ですね。役割としての妻の立場やそういう立場としての自分をすっかり忘れてしまって、「惻隠の情」に突き動かされる。

こういうふうに、ひとりの人間のなかにいくつもの自己があり、感情があり、論理があって、それがつねに葛藤している。それが近世日本が発見したことだったと思うんです。とくに江戸の庶民は、正義や聖人などより、お互いをどう思うかということがよほど大切だった。

松岡 まさに近松や南北は「惻隠」をとりあげて気分や気持ちのデュアリティを心情あふれるストーリーにしましたね。それを、場面のなかにすべてを込める物語手法で表現した。

ぼくは、場面性に何かを託すというのも日本文化の大きな特徴だと思っているんです。歌舞伎がなぜあのように見得《みえ》を切るのか、なぜそこでは大向こうから声がかかるのか、あるいはなぜそういった部分だけを取り出して写楽が役者絵を描くことができたのか。そこに決定的場面というものをつくりあげているわけでしょう。観客もその一場面で惻隠の情を感じられる。歌舞伎だけでなく、和歌も俳諧も場面です。それはもともと日本が得意としていたもので、それがないと生け花も茶の湯も生まれなかったんじゃないかと思う。

田中　なるほど。遊芸も場面で成立している。

松岡　書もそうです。かつ、花にも茶にも書にも真行草《しんぎょうそう》がある。真の場面、行の場面、草の場面は別々に成立しうるんですね。それぞれの「すがた・かたち」がちがってくる。書ではそれが楷書・行書・草書になりますが、これは花でも踊りでもおなじです。でも、もっと大事なのは、それらが絶妙にまじって文脈をつくり、その混淆性が場面に切り結んであらわされるということです。

田中　漢字仮名まじり文になり、散らし書きや分かち書きになる。文楽や歌舞伎の見得も、混淆した文脈を切り結んでいる。

松岡　お能がその最たるものかもしれません。とくに複式夢幻能がそうですね。冒頭は旅の僧であるワキが荒れ果てた寺の跡なんかに通りかかって、よく見ると水も枯れている古井戸がある。そこへ娘があらわれて、ここは在原業平とその妻がいた寺だとかなんとか昔語りなどをする。と思っていると移《うつ》り舞《まい》になって、「じつは私がその娘です」と言う。舞台装置は何も変わっていないのに、そこからそのまま過去の時空が場面として展開していく。そうして最後には、もとの荒れ果てた寺にワキがひとり残されて終わっていく。ひとつの場に、二重の場面がそうやって複式に映し出されていくわけです。

田中　世阿弥の『井筒』ね。かなり引き算をしたうえでの複式化ですね。

松岡　そのほうが場面的に際立つし、絵画的な印象が残る。浮世絵がその典型でした。物語手法でいうと、説経節よりも歌舞伎です。

田中　近松の言葉と説経節の言葉とでは、はっきりちがうものがあるんです。近松の言葉からは、場面が複数重なっていることやその空間的な奥行きを感じることができる。説経節はそれらが単線的につながっています。『小栗判官《おぐりはんがん》』でも、空間的な奥行きではなくて、まさに東海道を一歩ずつ歩いて行くプロセスで物語がつながっていく。照手《てるて》姫との関係を裂かれて地獄に落とされて異形の姿になった小栗が、藤沢の遊行寺から地車に乗せられてみんなに引かれながら、熊野の湯の峰をめざして西へ西へと旅していく。車を引く人が次々と変わって、あるところまで行くと別の人が交代するというふうに物語がずっとつながっていく。

松岡　説経節では、場面を継ぐ話になる。

田中　そう、「継ぐ日本」の例ですね。小栗の首に「一引き引いたは千僧供養、二引き引いたは万僧供養」という札がかけられていて、次から次へと人びとが出てきて継いでいく。途中の青墓《あおはか》(美濃の国)というところでは、かつての恋人である照手姫が出てきて、あまりに変わりはてた姿に小栗だとは気づかないまま車を引っぱっていきます。説経節はこういう「継ぐ」感覚を強くもっていた。

松岡　それを近松たちが複合的な場面型に切りかえていった。しかも上方語でそれをやった。まさに近松たちが生きてつかっている日常言語によって場面にしました。だから浄瑠璃や歌舞伎は、とことん場面的になりうる。世話物でも荒事《あらごと》でもね。

田中　浮世絵師もそれがわかっていたからこそ、芝居絵を場面で切り取ることができた。芝居絵はブロマイドではありません。シーンの記憶です。

芝居絵にも二種類あるんですよ。ひとつはまさに場面性をあらわしたもので、舞台上の展開をそのまま描くわけですが、そのときに思いきってクローズアップをする。それをもっとも大胆にやったのが写楽の大首絵《おおくびえ》です。有名な写楽の「奴江戸兵衛《やっこえどべえ》」のあのシーンはただの顔描写ではなく、奴一平の持っている金を奪おうとするシーンの再現です。シーンを全体で見せるのではなく、たったひとりの役者の表情にシーンの記憶を凝縮したわけですね。大首絵は西欧の肖像画に見習ったと私は思っていますが、大首絵はそれをシーンの記憶術にした。

もうひとつの芝居絵はクローズアップとは逆のことをしたもので、歌舞伎小屋の一番後ろからロングショットで舞台を描いていて、その手前には観客席のようすをすべて描いた。これもシーンの表現です。一七〇〇年代の初めのころ(享保年間)から奥村政信という浮世絵師が眼鏡《めがね》絵《え》、ようするに遠近法をつかってそういう絵をたくさん描いています。私はずっとそういった絵をふしぎに思っていた。芝居絵だったら芝居をもっとメインに描けばいいのに、遠近法のせいで舞台がずっと遠くに小さくなって、画面の大部分に観客を描いている。これはいったい何を描いているんだろうと思った。

松岡　やはり「世界定め」を描いているんでしょう。舞台が「虚」で観客は「実」。その両方で「世界」なんだというような感覚をもっていたんじゃないですか。

田中　そうかもね。劇場が「世界」そのもの、劇場全体が舞台であって世界。そこに立ち会う観客も場面になる。芝居絵を見る者もその場面に入っていく。芝居を見るとは舞台の役者だけを見ることではなく、その日のその空間のその世界に入ることだ、という考えですね。

松岡　能や生け花や茶の湯にも、そういった「世界定め」が共通している。能も舞台上のことだけが大事なのではなくて、橋掛《はしが》かりはもちろん、お白洲《しらす》も鏡板《かがみいた》の松羽目《まつばめ》の松も、裏にあって観客からは見えない鏡の間も、全部で「世界」だというふうにつくられていたはずです。これはシェークスピアやラシーヌの演劇観やフランシス・イエーツが説いた「世界劇場」にも匹敵しますが、日本の場合はそこがリアリズム一辺倒ではなくて、折り紙のようなんですね。その折り紙は広げれば場面の断片なんだけれど、折っていくと次々に物語になっていく。そういうものです。日本人を描くには、この折り紙が有効だった。

田中　そういう折り紙的な「世界定め」ができる人生観や世界観はいつごろからあったんでしょうね。仏教的世界観が先行したことははっきりしていますよね。浄土観や死生観にあらわれていたし、堂塔伽《どうとうが》藍《らん》の配置や仏像荘厳《しょうごん》の配置にもあらわれた。

松岡　それがいったん吉田兼好や鴨長明のころに無常観になるのだけれど、五山文化のあたりで儒仏がまじりあって、たとえば水墨山水のようなものを生む。水墨山水そのものは中国のものですが、明兆《みんちょう》や雪舟や相阿《そうあ》弥《み》の工夫の手にかかると、日本化がおこって余白や滲《にじ》みが出てきます。それとほぼ同時に、床の間や書院や数寄屋造が出てくる。そうすると、これらを折りたたんで見る、それを展開して見るという折り紙的な世界の見方が芽生えていくんじゃないですか。数寄屋ってまさに折り紙的です。

日本人の世界観というものは、巨《おお》きなものや全体観からくるとはかぎりません。むしろ、どのように見え隠れするかということに関係がある。そのへんのことは、すでに平安王朝の絵巻などの吹抜屋《ふきぬきや》台《たい》図法にも感じます。こっち側で公達《きんだち》と女御《にょうご》が何かやっているのに、奥のほうには襖の向こうで耳をそばだてている女房の姿が描いてあって、しかも非遠近法的でしょう。折りたたんで展《ひら》いていくんですね。

「ウツ」と「ウツツ」と「ウツロヒ」

田中　松岡さんは日本の特色を「おもかげの国」と見ているとともに、「うつろいの国」とも見ていますよね。このへんで、時間の視点からちょっと説明しておいてください。

松岡　いくつかの理解のしかたがあると思います。第一には、四季のうつろいが日本人の感性や知性を研ぎ澄ませていったという見方です。蕪村の「二もとの梅に遅速《ちそく》を愛す哉《かな》」や「菊は黄に雨疎《おろそ》かに落葉かな」ですね。時間の到達のちがいがあらわれている。でも、これは季節変化だから、ゴッホだってショパンだって感じていたことです。けれども第二に、日本人はこれらの季節の「うつろい」を花鳥風月や雪月花というように型にした。うつろうものは変化しつづけるのだからストップモーションをかけにくいのですが、『古今集』のころにはそういう変化が型になった。これはたいへん興味深い「日本という方法」です。花鳥も風月も雪月花も自然という外の景観がもたらす印象なのですが、これを和歌に、ついでは立花や茶の湯の茶花に、次々にプロトタイプ化(類型化)していった。

田中　プロトタイプ化ですか。

松岡　ぼくはそう見ます。ステレオタイプ(典型)でもアーキタイプ(原型)でもなく、中間的なプロトタイピングです。

田中　なぜそれができたのかしら。

松岡　時代の流れから見ると、おそらく仮名文化をつくったあたりと重なっているので、漢字を草書化して仮名にしていったような方法感覚が生きたんだと思う。曲線的な流れに富む仮名には、うつろいの美がありますからね。

それはそれとして、「うつろい」が型になると、これは紋切り型になってしまうという危険もあるわけです。クリシェ(紋切り型)になってしまう。実際にも古今・新古今以降の和歌はクリシェに堕したものも少なくない。正岡子規はそこを批判した。こうしたころに出てきたのが連歌ですね。連歌は「付合《つけあい》」(先行する句に対して句を付けていく)を重視する座の遊芸です。

そこで第三に、うつろいの感覚は連歌のような「やりとり」を介することで、しだいにキラーメソッドになっていったと考えられます。その連歌師に武野紹鷗《たけのじょうおう》がいて、紹鷗が村田珠光《じゅこう》のお茶に固有のものだった「侘《わ》び」の感覚を、主客がお茶を介してやりとりする草庵の茶へ、数寄の茶へ、そして利休の究極の侘茶《わびちゃ》へ橋渡しした。利休の茶の湯は「うつろい」を広間から四畳半へ、三畳台目へ、ついには二畳台目に縮めていって、わずかなお点前の所作にも亭主と客のあいだにゆれうごく興趣をつくっていった。もともとは連歌の付合ですよ。

田中　連歌は一座で百韻を一巻として歌仙《かせん》を巻くわけですが、そこには「打越《うちこし》」とか「去嫌《さりぎらい》」とか、前の句にどんな意味の言葉をつけるかというルールが細かくありますね。また初折《しょおり》から始めて、二の折、三の折、名残の折というふうに紙が折られていくという進行もあって、これらが連歌を複合的にも、主客の趣向を織りまぜてもいく。たしかに、ここには花鳥風月、雪月花がさらに折り紙細工のようになってうつろっていくというものが確立しましたね。

松岡　一客一亭にまで及んだ侘茶のうつろい感覚は極上なんですが、一方では日本には流謫《るたく》とか流竄《るざん》といって、何かの不運や不幸や罪状によって流されるという宿命的なうつろいもあるわけです。法然、親鸞、世阿弥はみんな流罪の身になっている。利休も切腹させられていますから、最後は流謫です。そこで、第四には「流転の感覚」とは何かということ、そこに生じる「うつろい感覚」も重要だろうという見方です。

田中　なるほど、ヒルコやエビスこのかた、日本の遊行の民や、私が研究してきたことでいえば白拍子や傀儡《くぐつ》や遊女の歴史も、「うつろい」そのものですからね。

松岡　これは日本の遊民感覚にかかわります。柳田国男は稲作を前提にした「常民」の民俗学を陶冶したわけだけれど、もう一人の民俗学者の折口信夫は「遊民」の民俗学を深く掘り下げた。常民と遊民がまじりあって、日本人。

田中　罪状を刻印された流謫の民とともに、差別された者たちの流転、神々の流竄、振分け商人のようなネットワーカー、それから中央にまつろわなかった一族や人びと、異類異形の者たちのことをどう見るか。そこでしょうね。

松岡　海民のことも、鬼のことも、さらには渡来民や移民のことも入ってくる。それらをひっくるめて、「うつろいの民」がもつ日本的流動性が、日本という「うつろいの国」をつくっていくんですね。ぼくはここから「おもかげの国」としての追憶力や追想力や連想力も出てくると考えてきた。

田中　よくわかります。これまではネガティブな話題として扱われてきたことが多かったのだけれど、松岡さんはそこを浮上させたいんだ。

松岡　一言では片づけられませんが、さまざまな「負の民」こそが日本の歴史の内外力を支えてきたんだろうと見てますね。ただ、以上のことはまだ現象的な特色です。ぼくはそこに、根本的なコンセプトの流れがあったと見ている。それは、第五にあげたい「ウツ」と「ウツロヒ」と「ウツツ」の関係です。

田中　ああ、ここにやっとそのコンセプトの解義が入ってくるんですね。すでに何度も本のなかやテレビでも発言されてきましたね。

松岡　毎度おなじみの「ウツ⇕ウツロヒ⇕ウツツ」のテーゼです(笑)。これは日本語の言語観念のディープなところにかかわることで、なぜカラッポを意味する「ウツ」の語類が、移りゆく「ウツロヒ」になり、現実を意味する「ウツツ」になるのかという驚くべき語類変容をテーゼにしたものですね。

ウツは「空」「虚」です。ウツロ、ウツホといえば内側がガランドウのものをさす。箱や匣《はこ》の中、かぐや姫の生まれた竹の筒の中、澁澤龍彦の傑作小説の『うつろ舟』などの舟の中、これがウツです。他方、ウツツは漢字ならば「現」と綴るように、アクチュアルな現実のことをあらわしている。「夢うつつ」といえば、夢の幻想感と現実の覚醒感が出たり入ったりしていることです。では、なぜウツとウツツは虚空だったり充実だったりするのか。この言葉は正反対のようなのになぜ対応しうるか。

これはウツ(空)とウツツ(現)のあいだをせっせと「ウツロヒ」が動いているからだというのが、ぼくの仮説です。このウツロヒに「移し」「写し」「映し」というウツス・ウツシのプロセスがかかわっているので、そこに多様多彩な転写が派生する。「もどき」も動いていく。こうしてわれわれは「うつろいの感覚」を重視することで、空《くう》にも全《ぜん》にもネガポジ自在に行けるのではないかと考えたいのです。

田中　何度聞いても鮮やかな仮説ですね。いつごろそのような考えに至ったの？

松岡　いつということなく、うつろいながら（笑）。

何度か節目がありました。最初は『スイミー』の作家でデザイナーでもあるレオ・レオーニと「間」（MA）の本をつくろうというので対談したとき、次は写本・写生・写影についていろいろ考えていたとき、それからカルロ・ギンズブルグの『闇の歴史』などを通して、フラジリティ、壊れやすさ、欠損の美学、喪失と回復について考えたときとかが、急速に日本の「ウツ」と「ウツツ」の反転感覚に結びついたんだと思いますね。とくに、かぐや姫や玉手箱や桃太郎のように、何もないと見えたところに何かが出現するという昔話からのヒントは、けっこう大きかった。

田中　松岡さんが「ウツ／ウツツ」の話をしてくれたので、少し私のことを持ち出しますが、江戸の人間像の多重性ということを、私は「見立て」と「やつし」という言葉で説明をしてきたんです。

どういう問題意識でこのことを考えたかというと、ある人間が、その人であると同時に、菩薩であったり如来であったり、歴史的な別の人物であったりするという構造をもっている。それが芝居のなかでの見立て構造だというならわかりやすいんだけれども、江戸時代の人びとは、日常生活のなかまでその感覚をもっていたんですね。そういう人間観をお互いにもっているのはどうしてなのか、そこを究めてみたいという問題意識です。『江戸の想像力』を書いたときに、そのことに気づき、そこをやらなければ江戸の「連《れん》」は解けないと思った。ひとりの人間のなかの複数性ということが前提になって、連的な社会が存在しています。そうすると、そこには必ず「見立て」と、他方での「やつし」が生じるんですね。

松岡 それって江戸社会における複合的人間像や複層的社会観のことですね。

田中 そうです。しかしそういう人間観や社会観が学問として分析されたことはありません。近代から見ると異常に見えるからです。しかもそれは江戸時代だけではなく、仏教が入って本地垂迹があらわれると、社会の共通イメージになってくる。目の前の人が如来かもしれないというのは、仏教的な想像力です。

松岡 そのとき「見立て」はおそらくわかりやすいかもしれないけれど、そこに「やつし」が介在するというのは、どのような意図があるんですか。

田中 いまの時代は、社会のなかの結節点としての自分の役割があまりにも限定されていますが、これは江戸時代にはありえないことだった。もっとひとりの人間のなかに役割意識以外の複数の自己像があったんですね。自己像がうんと豊かだった。それを「顕と隠」というふうには当時の人びとは明確に捉えてはいなかったと思いますが、あらわれている自分と隠れている自分があるということには気づいていたでしょうね。見立ては、顕れている自分がそこには見えない何かに見立てられているわけで、やつしは、隠れている何かに身をやつしているわけです。それぞれが複数であってもかまわない。

松岡 なるほど、誰もが仮のハンドルネームをたくさんもっていて平気だった。商家の旦那だけどいまは狂歌に溺れている、いまはただの芝居通である。そういういくつもの自分を自在に跨《また》げるし、社会もそういうあり方を認めていたということですか。

田中 そのうえで、その全体を統合して見ている「私」がいる。

松岡 キリスト教社会が、神との関係において人間社会のあり方を考えようとしていったのとはずいぶんちがいますよね。もっとハイコンテキスト(高文脈で忖度型)でリダンダンシー(冗長性)が高くて、社会の側に冗長度やずれ具合を受け入れるだけの許容力があったということですね。もうちょっと言うと、ずれたところにこそ価値を見いだしている。当人たちは決してそれをずれているいると思っていないにもかかわらず、襲《かさね》の色目のように、じつはずれあっているところに新しい「やつし」という価値が生まれるというのかな。

そういえば太田博太郎の『床の間』に書いてあったんですが、床の間というのは必要に応じてつくられたものじゃないそうなんですよ。もとは置物のための「押し板」で、それは空間設計上の余分というか余地だった。ようするに「ズレ」から生まれたようなものだったんです。それが書院造《しょいんづくり》のなかではっきりと構造化され、床の間がなくてはならない茶室のようなものまで生まれていった。

田中　そうだったんですか。

松岡　だいたい日本建築の垂木《たるき》や桟《さん》や庇《ひさし》や欄間《らんま》なども、構造のことだけを言えば、あんなに過剰で込み入ったことをしなくてもいい。非合理といえば非合理。けれども、ああいうズレとか偶然の重なりだとかパッチワークみたいなものが、新しい価値が生まれる転換点になっている例が、日本にはものすごくたくさんあるんですね。

田中　そもそも合理がいいというような考え方がないのよね。つねに部分に余裕をもたせて、手をつけない余白のようなものを残しておかないと、うまくいかないことを知っていた。

松岡　大きいものに余分が生まれるのはまだわかる。それが小さくなっても生まれる。余っているから残るんじゃなくて、小さくしても大きくしてもおなじように余していくような「ほど」の感覚がある。それって余剰でも剰余でもない。そこが日本人の好みになったんです。

田中　精神科医の北山修さんによると、社会に適応していく人工的な自己と、それについていけない自己のあいだに「間《ま》」がある。それを表現する言葉の多くに「ゆ」という発音がつかわれていると言うんです。「ゆるい」の「ゆ」、「ゆとり」の「ゆ」ですね。

松岡　おもしろいことを言う。たしかに「合理」に代わるもので何がそれを埋めているかといったら、「間」が埋めている。それが「ゆ」という音をともなうわけですか。これはずっと以前に演出家の鈴木忠志が喝破していたことですが、日本の「間」というのは、AとBを離してつくるわけではなく、詰めて詰めていって、それでもあいだがあくものが「間」なんですね。芸能的な所作や茶の湯などの遊芸のふるまいに顕著です。

田中　たんなる隙間じゃない。

松岡　たんなる空所や空席でもない。

田中　英語でいうポーズやスペースではない。

松岡　周囲から押されていて、それでもなお空いているものです。伏せられているものが開いて出現する「間」もある。座布団を裏返すと出てくる「間」のようなもの。

田中　なるほど、座布団ね。それはわかる。「ゆ」ですよ。

江戸の寺子屋と学問熱

松岡　ここまで話してきたことをいったん今日的なキーワードで整理すると、日本人は個のなかに「公・共・私」のすべてをぐちゃっともっていたというふうに言えます。

田中　おおざっぱにはそういうことになりますね。たとえば恋というものを考えてみるとわかりやすいんです。恋というのは「顕」や「公」の部分で成立するものじゃないですよね。隠れた「私」や「幽」のところに出現する。それに日本には「恋愛」という概念がなく「恋」だけですから、プラトニックなものがない。にもかかわらず古代から勅撰集《ちょくせんしゅう》に恋の歌が堂々とあり、町のなかに遊郭や芝居小屋のような悪所《あくしょ》がつくられる。悪所というのは、公認されているのに隠れている空間ですよ。それがあることで、個の「公・共・私」が、社会の「公・共・私」とどこか入れ子になっている。

松岡　悪所は公でも私でも共でもない。

田中　見ようと思えば見られるし、行こうと思えば行けるんですが、あくまで隠されている。

実際にも江戸市中から吉原に行く手前に日本堤という通りがあって、そこからは吉原が見えないようになっていた。坂を下りて行って、曲がるとやっと吉原の大門が見えてくる。

松岡　もう少しくわしく聞いておきたいんですが、そういう個においての「公・共・私」のあり方というのは、江戸の町民たちはどこでどうやって身につけたんですか。あるいは、そういった人格形成とか教養をどうやって獲得していたのか。たとえば、寺子屋での学習がそういったことの礎になっていたのかどうか。

田中　寺子屋で学べることは、丁稚《でっち》奉公するために最低限これは必要だという実学です。学問と呼べるようなものじゃなくて、技能として必要なことを修得する。たんに字を読み書きする能力を身につけるのではなくて、往来物《おうらいもの》（書簡集）をテキストにして文章のフォームや手紙の型を覚える。手紙さえ書ければ人生は何とかなるという考え方です。たしかに手紙を書けるなら、手紙に書くようなことを口でも言えるようになる。すると挨拶ができて世辞が言えるようになる。前にも話しましたが、これさえできれば、十分社会で通用しますからね。

松岡　では、そうやって読み書きの力をすでに身につけた町人たちが、伊藤仁斎の塾に行ったり、本居宣長の私塾である鈴屋《すずのや》に行くというのは、何のためだったんですか。あれはべつに実学のための塾とは言えませんよね。

田中　大きかったのは知的好奇心じゃないかしら。もちろん経営者や家主、町名主などは社会への責任感がありますから、社会について自分なりの見方をもちたいと考えたはずです。他方では稽古事のように「おもしろそうだから、ちょっと行ってみようか」くらいの感覚の人もいたでしょう。行ってみておもしろければ継続する。そのうちにさらに熱心にやる人がいて、なかには文学者になる人もいるでしょうし、蘭学が高じて医者にまでなる人も出てくる。

松岡　緒方洪庵の適塾なんかに入れば、そういう人も出てくる。それはあくまで自発的なわけですね。

田中　義務教育じゃないし、誰かに強制されるわけでもない。もともと学問を究めようとか、それで身を立てようといった向上心すらなかったかもしれません。競争という感覚がどうもなかったようです。学問をして上りつめようというような感じではない。だから好奇心としか言いようがないんです。

松岡　なるほど。好みだ。明治になると「末は博士か大臣か」みたいに立身出世と大学が流行するけれど、そういうものではなかった？

田中　仁斎ともなれば、人生とは何かとか、どうやって生きればいいのかといったことも語っていたでしょうけど、それを聴く側には好奇心があるだけです。自分たちが聴きたくなるようなことを先生がしゃべってくれるから、ずっと行くという感じですし、聴きたくなければ行かなければいい、考えたくなければ考えなくてもいいんです。

松岡　「ご意見番」という言葉がありますよね。いまの日本にも、それぞれのテーマごとに「ご意見番」と呼ばれる有識者がいて、マスコミは何か事がおこるとそういう人たちにコメントを求める。田中さんもぼくもそうやって、テレビや新聞から意見を求められている。この「ご意見番」っておかしなものだなと思っているんですよ。これは、意見を言える人が知識人であるというような見方があるからでしょう。いまはそうやって、政府や地方自治体やマスコミがあいだに入ってご意見番を引っぱりだして、その連中には「有識者」という名札がぶらさがる。これはヘンですね。でもかつては、町のなかにそういうご意見番めいたものがいっぱいいて、落語に出てくる大家さんも有識者だった(笑)。そうして、みんな何かあると意見を聞きに行ってたわけでしょう。

田中　まさにそのとおりで、江戸の初期のころはご意見番といえば武士が多かったんですが、だんだんご意見番が町人にまで広がっていくんです。

最初は好奇心で話を聞きに行くうちに、自分の意見をもつことがおもしろくなっていく。そこでもっと学問をしてみようと思う。そんな人たちのなかから、たくさんのご意見番が生まれていった。とくに上層の町人たち、規模の大きい仕事をしている商人ともなると、意見をもっていないとまずいということもあった。

松岡　室町将軍が訴訟判決を下すときに、右筆《ゆうひつ》たちが発信していたのが「意見」というものですよね。それが近世には諫誨《かんかい》や忠告するのが「意見する」になった。そこから商人のあいだでも広まったんですか。

田中　当時は同業者のギルドができているわけです。組の付き合いというのがあって、何かを決めていかなければならない。そうなるとリーダーシップをとる人がどうしても必要になる。そういう人は幕府の動静も見ていなければならないし、利益主義だけだと軽蔑されますから、人間としてこうあるべきだというような道についても考えがなければいけない。商人道徳みたいなことですね。それができるようになると、仲間からも一目おかれる。さらにはご意見番として幕府に呼ばれるようにもなるわけです。

松岡　新井白石のような人も、もとはただの旗本でしょう。にもかかわらず、ご意見番として幕政にもかかわっていた。考古学的な陵《みささぎ》についての意見から、シドッチ(イタリアの司祭、日本に潜入して捕縛され新井白石から尋問を受けた)に関する意見まで、エンサイクロペディック(百科事典のように)に意見の集大成をやっていたようなところがある。

田中　儒教の基本的な知識の修得方法というのは、やはり聞く、あるいは尋ねるということだったと思うんです。わからないことがあったらとにかく人に聞く。白石の『西洋紀聞《せいようきぶん》』などを読むと、白石がいかにして適切な質問をしてシドッチから話を聞き出していたかがよくわかります。儒教の学びを通して聞き上手になっていたのでしょう。おそらく寺子屋の教育なんかでも共通する方法をもっていたと思います。

松岡　「聞くは一時《いっとき》の恥、聞かぬは末代《まつだい》の恥」と言うものね。だいたい、質問がうまい人というのは編集力があるんですよ。ぼくもイシス編集学校（松岡が校長をするネット上の学校）ではよく、答えよりも問いのほうが大事だと教えています。

田中　知らないことを恥だなんて思ってないんですよ。それよりも、聞かないことのほうを恥だと思う。しかも質問に対する答え方を通して、相手の人格も見ている。

松岡　すごいインテリジェンス能力だな。日本人の編集力の秘密は聞き上手にあったか。

田中　寺子屋に行くことで、もちろん読み書きの力はつくけれども、それと同じくらい先生と関係をつなぐことができるということも大事だったんですね。先生というのは自分の知らないことを知っていて、その人にいつでも聞きに行くことができるわけです。

松岡　寺子屋の先生というのはどれくらいのレベルですか。

田中　『論語』は寺子屋でも断片的に教えていましたので、先生になるには必須だったでしょうね。おそらく四書五経全部はやってないと思いますが、ほかに『大学』と『孟子』くらいは読んでいたかもしれません。『礼記《らいき》』や『詩経』まではやらないとか、何か線引きはあったと思います。

松岡　寺子屋の先生になる人はどういう人たちだったんですか。

田中　神官とか僧侶とか医者が多いですね。農民のなかでちょっと豊かで余裕のある人も寺子屋の先生をやっている。法政大学のキャンパスのひとつがある町田市相原町はかつて相原村というところだったんですが、調べてみると江戸時代に五つも寺子屋があった。医者と神官とお坊さん、それから農民二人が先生をやっていたようです。当時の農民は農業だけやっていたわけじゃなくて、織物なんかの商いもしますから、読み書き能力も交渉力も必要だった。だから農民にも寺子屋の需要が十分にあった。

寺子屋の先生になるのには免許も何も必要ないですから、誰でも看板を掛ければすぐに先生になれた。評判がよければ生徒はいくらでも集まるし、悪ければ生徒が来ない。予備校の先生みたいなものですね。

松岡　かなり開かれた学習社会ですね。免許がないということは、試験もない？

田中　医者になるのすら免許も試験もないですからね(笑)。医者として成り立つかどうかは、やはり評判がすべてだった。ただし、武家社会のなかには試験はあったみたいですね。出世のときに試験のようなものがおこなわれていた。

松岡　ぼくはずっと中江藤樹《なかえとうじゅ》が生涯「近江聖人」のまま近江に居つづけて、熊沢蕃山などを教えていたことがおもしろいなと思っていたんです。どんなにすごい人材を生み出す塾でも、あくまでその土地にありつづける。いまのように誰もがそこをめざす大学のようになるわけではないし、ましてや進学塾みたいな全国チェーンもめざさない。このライトサイズ感覚、そのまま、いまでも平気というところが大事なんですよ。なぜこのライトサイズな感覚をいまの日本人はもてなくなってしまったのかが問題です。

田中　「連《れん》」などもみんなそうです。ひょっとしたら松岡さんのいうライトサイズ感覚こそが「分《ぶん》」という認識だったんじゃないか。ようするに、身の丈に合ったことをやればいいんだという考え方ですね。

松岡　そう、分際の「分」、分限の「分」、自分の「分」。

田中　分けられた分だけわかる、それでいいという感覚です。学問のやり方も思考の進め方も、あるいは好奇心のもち方も、すべてそうだったのかもしれない。最初から無理して高みをめざすということではなくて、わかっている範囲を少しずつ広げていっているうちに思想家になっちゃった、というような人が実際にはとても多かったように思います。

松岡　あまりメジャーをめざさないし、デファクト（標準）もほしがらない、ライトサイズなまで、いくら多様でも平気。その源泉は好奇心だけ。すばらしいね（笑）。

表の版木と地下の活字

田中　江戸時代のメディアをみても、マスに向かわない小ささという特徴がはっきり出ています。ごく小さい単位で、たくさんのメディアが競い合って評判や価値をつくっていた。

松岡　平賀源内《ひらがげんない》のセンスなんかを見ていると、パブリッシャー（出版者）であることとエンサイクロペディスト（百科全書派）であることはほとんど同義だったのかなという感じがしますね。

田中　江戸時代以前の出版はすべて私家版、つまり自費出版みたいなものでしたが、江戸時代に入ってから初めて京都に版元が出現するんですね。そのきっかけになったのが秀吉の朝鮮出兵によってもたらされた朝鮮活字でした。活字というものに出会わなければ「出版業」というあり方は成立しなかった。それによって最初につくられたのが仏教本ですが、すぐに謡曲本がつくられる。謡曲本にふさわしい光悦活字《こうえつかつじ》（木活字。本阿弥光悦の嵯峨本や観世本《かんぜぼん》）のようなものも出てくる。

でも、さらに大量の出版をめざそうということになったときに、日本人は活字を捨てて、版《はん》木《ぎ》という方法を選択する。そうすると一六二〇年代（寛永初年）に版木による出版で、多種多量出版時代に入ります。これはきわめて逆説的な「日本という方法」でした。

松岡　あれは画期的でした。そのへんの動きが本当に早い。活字をあえて捨てて、版木による出版時代に入っていったというのは、日本独自のことですね。

田中　以降も、活字はなくなったわけではないんです。表には出てこなくなりますが、つかわれてはいた。というのも、版木には幕府の検閲が入る。そこから「版権」という言葉が生まれる。ところが、活字はいざとなったら崩しちゃえば証拠が残りません。版木はそうはいきませんからね。だから、活字は「地下にもぐった」というのがぴったりする。そうして表向きの版木と、裏の活字がデュアルに、両方ともつかわれていくんです。

松岡　やっぱり活字によるキリシタン版が出たということが大きかったんでしょう。

田中　朝鮮から来た活字は漢字だけだったので、日本としては漢字だけでは困る。それで光悦活字は平仮名を採用するんですが、平仮名活字がいったいどうやってできたのかというのが以前から話題になっていました。それがキリシタン版だろうということが、やっとわかってきた。キリシタン版がローマ字を入れ、それを翻訳するときには平仮名にしなければならない。このとき続き字の活字をつくるということが採用されて、それを光悦がつかったようです。

松岡　ああ、そうでしたか。一方、活字が地下にもぐって、版木というものが生まれたおかげでルビという、これまた日本ならではの工夫につながるわけでしょう。ぼくは編集屋としてルビ愛がものすごく強いので(笑)、江戸時代の読本《よみほん》の「両ルビ」なんかたまらない。いまのメディアももっとああいうことをすればいい。

田中　ルビはまさに版木ならではの工夫でしたね。当時はあんなに小さい活字をつくれなかった。版木ならいくらでもルビを彫ることができる。しかもひとつの漢語に対して、読み下し用のカタカナのルビと、意味をあらわすルビの両方をつけることができる。これは、中国の白話《はくわ》小説《しょうせつ》の翻訳本なんかでつかわれた方法です。たとえば、「浴室」と書いて「ふろ」と「ゆや」という二つのルビを振ったりもする。両ルビが出てきたことで、パロディも可能になる。

松岡　白話小説の翻訳本はいつごろから広まったんですか。

田中　一七〇〇年代の初めごろ(元禄末)に中国から大量に入ってきて、白話小説の翻訳本というジャンルができます。まだ出版の中心が京都だった時代で、京都ではそれをつかって講義もする。そのうち、講義を聞いた人たちが物語の翻案をはじめた。翻案というのは、舞台を日本に置き換えて、登場人物もすべて日本人に変えてしまうことですね。ここから読本《よみほん》が生まれていくわけです。もちろん、舞台が日本になって日本人が登場すると、ちょっとずつ話も変わってくる。もとは中国の話だったんだけれども、換骨奪胎されて日本的な話になっていきます。

松岡　ぼくは読本の大ファンです。だいたいは伝奇ですが、まことに技能的にすぐれていて、アナロジー(類推)機能とアブダクション(仮説)機能がめっぽう高度である。上田秋成の『雨月物語』、滝沢馬琴の『南総里見八犬伝』、都賀庭鐘《つがていしょう》の『英草紙《はなぶさぞうし》』、建部綾足《たけべあやたり》の『本朝水滸伝』、ぜんぶたまりませんね。宣長には申し訳ないけれど、ここでは「からごころ」と「やまとごころ」がほぼ完璧に融合しています。

田中　私には、読本は『和漢朗詠集』みたいなものだという印象があるんですよ。

松岡　ああ、わかりますね。『和漢朗詠集』はルビではなく、和歌と漢詩を二つで一組にして編集したものですからね。

田中　読本は、まさにその和漢の二重性によってつくられたんです。

松岡　読本の方法とか、江戸のメディアアートの工夫は、明治時代初期の新聞あたりには、まだまだ生きていたように思うんですが、どうですか。

田中　たとえば明治のころの新聞には江戸のメディア感覚がまだ生きていましたね。明治になると大《おお》新聞と小《こ》新聞の闘いと融合がおこって、大新聞はおもに知識層を対象にして政治や国際情報を扱って、小新聞は庶民向けにもっと身近な情報を扱う。それらが融合した瞬間に出てくるのが、やはりルビです。しかも総ルビでした。だから、情報が文字から入ってくると同時に、音からも入ってくる。総ルビになった時点で、読者層として知識層と庶民の区別はなくなるわけです。政治の話と娯楽の話がいっしょに扱われるようになる。円朝の落語なんかもイラスト入りで載るし、夏目漱石の小説も載る。

松岡　総ルビは漢字が読めない人のためというのもあったんでしょうけれど、それ以上に、読本以来の「語り物」としての新聞という側面があったんじゃないですか。それが日本の何かの秘密を握っているようにも思う。たとえば日本の邦楽なんかでも、「語りもの」と「歌もの」がずっと並行して続いていたでしょう。平曲、浄瑠璃、義太夫、常磐津、清元《きよもと》、浪曲などは語りもの、地唄や小唄は歌ものです。どうも日本の情報感覚には、ずっとオラリティーとリテラシーがデュアルに組み合わさった状態があって、そういうものをノーテーション（記譜）する工夫のなかから、いろんな文芸が生まれてきたんじゃないかという気がするんですね。

田中　明治の新聞も、大新聞がリテラリーなものだとすると、小新聞はまさにオラリティー重視、語りものです。道の真ん中で読みながら売る「読売」もそこから出てくる。

松岡　「日比谷で騒動わっはっは」とか、「なんだ、このざま、うっふっふ」とか書いてあったりするもんね（笑）。

田中　いま若者たちがやっているラップとかヒップホップみたいなものですよ。事実がどうというよりも、韻を踏んで言葉をならべるのをおもしろがったりする。

もうひとつ私がおもしろいと思うのは、新聞にかなり早くからイラストが入ってくるということです。まず仮名新聞がイラストを入れますが、仮名新聞というのは平仮名で書いている。だからやっぱり「音を聞かせる新聞」なんです。そこにイラストを入れることで、目にも情報を見せている。江戸時代の読売の時代から、いわゆる瓦版と言われる刷り物としての新聞が出てカラー版まで出ていたんですが、明治の初期にも仮名書き新聞を色刷りで出したりする。それも江戸時代からずっと見ていくと、絵と文字のバランスはいろいろと変化しています。黄表紙はメインが絵で、その隙間に文字が入るというバランス。漫画と同じですね。合巻《ごうかん》とよばれるものは物語が中心でかなり挿絵が多いので、さしずめライトノベルみたいなものです。

松岡　こうやって黄表紙、読本、新聞などをひとつの流れで見ると、日本人が何をメディアとして活用しようとしたかが、少し見えてきます。それとともに、いまわれわれはフィクションとノンフィクションをごちゃまぜにしたりしないけど、当時はそういう区別がそもそもなかったんだろうという気もしますね。そこがおもしろい。

田中　虚実皮膜《きょじつひまく》は江戸の華ですからね。さらに「見立て」と「やつし」の方法がそこに加わり、鶴屋南北などが天才的にうまかったのですが、いわゆる「綯交《ないま》ぜ」の構成編集が展開していったので、フィクションとノンフィクションなんて区別しっこありません。

松岡　ヒストリー(history)はストーリー(story)でできています。そういう感覚はヨーロッパの奥にも日本の奥にも共通してあったんだろうと思う。ただし表音文字と表意文字とでは、やはりイメージの触発力がずいぶんちがう。漢字一字がもたらす情報量はアルファベット一文字とは格段に異なるし、向こうでもラテン語の綴りを変えて英語やフランス語にしたけれど、漢字を和訓化していったという作業は、それとはかなり異なります。ぼくはそれを「意表」のちがいとよんできました。

田中　ヨーロッパでは国語の発生と文学の発生は、ラテン語からの自立によって進みましたが、日本の場合はかならずしも自立していない。むしろそのままもらっておいて、引き込んで好きなようにやっていた。だから松岡さんの言う「意表」は、まさに「意表を衝《つ》く」ものになっていったんですね。

松岡　とりわけ読本の翻案というのは、世の中でいま言われる翻案どころじゃない、ものすごいメソッドだった。もっと誇っていい日本の方法ですよ。

田中　読本研究にはそういう観点も必要なんでしょうね。『江戸の想像力』には読本の文字については書いたんですが、読本というジャンルそのものについても、もっといろんなアプローチがありうる。たとえば、秋成は白話《はくわ》小説を翻訳していって翻案までしていくんですが、そのとたんに翻案のなかに新しい文字世界をつくり上げた。だから『雨月物語』は見ていておもしろい。漢字そのものがおもしろいんです。それは『唐詩選』のような漢字じゃない。初めて見るような文字がたくさんあって、そのままでは読めないからルビをふっていく。

松岡　滝沢馬琴なども「〻」みたいな文字というか記号までつかって、これを「ちゅん」とか「ちょん」とか読ませる。

田中　〻大王《ちゅだいおう》って人の名前にしちゃう。

松岡　むしろ読めないことをおもしろがっている。読めない名前を持ち込むことで、物語のなかにもう一回、メタフィクションみたいなことを成立させているんだろうね。

田中　別世界をつくっちゃう。しかもそれは目で見える世界なんですね。中国と日本のちがいは文字そのものが霊力をもつと考えるのが中国で、言霊《ことだま》のように音が力をもつと考えるのが日本です。江戸時代は、その中国の霊力まで引き込んで物語の世界をつくった。

松岡　それは言いえて妙です。「外」なるシノワズリー（中国趣向）にもとづく霊力を「内」に引き込んだんですね。古代日本の言霊とはまったくちがうけれど、江戸のそういった言語力は近世的言霊なのかもしれない。

田中　呪能性《じゅのうせい》や禁忌性《きんきせい》をおおいに発揮していたので、新たな言霊だったかもしれません。

松岡　ぼくは中島敦の『山月記』を最初に青年時代に読んだときに、これは中島敦が自分で中国の虎になろうとしているんだろうと感じてびっくりしたことがありました。文字霊の祟《たた》りを扱った『文字禍《もじか》』などもまさにそうでしょう。あれは秋成とはちょっとちがうんだけれども、向かい方は似ている。最近の作家なら、多和田葉子や円城塔ですね。

田中　文字に対する感性が共通している。たぶん江戸時代の人は、すでにああいう感性をもっていたと思う。

松岡　ひょっとしたら、仁斎とか徂徠とか真淵とか宣長が古層の日本を再発見しようとして、一方は漢字の読みを変えるというほうへ、一方は「からごころ」を廃止するほうへと分かれたんだけど、またそうやって日本儒学と国学に分かれたけれども、じつはメソッドは共通していたんじゃないかという気もしてくる。

田中　そうです。読本作家たちはおおよそ国学者なんです。

松岡　仁斎の『童子問《どうじもん》』も中国の古義に戻ると言っているくせに、あの読みは日本的です。

田中　安藤昌益なども、儒教的宇宙論にどんどん入っていきながら、そこに突然イザナミ、イザナギが出てくる。

松岡　昌益にもかなり勝手に漢字にルビつけているようなところがありますね。『自然真営道《しぜんしんえいどう》』には「転定」と書いて「てんち」とルビをふるような、変なことをやっている。そういうことをやったもっと早い例では、道元の『正法眼蔵《しょうぼうげんぞう》』がそうです。道元は正しく漢文を書いていない。それについては仏教学者と漢学者が論争してまして、岩波の日本思想大系の監修を寺田透さんがやったんですが、それがまちがっていると漢学者たちに指摘されたりしています。しかし寺田さんがまちがっていたんじゃなくて、道元がまちがっていた。ものすごく勝手な漢文を書いていた。道元には、正しい漢文を書こうなんて意識もなかったんです。寺田さんはそんな道元に合わせて読むことができたんだろうと思います。

日本における言語観や文字観については、もう少しこういったいろんな事例を集めて、見直していったほうがよさそうだね。

田中　言語観や文字観とともに、画像観といえばいいのか、そこも大事ですね。たとえば『和漢朗詠集』は二〇〇帖にも及ぶ屏風がつくられて、その色紙版もつくられていたでしょう。そこにはすべて絵が描かれている。まるで絵を入れたいがために、屏風や色紙におきなおしていったような感じです。

松岡　カラオケの画面に、歌詞だけじゃなくて映像がいちいちついているみたいな（笑）。美術史で「和歌巻屏風」と言われているものなんて、まさにそんな感じですよ。ヒットソング集なのにたいてい絵みたいなのが入っている。小野道風《おののとうふう》らの書を、使節団が中国に行って見せたらものすごく驚いたという記録が残ってますね。いわゆる和様書ですが、びっくりされた。日本の漫画がすごい、アニメがすごいと海外でブームになるみたいな話と同じですよ。物語や歌にイラストを入れるというのは、日本はかなり早かった。

田中　歌なら歌、物語なら物語で、文字だけでも十分なはずなのに、わざわざ屏風にしたり絵巻にしたり色紙にして、どんどん絵をつけちゃう。『和漢朗詠集』なんて、和歌と漢詩をならべただけで十分にすごいじゃないかと思うのに、それでもやっぱり絵をつけずにいられない。

松岡　しかもそういうことを公家たちが本気でやっているでしょう。

田中　藤原公任《きんとう》のような当時の知識人の先頭を走っている人が、本気でやってますからね。

松岡　公任は娘の結婚のために思いついた。それで藤原行成などの当代の文化人が動員されて、絵師も呼ばれて、ものすごいお金をかけてつくっている。こういうものはいまの「漫画」「カラオケ」「オタク」のルーツのことのようでいて、どうもクールジャパンというふうに一括りにされているようなものとはまったくちがいます。もっと本質的な意表です。

田中　「クールジャパン」とは呼びたくないですよ。

8

日本の来し方・行く末

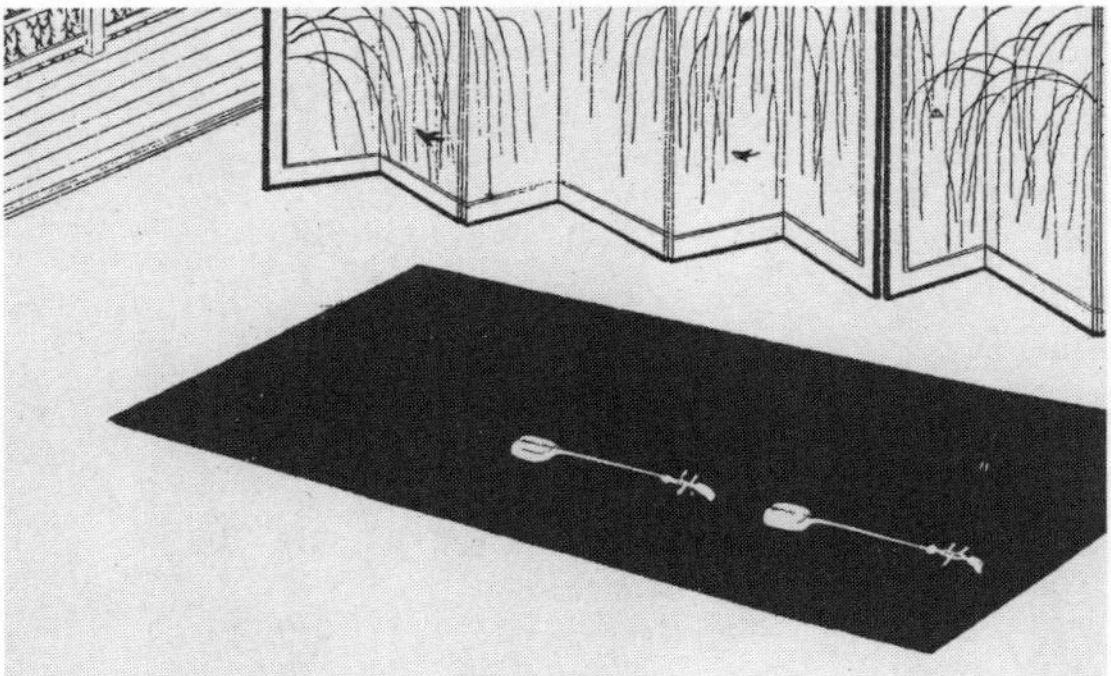

泉鏡花作品の装丁や木版挿絵により「昭和の春信」とも称された小村雪岱の『突っかけ侍』(子母沢寛)のための挿絵．——昭和9年『都新聞』に掲載

日本の共同体はどうなるか

松岡　田中さんは、日本の宗教社会はこれからどういうふうになると思いますか。神社があって寺院仏閣があって、少しだけ教会がある。いまは「儒」があるとは言いにくいけれど、そのほか教団としては創価学会や霊友会や立正佼成会といった新宗教もけっこうある。こういう状態は、このままずっとつづいていくと見ていますか。

田中　宗教という枠組で考えると今後のことはわかりませんが、日本人の信仰というふうに考えると、いまはまだなんとかお祭りや年中行事に組み入れられているものの、どんどん衰退して消滅していくでしょうね。

松岡　旧来の氏子や檀家は地縁的ではなくなっていますよね。団地やマンションのブーム、市街地再開発が頻繁につづいて、そうなった。墓地も遠くに集団移転して、斎場はとっくに会館化している。寺社の祭祀はがんばってつづいているけれど、少子高齢化にともなって担い手が少なくなっていけば、お祭りは縮小せざるをえないでしょうね。

田中　いま残っているものが今後発展して大きくなるということは考えられないですねえ。

松岡　ぼくが大好きな奥能登のアエノコト(田の神を迎え送る祭事)をする農家も、一九八〇年代でめっきり減りました。

田中　沖縄の小浜島でお盆の祭礼行事を見たんです。お盆といえば沖縄本島ではエイサーなんですが、小浜島ではべつな呼び名のお祭りがあって、小さな島が南と北に分かれ、それぞれの若衆たちによる門付《かどづ》けがあるんです。一晩中門付けして歩いて、夜明けごろになるとこの二つの集団が南と北からやってきて、ある辻で出会うしくみになっている。このとき若衆がみんな女装するんですね。そのまわりを長老たちが取り囲んでいて、もちろん見物人も取り囲む。だんだん近づくにつれてたいへんな喧噪になってくる。そういう演出をするわけです。

こういうお祭りを見ていると、その共同体がどんなふうに生産を担っているのかが見えてきます。そういうしくみをもっているものが、本来の祭りの原型だと思うんです。祭りというのは生産共同体のしくみをなぞることによって、共同体を再生するものなんですね。沖縄の場合は、神社ではなくて、「司《つかさ》」と呼ばれる女性たちがこれを取り仕切っています。ただ、地元で話を聞いてると、そこかしこに新宗教の人たちが入ってどんどんふえているそうです。

松岡　そうでしょうねえ。

田中　そういうふうに、年中行事の信仰と日常生活での信仰とが分離しはじめています。与那国では自衛隊を入れることに賛成している市長が勝ったんですが、いま言った小浜島、竹富島、与那国は八重山諸島のなかにあって、ここが尖閣に一番近いところになる。しかも米軍基地はない。だから自衛隊の募集がだいぶん前からさかんだったそうです。

こういう情況を見ていると、今後このあたりに出てくるのは、おそらくナショナリズムなんだろうと思う。いままで沖縄ナショナリズムだったものが、沖縄本島とはちがう意味での自衛隊を中心とした日本のナショナリズムが八重山のほうに入っていく可能性があります。そうすると、ますます共同体の祭りの意味が変わっていったり、継承されなくなってしまうことだってあるかもしれない。それとともに、新宗教もいままで以上に出てくるかもしれません。それほど、どんどん日本人の精神的な拠り所がなくなっていくんだろうと思うんです。

松岡　田中さんが言われた共同体やそこでおこなわれる祭祀を守るには、パトリオット（愛郷心）のところ、郷土愛や風土感性のところでナショナリズム化を止めないとまずいでしょう。いまの日本ではその境界がどんどん破られている。国防とか自衛隊とか日米同盟といった大きなしくみによって、パトリオティズムがどんどん崩れています。こういうときは、八重山は八重山で、能登は能登で、佐渡は佐渡で、福島は福島で、そういうものを止めていかないと、祭りの共同体は守れなくなっていきます。そうやって考えていくと、これから神社と仏閣がもう一度手を握るしかないんじゃないかとも思うんです。

田中　もう一度、新たに神仏習合する？

松岡　全部が全部、連合してしまうのではなく、その土地の方言、たとえば漬物の呼び方とか風の呼び方なんかと同じように、それぞれのお社《やしろ》の由緒やお寺の由緒をもう一度取り出して、そこから何かある独特の四季の行事などのモジュールを形成していく。そういうものと商店街や地域NPOとがいっしょにやっていく。

たとえば川筋で栄えた町は、どこもいまは廃《すた》れつつあるけれど、どこかに川筋気質みたいなものが残っていたりしますよね。いちばん可能性があるのは街道筋のネットワークだろうと思うんだけど、日本中のロードサイドが一番どうしようもない均一的な状態になっていますからね。幸いにも川筋はまだまだ手がついていないと思うので、せめて神社、仏閣、川筋ぐらいが連動するといいんじゃないか。

田中　私は、共同体というのは生産共同体というあり方を失ってはもたないものだと思うんですね。ところが、どの地域でもその生産共同体が崩壊している。農業の衰退とともにどんどんなくなっている。祭りを維持する理由がなくなるんですね。理由がないところでどうやって祭りを維持するかというと、観光化しかないという話になる。でも観光にしてしまうと、規模がおかしくなってしまう。たくさん観光客が入ったほうがいいんだという話になってくる。

松岡　爆買いしにやってくる外国人でもいいという話になる。あるいはぼくが大嫌いな〝ゆるキャラ〟のぬいぐるみを大量出動させる(笑)。

田中　私がずっと学生たちと訪れている佐渡でもそうです。佐渡は一〇八ぐらいの集落がそれぞれの鬼太鼓をもってずっとやってきた。けれどもやっぱり過疎化が進んで、いまはどこも外の人を入れるようになって、会社にしてしまうところも出てくる。ああいう人たちが祭りに来て何かやってくれれば、集客にはいいかもしれないけれど、しょせんは「よそ者」です。でもそういう「よそ者」を頼まないと祭りが成立しなくなっているんです。

それでも、そういう人たちに頼って観光化を図ってでも伝統を残そうという意欲さえあれば、まだなんとかなる。人生を賭けてでも伝統を守りたいという人がひとりでもいれば、なんとか継承されるかもしれません。ただしそういう人がいるかどうかというのは、これはもうたまたまいるかどうか、ということにしかならない。

松岡　たまたまいた連中が「よさこいソーラン」をつくっちゃう場合だってある。

田中　大学生がお祭りを復活しなきゃと頑張った結果、よさこい節とソーラン節がいっしょになっちゃう。あれはあれで成功したというふうに言われてますが、私はやっぱり疑問符をつけざるをえない。ああいうのを成功と言うんだろうか。たしかに全国に広がって、全大学にサークルができて、量的拡大という意味では成功しましたけど、なんだか中身のないカーニバルにすぎませんね。

松岡　刻み生姜はそれで十分においしいけれど、そこにシソを絞っているうちに紅ショウガというべつのものになった。やがて刻んだショウガはほぼすべて紅ショウガに席捲された。さあ、これをどう見るかです。端唄《はうた》や三味線の名人の本條秀太郎さんは、そもそも民謡や俗曲は各地を流転していて、曲も詞もかなり混淆してきたと言っています。モードというものはそうやって転移したり混淆したりしていく。しかし、よその成功をパクってばかりでやろうとしても、つまらないものがはびこるだけで続かない。

田中　このままではお祭りのM&Aみたいなことも、おこってくるかもしれない。

松岡　そうだねえ、そういうこともおこるかもね。

田中　おこるわよ。

松岡　すでにスポーツはトライアスロンのような個別競技の加算結合がおこっていますね。ちなみにぼくのまわりでは、為末大君や笹川スポーツ財団とかが、スポーツ共同体で日本を活性化するという構想をもっていて、ちょっと可能性があるかなと思います。亡き平尾誠二君もそうだった（二〇一六年逝去）。ただしそこからオリンピックをめざすというような活動になって、国際的なルールのなかでやるようになってばかりではおもしろくない。それぞれ独自なドメスティックなルールをもたないと、日本の地域を維持したり、何かを残すためのものにはならないんじゃないか。

もうひとつあると思うのは、情報共同体の可能性です。いまのところ、ネット社会にいろんな擬似的な情報共同体が生まれているけど、なかなか地域と結びついていない。いまだにお祭りもない。電子ネットワークというものにもっと地域的な色合いをつけられるようになれば、何かが変わるかもしれない。でもスポーツ共同体も情報共同体も数は多いけど、いまのところまだ地域の再生に有効な日本様式は出ていないように思いますね。

田中　ものすごい勢いでボーダーとか境がなくなっている時代ですからね。たとえばいま多くの日本企業が外国人を採用し始めていて、これに対して大学も学生も危機感を抱いている。けれどもこれは逆に言うと、日本人が外国で働く機会も開けてきているということです。これが急速に進んでいくと日本人の生産の場そのものが変化する。しかもそれが世界中でおこっていく。となると、日本人を日本につなぎ止めるものとしていったい何が残っているのか。

松岡　どう考えても「日本でなくてもいいや」というふうになっていきそうだね。

田中　そこで重要になってくるのは、やっぱり「記憶」ではないかと思うんです。いまの日本を強調しようとすると、戦前の国体みたいなものがまた出てきてしまいかねない。そうではなくて、日本の記憶のほうに戻るべきなんじゃないか。それであれば、いまはまだたくさんのものが残っている。そういうものを日本人が共有していくしかないんじゃないか。

松岡　なるほど。ぼくがこれからいろいろ考えてみたいと思っているのも、座の共同体、あるいは学習共同体なんです。ひょっとしたら、いまの日本で唯一可能性があるかもしれない。ただしそのためには、小学校から大学受験のマークシートまで、教育システムごとやり直さないといけない。それにもっと本を読めるようにしないとまずい。

田中　私は、そのために大事なものは東アジア的なものだと思う。鳩山政権が最初に東アジア共同体と言いはじめたときには、経済共同体のことまで発想していなかった。最初に言いはじめたのは教育共同体のことなんです。私は、これは非常にいい話だと思った。結果的に、ああいうかたちで挫折したというか潰されてしまって、いまでは東アジア共同体なんて口にしただけでバカにされるようなものになってしまった。だからこれからやるのであれば、まったくちがう枠組を用意しないといけないと思いますが、今後の日本学は「東アジアの日本学」になららないかぎり、意味をなさないんです。

松岡　ぼくも、奈良県の荒井正吾知事が言い出した「日本と東アジアの未来を考える委員会」の監修をやりながら、川勝平太さんや鳩山さんとそういう話をしていたことがある。だいたい五山《ござん》も蒹葭堂《けんかどう》サロンも、いってみれば東アジア文化の研究センターだったわけです。けれどもいまの情勢だと、日本がそれをする前に中国が先にそこまでやっちゃうかもしれないね。ただしその場合、アジアすべてに言えることだけれど、言語をどうするか。

田中　東アジアという視点で日本を見るという発想は、宣長の時代の日本人たちにはすでにあったんです。宣長はすべての発祥の地は日本だと強調したんですが、朝鮮半島のことを抜きにしては日本の歴史にならないということを宣長にぶつける人たちもいた。そういう論争がおこるくらいに、東アジアのことをみんなよく見ていた。

松岡　近代以降、日清戦争、日露戦争、日韓併合があって、台湾の植民地化も進み、一方では日本主義や国粋主義といわれている動向のなかにも、東アジアにおいての日本ということを本気で考えていた人たちがけっこうたくさんいましたね。右から左まで、頭山満《とうやまみつる》から宮崎滔天《とうてん》まで、中国と日本のあいだで学習共同体のようなグループをつくる連中がさまざまに活動していたし、そこに孫文たちもかかわった。けれどもその後は中国に共産主義運動がおこり、日本も満州国づくりに向かって、結局は日中戦争に突入してしまった。戦後はこのような学習共同体も座の紐帯もあまりできていません。したがって、東アジア共同体的なモデルをつくるというなら、いったんは明治後期・大正期のモデルを参考にすることになる。そうでないとすると、まったく新しいモデルを模索することになる。

二人の「奥」にある日本

田中 では、そろそろラストトークに入ることになりますが、これまで互いにまったく交わしてこなかったことを話しませんか。

松岡 どういう話ですか。

田中 互いの問題意識の依って来たるところ、交差するところ、異なるところなどですね。手始めの質問ですが、松岡さんの日本の見方や感じ方には、やっぱり京都の呉服屋に生まれたということが大きく関係してるんでしょう?

松岡 そうですね。ぼくの家は呉服屋で、正確にいえば悉皆屋《しっかいや》でした。白生地屋さんから生地を仕入れ、染め屋さんや織り屋さんに頼み、それとはべつに帯屋さんにも着物に合う帯を頼んで、というような着物一枚のためにたくさんの職人さんの成果をアセンブリー(組立)するという業態です。父親は桐生や足利や尾張一宮といった産地にしょっちゅう出かけていたし、お得意さんも奥様がたから花柳界までいろいろ付き合っていた。そういう環境のなかで日本というものに触れることができたのは恵まれていたかもしれない。

田中　生まれたときはまだ戦争中だった?

松岡　そう、かろうじて戦中派です(笑)。昭和一九年一月生まれですから、日本の戦況がかなり悪くなっているときで、すぐに三重県の尾鷲《おわせ》に母親と二人で疎開させられました。京都もいつ空襲がくるかという情況だったんです。戦時中の父親は着物の商売なんてまったく成り立たなくなってたから、大連に買い付けに行っては日銭を稼いでいた。その状態が敗戦後もしばらく続いて、日本橋の芳町になんでも売りさばく問屋をつくったので、母とぼくもそこに移りました。妹も生まれ、そこで焼け跡のバラックの町から東京がだんだん復興するようすを見ていた。そのあとにまた京都に戻って悉皆屋を再開したので、ぼくのなかには京都の呉服屋の家の経験とともに、貞奴《さだやっこ》のような粋筋の女性たちのいる日本橋の記憶が、リバースな関係で強く残っているんです。

田中さんは横浜の生まれですね。

田中　日本的なるものなんてまったく見当たらないようなところでしたね。

しかも私の家は長屋。両隣りには朝鮮のかたが住んでいた。小学校にはアメリカ人との混血や在日華僑、在日朝鮮の人たちや港湾労働者の家の子どもたちがいた。まさに戦後の港湾の、麻薬の匂いのするような巣窟がすぐ近くにあったんです。その奥に何があるのかというようなことは、まだ子どもだからわかりませんでしたが、そこを通るだけで尋常ではない人びとの生活を垣間見ていましたね。

それでも家のなかでは、アメリカ的なものと西洋文化に完全に取り巻かれていた。毎日聞こえてくるのは両親が好きでよく聞いていたクラシック音楽で、小学生のときには私もヴァイオリンを習っていました。でもそういうことを楽しんでいる自分たちの暮らしは長屋住まい。いま思い出してもふしぎですよ。西日が強烈に当たっている古畳の上でヴァイオリンを弾いていた光景をよく思い出します。

松岡　映画やアニメのワンシーンのようだね。ぼくは、父が横浜の元町に着物の店を出すというので、家族で京都から越して、高校以降はずっと横浜です。だから田中さんが住んでおられた界隈のことも、なんとなくわかります。

田中　そんな雑然とした環境のなかで、いまから思うと祖母のふるまいだけがかろうじて私にとっての日本的なるものだったかもしれない。祖母は私が七歳のときに亡くなっているので、残っているといっても立つとか歩くとか煙管《キセル》を吸うとか、はっきりした口調で何かを言うとか、そういう一つひとつの場面的なことだけですけども。

祖母はずっと独身を通した人だったんですが、一度だけ結婚して離婚したようです。その直後に平塚らいてうの『青鞜』を読んで、それに刺戟《しげき》されて横浜に出てきて女中奉公をするうちに、茶屋の女将になった。何人かの男性との出会いがあったようで、私の母には父親のちがう二人の兄がいました。

母の父は宮大工でした。母は父親の家にしょっちゅう遊びに行って、かわいがられていたそうです。祖父の本妻もその子どもたちも親戚付き合いをしてくれたんですね。そのころの写真がたくさん残っていますし、そのお付き合いがその後もつづいて、私がその家の家庭教師をやるということにもなった。そのとき教えていた子はいま医者をやっています。

松岡　もう少しつづけてください。

田中　本妻の家との付き合いをしながら、私なりに祖母が守っていたもの、生きるうえでの「型」のようなものを感じ取るようになりました。それがはっきりとわかったのは、兄が結婚するときで、私がまだ大学生のころです。

兄のお嫁さんになる人は大きな会社のお嬢さんで、ホテルで立派な結婚式をすることになった。そこで日ごろから親戚付き合いをしていた芸者さんをご招待したんです。その芸者さんが式の二、三日前に家にやって来た。着物の上に黒羽織を着て、畳に指をつきながら結婚の祝いを述べ、ご祝儀を差し出して、「私は結婚式には出ません」と言ってお帰りになった。母は何も言わず祝儀を受け取っていましたが、その瞬間にわかったんです。「祖母が生きていたのはこういう世界なんだ」と。これこそ「世間」の裏側の世界に生きている人たちのふるまいなんだと。

この人たちのふるまいには「型」がある。お妾さんのふるまいにも、ちゃんと「型」がある。本妻さんに対してどのように挨拶をするかといったことを、たぶん祖母はきちんと守っていた。だから本妻ともその家ともいい関係が続いていたんだと思うんです。

そういうことに気づいたとき、私はそれが裏の世界だから悪いものだというふうにはまったく思わなかった。祖母や芸者さんたちが守っていることや、彼女たちの「世界」は素敵だと思った。そこから江戸の遊女の世界が見えてくるようになっていったんですね。

松岡 田中さんの文章を初めて読んだときに、田中さんがそのようなことを感じているだろうことは、なんとなく伝わりましたね。田中さんのお祖母さんのことは、あとで聞かせてもらったけれど、それ以前に何か感じるものがあった。それに、ぼくも京都で子どものころからそういう花柳界のしきたりに触れていましたからね。

ぼくの父は京都の旦那衆だったので、しょっちゅうお得意さんを南座や先斗町《ぽんと》や祇園に招いていたし、家にも芝居がはねたあとの水谷八重子、武智《たけち》鉄二《てつじ》、先代の吉右衛門さんなんかを招いて、軽い宴みたいなことをしていた。だから子どものころからぼくも、女将や芸妓さんや芸人さんたちの世界に触れていたんです。

よく学校が終わって家に帰って来ると「おいセイゴオ、きょうは先斗町へ行くぞ」とか言われ、連れて行かれました。そんな時間にお茶屋さんに行くと、芸妓さんたちはまだすっぴん、ほとんど半裸の状態で、あわただしく白粉《おしろい》を塗ったり紅《べに》をさしたり、髪を結ったりしている。でも着物を着てしゃんとしはじめると、あっというまに茶屋のなかの景色が変わっていく。料理屋に育って芸者さんの着物や端切れに囲まれていた辻村ジュサブローさんは、「白粉の匂いがしてくる夕方」と言っていた。それはそれはふしぎな世界でしたよ。

田中 客として見る花柳界、春をひさぐ者につらなる人生、芸や粋を磨く女性たち、そこにどのようにさしかかるかで、体験が変わるのでしょうね。

松岡 ぼくは父に言われて先斗町で筆おろしもさせられた（笑）。ところが何のことかぜんぜんわからず、芸妓さんが「セイゴオちゃん、きょうはお姉さんと遊ぶのよ」と言ってつきっきりでお世話をしてくれるんだけど、結局ぼくはおしゃべりばかりしてそのまま寝てしまった。翌日、父から「あほか、おまえは」と言われた(笑)。でもそういう体験をしたおかげで、ぼくにはどこか、性の世界、エロスの世界というのはとても華やいだものなんだというイメージがずっと残っていましたね。芸者さんとか芸妓さんには、いまもとても親しみがある。

田中　松岡さんと私は、生まれ育った環境はずいぶんちがっていたけれど、そういう色っぽい世界を子どものころから見ていたという体験だけは何か共通していますね。私はそういう世界を知っていたからこそ、高校生、大学生になると社会問題に関心をもっていくことになったんですが、松岡さんもそうですか。

松岡　さきほども言ったようにぼくは横浜に移って飯田橋の九段高校に通うようになり、大家さんがゲラシモフというロシア人のボロ洋館に住むことになった。だからどちらかというと、子どものころから体験していた京都や日本の文化とのつながりが断ち切られてしまったように感じたんですね。通った高校の二年のときが、一九六〇年の安保闘争です。青桐会というグループに入って、国会デモに行きましたよ。大学で学生運動をしはじめますが、あの時代の急進的な状況に巻き込まれていったのだったと思います。

田中　松岡さんとは少しだけ世代がちがいますが、たしかにあのころは日本社会は騒然としていました。私が高校生のころの兄は東大全共闘で活動していたので、学生運動や東大闘争を目の前で見ているようでした。ビラや冊子が家にあったし、その関係の思想本や『朝日ジャーナル』『現代の眼』『世界』といった雑誌が本棚にならんでいた。もちろんテレビでも学生運動のことはしょっちゅう流れていましたが、私にとっては社会の問題が家庭のなかにそのまま入ってきていたんです。いったい何がおこっているんだろうと興味津々でした。兄は無口で何も言ってくれないから、本棚にある本を読んだりして、なんとか自分でわかろうとした。そういう高校生でした。

松岡　貪るように本を読むしかない時代だったよねえ。上級生たちも必ず、「お前、これ読んだか」と言う。どの本を読んだかで人格を判定しているようだった。マルクス、レーニン、トロツキーだけではない。ニーチェもカフカもサルトルも、埴谷雄高《はにやゆたか》も吉本隆明も谷川雁《がん》も梅本克己も読んだ。貧乏学生だったから先輩の下宿に泊めてもらうことも多く、そこではたいてい部屋の本棚にある本のことが話題になった。

田中　一方でベトナム戦争のさなかでしょう。横浜というところは本牧や厚木が近いので、戦車がトラックで運ばれていくようすとか、通学でつかっていた相模鉄道でしょっちゅう米兵たちを目にして話をすることもあった。「ベトナム戦争をどう思うのか」なんてことを彼らに聞いたりしていました。

松岡 田中さん、女子高生のときから米兵をたじたじさせてたんだ(笑)。

田中 やっぱりいちばん関心をもったのはベトナム戦争でしたからね。それはたぶん私が生まれ育った環境に、いつも在日の人たちや混血の人たちがいたということが大きかったんだと思います。朝鮮戦争やベトナムの人たちのことも他人事に思えなかった。高校生のころはまだ行動することはできませんでしたが、知識を吸収して、こういうことはとても大事なことなんだと思っていた。

松岡 ぼくの場合、横浜に移住してから父親が没落していくんです。京都ではもう呉服はムリだと考えて、元町に京呉服の店を出したんですが、これが失敗だった。半年もしないうちに店をたたんで大きな借金だけ残ってしまった。あるとき高校でショックなことがあった。親友が目を赤くして泣きはらしたような顔をしてたので「どうしたんだ」と聞いたら、「お前は何も感じないのか」と言う。前の日に社会党委員長の浅沼稲次郎が右翼青年に殺された事件があったんです。親友はそのことに非常にショックを受けていた。ところがぼくは、なぜ親友がそのことで泣くほどのショックを受けているのかがわからなかった。ようするに社会に対する義憤というものが親友にあるのに、自分にはないということに気がついたんですね。「これってまずいことなのかな」と考え込んでしまった。ぼくも何か怒らないとダメなのかなとか。そのうちにソ連の核実験がニュースになったときに、何かがむずむずっとした。校門の前でひとりで署名運動をはじめました。田中さんのころとはちがって、ぼくのころはまだみんな、どうすれば「怒れる若者」になれるのか、何がカウンターカルチャー（対抗文化）なのかを模索していたという感じですね。

田中　松岡さんや私の世代の人たちにはまだしも共通する時代感覚がある。いまの子どもたちが受け取っているものとでは、まるでちがうと思いますね。

松岡　「日本」を問答するということは、どんな「日本」と「世界」を同時代的に生きていくのかということと深く関係しますからね。さっき田中さんが言ったように、どんな「記憶」をもって生きるかということが大きい。

田中　私がさきほど持ち出した「記憶」は、共同体の記憶ですが、一人ひとりに立ち返ると、同時代以外の記憶に出会うには、やはり本を読むということが大きかったですね。

何を読んでいたか

松岡　田中さんは、もちろん本好きな少女だったでしょう？

田中　ええ、とてもよく読んでいました。子どものころは親が古本屋に行くときについていって、大人が読むような本ばかり買ってもらってた。新刊本が買える環境じゃなかったからほぼ古本と貸本です。あのころの古本屋さんはいまのようにジャンル別になっていなくて、当然大人用と子ども用なんて区別もしていないので、雑然となんでも読んでいた。いつも本は自分で選んでました。新刊本は月刊の『少女クラブ』だけ。

松岡　ぼくは子どものときは母が買ってくれる童話と偉人伝ばかり（笑）。そのうちだんだん父の本棚にあった『文藝春秋』や俳句の本なんかを拾い読むようになった。もちろん『少年』とか『少年クラブ』といった少年漫画雑誌にも夢中になっていた。『鉄腕アトム』や『赤胴鈴之助』がまだリアルタイムに連載されていた時代です。

田中　中学生になって新刊本の本屋に行くようになって、雑誌というものがおもしろくなった。あのころ『SFマガジン』が発刊されたんですよ。

松岡　へえ、『SFマガジン』を読んでいたんだ。『ミステリマガジン』とともにぼくも大好きだった。早川書房というところがお洒落に見えた。

田中　あとは『天文と気象』。

松岡　驚いたな。それもおんなじだ。『天文と気象』と『天文ガイド』。二人ともちょっとヘンな子どもだったのかな（笑）。

高校生から大学生くらいになって、左翼的な思想にどんどん触れていく一方で、ぼくは母の影響で水上勉の『越前竹人形』とか『雁の寺』、有吉佐和子の『一の糸』とか『紀ノ川』なんかも読むようになった。母がそういった小説が大好きだったんです。一方で川端康成や梶井基次郎や中島敦も読んだ。そういった小説を通して、何か日本の奥にあるものを感じはじめたんだと思います。そのうちに日韓会談（一九六五年の日韓基本条約締結にいたった会談）への反対闘争というものがおこった。これは当時の学生運動の闘争目標のなかでいちばんむずかしいとされたもので、ぼくにはなぜ日韓会談に反対するのかよくわからなかった。いまから思うと「帝国的資本主義」というものがまったくわかっていなかったんですね。それで日本の近現代史をにわか勉強していくことになります。そのとき日韓併合や満州国のこと、日本もかつて侵略戦争をしていたんだということを初めて知った。当時の学生左翼はそういうことはいっさい学習していなかったと思います。

田中　関心は「反帝反スタ」だけ、アメリカ帝国主義とソビエト帝国主義（スターリニズム）だけですからね。

松岡　あとは「インターナショナル」を歌っていればいいだけ（笑）。でもそこから抜け落ちているものがかなりある。とくに日本のことが自分たちはまったくわかっていないんじゃないかと思ってました。それでますます水上勉が描いたような日本、ぼくが京都で体験していたような日本が気になったのですが、そのことと戦後日本とをどう考えればいいか、そこにいったい何がつながっているのか、あるいはまったくつながっていないのかが、なかなかつかめない。そのころからですかね、鶴見俊輔や竹内好や丸山真男を読んだ。

田中　意識しないでそれまで過ぎてきた日本と、もう一度出会い直すということですよね。よくわかります。私もそうでした。いまこの本で二人が議論しているようなことは、当時はそれこそそのカケラもなかったでしょう。

松岡　どういうふうに日本問答に進水していきましたか。

田中　私は高校生のときには日本文学、それも近代文学をかなり読んでいた。それと小田切秀雄や益田勝実。石母田《いしもだ》正の古代史や文学論を読んだりしていた。

松岡　かなり早熟だな。とくに益田勝実を高校時代に読んでいたとはすばらしい。『火山列島の思想』や『秘儀の島』ね。

田中　法政大学に入るときに、益田勝実のところに行くか小田切秀雄のところに行くか迷ったりしてましたね。二人とも法政大学にいました。で、大学一年のときに益田勝実の授業で、石牟礼道子の『苦海浄土《くかいじょうど》』を知ったんです。私が入学したのは一九七〇年ですから、その前年の六九年に出たばかりの『苦海浄土』を、古代文学の先生が授業中に取り上げたんです。そのときのショックはいまだに忘れられない。「こんなものが世の中にあるのか」と思った。

松岡　さすが益田先生はすごいね。ぼくも『深層の日本文化』でずいぶん影響を受けた。その益田先生が石牟礼道子をね。へえ。さすがだね。

田中　あのころの法政大学の先生たちって、それぞれの学会にあまり熱心にかかわってなかったんです。古代文学会とか近世文学会ではなく、日本文学協会で活動していた。日本文学協会というのは左翼系の文学研究者団体で、専門とは関係なく入っている。だからその弟子たちも日本文学協会に行って、近世文学会にはほとんど行かない。そういう人たちだから、水俣問題に気づくのも早かった。

松岡　なるほど、そういう事情があるんだね。あの時代、一方に公害やヘドロの問題があって、左翼運動の一部はそっちにも矛先を向けていて、東大闘争にも公害問題が絡んでいましたね。それにしても、大学一年で石牟礼道子に出会ったなんて、羨ましい。『苦海浄土』は日本の文学のなかでも、かつて誰も思いつかなかったような問題意識が詩魂に昇華していた。

田中　私はそれまでベトナム戦争には関心があったけれども、日本の問題にはあまり目を向けていなかったんです。なにしろ一年生のときが一九七〇年ですから、大学にはいろいろなセクトがあって、部落解放同盟もいたし、前衛演劇や前衛舞踊も出てきていて、そんななかで「土俗」という言葉が左翼運動のなかでもしきりにつかわれていたんですが、私にはそれがよくわからなかった。なんでいまさら「土俗」なんだろうって思っていた。そこへ石牟礼道子との出会いがあった。「これも文学なんだ」という驚きとともに、そこから水俣の世界、あの土俗的な世界に関心をもつようになりました。

あのころの水俣は、まだ野辺送りをしているようなところです。死人が出るとお棺を担いでみんなで歩いていく。ところがその脇をチッソのトラックがビュンビュン埃をたてて通っていく。そのような風景を石牟礼さんは描いています。いったいこういう日本って何なんだろうと思った。ちょうど自分が生まれたころ、一九五二年ぐらいから水俣病の症状が出始めてますから、胎児性水俣病患者として生まれてきた子どもたちはみんな私と同じような世代です。そういう同時代性ということも、ものすごく気になった。
その一方、私が大学に入ったころ、もうひとつ新しいものが目の前に立ちあらわれてきます。ちょうど七〇年に「侵略＝差別と闘うアジア婦人会議」が、法政大学で開かれたんです。その直後に「ウーマンリブ」という言葉も出現するんですね。それで田中美津の文章も読むようになったんですが、これまたすごいものですよね。

松岡　うんうん、爆発していた。「便所からの解放」とか「いのちの女」とか、体中から出てくる言葉がほとばしっていましたね。

田中　そういうことが次々おこってくる。だから大学時代はすごくおもしろかった。法政は中核派の闘争が続いていたので、ロックアウトばっかりで授業は少ないし(笑)。

松岡　大学でやることより、外でおこっている義憤や公憤のほうがよっぽどおもしろかった時代だったんでしょうね。ぼくが大学のときはちょうどそういったものを抱えて埴谷雄高、鶴見俊輔、梅本克己、吉本隆明、谷川雁、黒田寛一、小田実、いいだももといった知識人が出はじめた時期でした。このすべての連中が、独自の彫琢《ちょうたく》された言葉をもっていた。一九六八年、田中さんが大学に入る二年前にパリのカルチェラタンで五月革命がおこって世界中のスチューデントパワーが立ち上がっていくんですが、そんな動きのなかで彼らは「東京へ行くな」とか

「私はロルカを買わない」とか「不合理ゆえに吾信ず」とか「幻想としての政治」とか「転形期の思想」だとか言って気を吐いていた。こういう人たちに、ぼくたちの世代はものすごく煽られたんですよ。

で、田中さんの言うように、「土俗」「共同体」「都市コミューン」なんて言葉があちこちから聞こえてきた。そのうちに谷川雁が発見した石牟礼道子や森崎和江といった女性たちの名前も聞こえてきた。それまで左翼の連中は「インターナショナル」って言ってたけど、「土俗」とか「土発《どはつ》」のほうが大事じゃないかというような風が、あのへんから吹いてくるような感じがしてましたね。

それに加えて土方巽《ひじかたたつみ》を筆頭とした唐十郎とか笠井叡《あきら》とかの前衛たち、小川紳介のようなドキュメンタリー作家や松本俊夫の映像実験なんかを見ているうちに、前衛と土俗はこんなふうに結びつくのかとびっくりした。それまで二項対立のように思っていたものが次々につながった。インタースコアされていった。

ただし、ひとつ困ったことがあったのは、ぼくの奥にある京都とか祇園とか日本橋って、そういう前衛土俗とは、なんだか合わないんだね(笑)。花街なんて内と外がよじれた差別の巣窟のように思われている。けれども、ぼくのなかにはどうしても、のちに九鬼周造《くきしゅうぞう》らによって知る「浮かみもやらぬ苦界」「婀娜《あだ》とお俠《きゃん》とはかなさ」のようなものが疼《うず》いているんですね。だから、最初はこのへんを探索するのは、ちょっとこそこそしていましたね。

田中　ああ、なるほど。その気持ち、すごくよくわかる。

松岡　田中さんは、そういった時代のなかで、どのあたりから日本に入っていったんですか。江戸には何を入口に入っていったんですか。

田中　前にも話したように最初は石川淳でした。私にとっては石川淳が日本なんですね。ちょうど同時代に三島由紀夫も読んでいましたが、三島は日本じゃなくて、石川淳が日本なんだという、そういう対称性で捉えていた。

松岡　その対比はすごくよくわかる。それに入口が石川淳というのは、いい出会いだったでしょう。田中さんの石川淳に当たるのは、ぼくには幸田露伴でした。露伴が日本だった。

田中　石川淳と出会った瞬間に私は江戸と出会ったんです。すでに話した個の重層構造、見立てとやつしです。慈悲深い女中のお竹さんがじつは大日如来で、小説『普賢《ふげん》』に出てくるクリスティヌ・ド・ピザンがじつは普賢菩薩で、しかも主人公の「わたし」でもある。だから山東京伝は浮世絵師の北尾《きたお》政演《まさのぶ》で、大田《おおた》南畝《なんぽ》は蜀山人《しょくさんじん》でもいいわけです。それを前面に出して小説でも評論でも書いたのは石川淳だけです。「これが日本か、これが江戸なのか！」という驚きでした。

松岡 なるほど！ すごくよくわかります。

ぼくは十代のときに俳諧や短歌や叔父の日本画のほうから日本感覚に入ったので、最初のうちは文脈的じゃなかったんです。虚子《きょし》、秋桜子《しゅうおうし》、誓子《せいし》、草田男《くさたお》、波郷《はきょう》、西東三鬼《さいとうさんき》が身近に句集としてあって、斎藤茂吉や与謝野鉄幹を読むといっても、それまた見て感じるほうだった。それと父親に連れられて歌舞伎や新派を見ていたのも大きかった。とくに新派です。水谷八重子、花柳章太郎、喜多村緑郎たちの世界、一言でいえば泉鏡花や小村雪岱《せったい》の世界ですね。ただそれも俳句や日本画と同様に、見て感じるだけだった。それで明治文学に触れるようになって、初めて「日本語の語り方」というものを知るんです。最初はご他聞にもれず漱石でしたが、そのうち一葉、鏡花を読んでびっくりした。

田中 そうでしょうね。あの文体ですからね。

松岡 句集を見るのとはワケがちがう。シークエンスの描写、着ているものや立ち居振る舞いの描写、心の描写、どれもが言葉による臨場感に充ちていて、わなわなするくらいでしたね。一葉の『たけくらべ』のように、青少年のときめきを苦みと匂いで告げてくれるものもあり、いままでそういうものに出会えていなかったことが信じられないくらい。

こうしてやっと気合を入れて露伴を読んだ。このときは読むこと自体が全感覚フル動員の闘いですよ。最初が『五重塔』でしたが、男と職人を通して、突如として「技」「切れ」「勝負」が目の前にあらわれてきた。そこからだんだん『風流仏』や『天《そら》うつ浪』や『連環記』に入って、『評釈芭蕉七部集』で「そうか、俳句解釈もこんなふうにすごい文章で綴れるんだ」という衝撃を受けた。ともかくぼくにとっての露伴は、「男・職人・芸」でした。

ちなみにのちの世代の諸君は、このようなことを司馬遼太郎の『燃えよ剣』や『竜馬がゆく』で感じたのかもしれないけれど、ぼくはそれを露伴で洗礼を浴びたのがよかったと思います。司馬作品には職人や芸はまったく描けてませんからね。

田中　やっぱり松岡さんは男なんですね(笑)。

松岡　何だと思っていたの?(笑)。露伴からあとは、いろんな「日本」が同時代的に身体を通過していきました。なかで、衣笠や溝口や黒澤の映画、折口信夫全集、杉浦康平のデザイン、武原はんや四世井上八千代の踊り、早坂文雄の音楽、湯川秀樹の東洋哲学っぽい素領域《そりょういき》仮説、観世《かんぜ》寿夫《ひさお》の能、ヤクザ映画の高倉健、美空ひばりの歌、そのほかいろいろ、次々に入ってきた。

ここで問題が二つありました。ひとつはこれらとドストエフスキーやランボーやベケット、あるいはコルトレーンやマイルス・デイヴィスのジャズから受けた衝撃をどう交差させるのかということ、もうひとつは過去の日本の、たとえば光悦の茶碗や万葉古今や道元の思想などとどう交差させるのかということです。この交差には、ずいぶん時間がかかりましたね。まさに「内の日本」と「外の日本」の編集です。

田中　私も同じです。いまなおつづいている。

松岡　でも、田中さんはリテラルなものから江戸に入っていったのに、三味線の淫声の魅力とかはすぐにわかったんでしょう。『江戸の音』で三味線のことを武満徹さんと話しているのを読んで、こういう資質はぼくにはないなと思いました。

田中　たぶん私にとっては、古典の世界は古典じゃないんです。「いま」という感覚です。三味線もそういうふうにして聞いている。ロックなんかを聞くのとあまり変わらない。江戸の人たちにとっては、三味線というのはまさにそういうものだったと思うし、古典芸能というような聞き方は最初からしてませんでしたね。

松岡　あの時代の民俗的土俗的な前衛に触れていくと、どうしてもそうなりますよね。秋元松代の『かさぶた式部考』とか『常陸坊海尊《ひたちぼうかいそん》』といった舞台のように、土俗をどうしたら演劇に取り込めるかという試みと同じですね。そういうものに反発していた唐十郎たちもいたけど、歴史的なこともちゃんと追いかけている先達もいた。武智鉄二、山崎正和、福田善之、鈴木忠志、それから世阿弥を演じた千田《せんだ》是也《これや》とか。

田中 私は鈴木忠志が好きでしたね。鈴木忠志の演劇では、テーマが土俗というんじゃなくて、役者の身体そのものが土俗になっていた。

松岡 そうか、早稲田小劇場を見てたんだ。

田中 それともうひとつ、私が影響を受けたのは言語学の勢いだったんですよ。とくに構造主義言語学。五〇年代からヨーロッパ、とくにフランスで始まって、その勢いが六〇年代の末から七〇年代にかけて日本にうわっと入ってきた。小田切秀雄を読んでいるよりは、チョムスキーを読んでいるほうがずっとおもしろかった。

松岡 なるほど、わかる。

田中 ソシュール、ヤコブソン、ロラン・バルト、チョムスキーが刺戟的でした。だから私は学生運動をやってはいましたが、それは「考えたい」からであって左翼や右翼になりたいわけじゃなかったのです。言語学に出会って、言葉に向き会うようになり、固定的イデオロギーから脱出できたように思いますね。これは石川淳に行く前のことですよ。

松岡 その話は初めて聞きました。

田中 最初に入ったのはチョムスキーの生成文法です。でもチョムスキーをわかるには、ちゃんとソシュールも読まなきゃいけないし、それからヤコブソンの音韻学の領域なんかにも入っていった。フランス構造主義はだいたい読みましたし、ロシア・フォルマリズムもやったし、最終的にはロラン・バルトの分析学をやりました。修士論文はバルトの方法で書いた。

松岡　田中さんの基盤はそういうところにもあったんだ。

田中　ただ自分がおもしろいと思ったから夢中にやったんです。でもあのときにチョムスキーに出会っていたのはよかったなと思いますね。私にとって「青春のチョムスキー」(笑)。

松岡　チョムスキーはラディカルでしたね。その後のアメリカ批判もね。仮説がいいとか悪いじゃなくて、徹底している。ぼくも生成文法論をつかって、三島由紀夫、野坂昭如《あきゆき》、稲垣足穂《たるほ》などの文体をダイヤグラムに変換して『遊《ゆう》』に載せたりしました。

田中　あのころの構造主義言語学って、それぞれ極端なところまでいった。でもチョムスキー本人が飽きちゃうんですね。それで放り投げてしまった。

松岡　われわれの世代は、構造主義もチョムスキーもポストモダンの登場も、あるいはアナール派の台頭なんかも、ぜんぶ同時代的な出来事として経験しているということなんです。

田中　ほぼリアルタイムに採り入れていましたね。扱われているのが過去の歴史であっても、すべては自分たちと関係しているんだという捉え方をしていたし、どうやっていまの状況を乗り越えればいいのかということを切実に考えていた。

松岡　フェミニズムも水俣も公害も、みんなリアルタイムだった。もちろん現在だってリアルタイムでいろいろな事件がおきているし、新たな思想的な試みが出ているんですが、現代思想形成期という点では、あのころのようなピークがなかなか出てこないよね。そこを通過していないと、なかなか思想や方法の「組み替え」なんておこりにくいのかもしれない。

だからリストラクチャリングやディコンストラクション（脱構築）やリバース・エンジニアリングが、その後の日本にちゃんとおこったかというと、あやしい。なぜあやしくなったのかというと、おそらくひとつには米ソ対立がつづくうちに、日本の左翼思想がぼけてきたからです。これで対抗力が減退した。ついで九〇年代にグローバル資本主義が驚くべき浸透力で、欧米のみならず中国・韓国などの東アジア、シンガポールやマレーシアなどの東南アジア、中東諸国などを覆っていったため、グローバルとローカルを同時に起爆できなくなった。「間《あいだ》」をつくるべきだったのに、それも着工しなかった気がします。

そうこうしているうちにインターネットがまたたくまに地球を覆っていった。このネット社会の席捲は日本だけのことではありませんが、そこに至る前段階をネグっていたことがひびいて、けっこうヤバくなっている。そんなこんなで、ぼくや田中さんが同時代的に呼吸していた思想文化が、一挙に飛沫のようにネットのなかに入ってしまったんですね。

田中　そういうことかもしれない。おまけに、そのネットのなかに入った知識や情報や出来事は、自分で思い出そうとしなくても、ブラウザーとかカーソルに助けられて出てくるから、もっと再構築がしにくくなっている。

松岡　記憶というのは再生と一対になるから記憶なんですが、コンピュータ・ネットワークはこの両方の機能を攫《さら》ってしまったんだよね。

田中　スマホで歴史観がもてるかしら。

松岡　きっと無理でしょう。第一に「読む」という行為が深まっていかない。第二にコピペがあまりに安易にできすぎるので、要約力が発達しない。歴史観には要約と総合の両方が必要です。第三に鳥瞰的なマッピングがしにくいのが問題でしょう。

さて、そろそろまとめの話に入らなくてはならないようなんだけれど、どうしますか。話し残してきたことは山ほどあるはずですが、最後に日本を外から見ること、内から見ること、内外の境界で見ることなどについて、少し概括しておいたほうがいいかな。

田中　松岡さんと私がいま、どういう問題をかかえているかということを交わすのがいいんじゃないかしら。

相互編集的日本像のために

松岡　田中さんは、この対話の企画が決まったあとに法政大学の総長になって、いま一期を了えて二期にさしかかっています。その数年だけでも大学は多くの課題に遭遇してますね。そこから日本の内外を見ると何が見えますか。

田中　まず、総長になっていきなり世界に投げ出されました。日本の大規模私大は日本人のための大学とだけ考えてはいられなくなったんです。ですから日本人学生の英語力を上げるだけでなく、日本語のできない学生のために英語による授業をつくらねばならなくなった。これは企業の世界的流動性の反映です。でも本当に切実な問題は、日本人学生にも留学生にもまだ充分な日本語、日本文化教育ができていないことです。

次に、日本は少子化の時代なのに法政の志願者が増大しました。二〇一七年、法政は志願者の多さでは、近畿大学に次いで全国で二位です。にもかかわらず都心の大規模私大は、地方を優遇するために学部増設も定員増加もできなくなり、まちがって入学者が一・一倍を超えると、補助金をカットされるようになりました。これは政府の地方創生戦略の一環ですが、その政策が成功するかどうかは誰にもわからない。
　入試や授業方法を変えること、ガバナンスを変えることなど、次々と変えることが押し寄せています。これは、世界で働かなければならなくなる学生たちの能力の基準を一挙に変えねばならなくなったからです。これらすべてが社会や世界の動きに連動しています。
　まだ連動していないこともあります。高齢者の社会保障費が莫大になり、子どもと若者の貧困が進んでいることです。これは最も緊急なのに、最も対策が遅れている。政府の動きが遅いので、大学独自の給付型奨学金を増やすことでしのいでいます。

松岡　一方で、安倍自民党は学校授業料の無償化を提案していますよね。

田中　教育の機会均等という意味では無償化は有効です。しかしそれによって政府が教育内容を管理下におくことは、あってはならないですね。そのための無償化ではないか、という疑念は、あちこちから出ています。

松岡　さきほど学習共同体の話が出ましたが、これは幼児のときも小中学生のときも、家族・友人・教師との関係においても、そして現在は「高大接続改革」という変わった名で呼ばれている高校・受験・大学教育・大学院の一貫化のことも、さらには会社に入ったりさまざまな仕事に就労したりしてからのことも、すべてかかわってきますね。

ぼくはあらためて、グレゴリー・ベイトソンが提言した学習Ⅰ、学習Ⅱ、学習Ⅲのステージの特色をよく吟味するのがいいと思っている。ぼくなりに説明すると、ベイトソンは学習のスタートに刺戟と反応で成立するゼロ学習をおいている。そのうえで未知の知識や問題を学ぶ学習Ⅰは学習要素が変わるたびに蓄積の向上がおこるというもの、学習Ⅱは学習することを学習あるいは再学習することで得られる学習プロセスです。ここではちょっとしたルールの変更や学びあうメンバーシップが変化すると、かなり学習濃度がよくなる可能性がある。

大事なのは学習Ⅲで、学習プロセスに異質な要素が入ったり異質な説明者や学習者が入ったりしたときに、学習システム上にさまざまな創発がおこることを言う。経験的にこの感じはつかめることはあっても、実証的にどういう状態のどういう現象かということを説明するのはむずかしいかもしれませんが、ぼくは学習Ⅲをおこすために十数年間にわたってイシス編集学校をやってきた。これは重視したほうがいいと確信しています。

田中　何を学ぶのか最初からわかっていることほど、つまらない学習はありませんね。異質なものが入ることで、学んできたことがべつの観点から見えたとき、知性が立体的になるということだと思います。

松岡　もうひとつ、重視したいことがあります。それは「方法の学習」ということです。これは手続きやノウハウを学習することではない。ずばり言うと、「方法こそがコンテンツである」と思えるかどうかということです。内容や記事があってそれを動かすために方法があるのではなくて、方法そのものが内容や記事や表象を生み出していく。

道具を介在させる例で説明すれば少しわかりやすくなるのですが、ピアノがあるからショパンの音楽が出たとか、三味線が出現して浄瑠璃や豊後節《ぶんごぶし》や清元《きよもと》が生まれた、ボールがあるのでサッカーやラグビーやバレーボールができ上がってきたというふうに言えるわけです。これを思索方法や連想方法そのものが生まれるときにも適用してみると、「方法」の学習あるいは継承のヒントがいろいろ見えてくる。ただしそのためには、もっと愉快な学習エクササイズがいろいろつくられていく必要もある。

田中　たとえば、自分自身あるいは誰か大切な人を他の存在に見立てることが瞬時にできる、布一枚を融通無碍な衣類にする、状況説明をいくつもの言葉やいくつもの関係に言い換えて深めていく、といったことが思い浮かびます。

松岡　誰もが知的な浮世絵師になってほしいし、なれるはずだということです。

田中　松岡さんはそういうことを広く「編集《エディティング》」というふうにつかまえていますが、それを日本像としてあらわすと、どういうふうになるんですか。

松岡　日本がエディティング・ステートであってほしいと思っています。かつて内村鑑三が日本は大きすぎてはダメだ、特定大国とのみ結びついていてもダメだ、ボーダーランド・ステート(境界国家)であるべきだと書いていましたが、そのボーダーを線状的なものではなく、幅のあるものに、さらに動的なものにしていくのがいい。また、浄土真宗の清沢満之《まんし》は日本人は二項同体を学ぶべきで、国家としてはミニマル・ポシブル(最小限の可能性)に徹したほうがいいと言った。ぼくもこれに近い。そういう境界力をもったミニマル・ポシブルによってエディティング・ステートをかたちづくっていく。これはメディア・ステートとも言えるかもしれないけれど、現状の世界ではメディア性に特化するのはまずいでしょうね。

エディティング・ステートになるには、当然ながら自在な編集力が必要です。ぼくが考えてきた編集力の基本は照合力と連想力ですが、ここぞというときの編集力は「不足から生じる編集力」です。もっと大事なのは持続的編集力です。

田中　いまの日本は不足というより、従来の発想に閉じこめられて出られないという状況ですね。いったんほぐして組み合わせを変えねばなりません。どういう組み合わせを思いつきますか。

松岡　いろいろありますね。ぼくは本の仕事が多いのでそこから一例を言うと、まず図書館の十進分類法を変えたほうがいい。アドレスが必要なら書名リストを分類アーカイブでデジタルに知ることができればいいので、もっと身体知的で、かつ自在なアフォーダンスに富んだ本の出し入れができるように、総合インデックスをつくりなおし、それにもとづいた独特の書棚をつくるべきです。ぼくはそのようなことを「ブックウェア」に対する挑戦と呼んでいるんですが、その発想でまずは知の組み合わせの基本を準備するといいと思っています。プロトモデルができたら、これを高校・大学の図書館が部分的に応用したり、どこかの公立図書館が実験的なスタートを切るといいでしょう。

田中 たしかに図書館の改革は、表意文字の国として大きいでしょうね。ただ、どういう分類がいいのかとなると、母型づくりがむずかしい。

松岡 いくつかのモデルがあっていいんです。そこから教育機関や学習装置が選んだり、組み合わせればいい。だいたい出版社と図書館と書店とが連動していないなんて、おかしいんです。アメリカ、ドイツ、フランスのように、数百万人、数千万人の読書クラブも生まれるべきですね。

田中 松岡さんは『情報の歴史』で全世界史をじつに大胆な相互対照的な総合年表にしたり、数百万冊の本を空間配置したヴァーチャル・ライブラリーの構想を発表されましたね。ああいうものは、どのように発想したんですか。

松岡　『情報の歴史』は、ともかく世界各地域、各国の事件や事象が見開き単位で同時に見えるようにしたいという気持ちでとりくんだもので、ああいうフォーマットを思いついたのは、あるとき東名高速から用賀のほうへ降りてきたとき、道路標識がさまざまになっていることに気がついたんです。
車はどんどん道路を進むのだけれど、標識は右に「深沢」、左に「二子玉川」、次に「環八」、さらに「宇都宮六〇キロ」などと、二重三重に次々に示されるわけですね。歴史もきっとこういうふうに車に乗りながら、さまざまな標識をかいくぐっていくとおもしろいだろうと思った。「いまは山中、いまは浜、いまは鉄橋渡るぞと」っていうふうに。それで「見出し」が何種類も出てくる世界同時年表にしたんですね。
田中　なるほど、歴史を通過者《パッセンジャー》の目でたどれるようにした。ともかくあのすごい発想に驚きました。編集力はかくも壮大な展望に向かえるのかと思いました。ヴァーチャル・ライブラリーは？
松岡　あれは街に見立てて「図書街」と呼んでます。もう一方に「目次録」という未発表の膨大な作業も進行してるんです。これは大項目に「生命のステージ」「追憶のステージ」「階級のステージ」「記号のステージ」というふうに全部で二〇のステージ（ステート）が用意されていて、それぞれにさらに中項目が三〇〜五〇、その中項目一つずつにまた小項目が網羅され、そこに一冊ずつの本がぶらさがるという階層構造になってます。こうやって話していても気が遠くなる(笑)。これはイシス編集学校に「守」「破」「離」の三つのコースがあって、その「離」に来ないと見られないというものにしています。

田中　ほかの人は見られない？

松岡　門外不出です。ぜひ「離」にまで来て見てください(笑)。で、「図書街」というのはその「目次録」を空間的に配置したものなんです。それを日本の都市めく景観にして、そのなかにヴァーチャルな書架をビルや広場に見立てて立ち並べていったんです。それぞれの書架に独特のデザインが施してあって、あそこはギリシア哲学、あそこはヘミングウェイ、ここは大正ロマンというふうに棚が「見える化」されています。

田中　よくそういうことを思いつきますね。私は松岡さんの編集構成力には、高校生向けのタブロイド版の『ハイスクール・ライフ』という読書新聞で初めて知って、次には『遊』、さらに日本美術全集の『アート・ジャパネスク』というふうに瞠目してきたのですが、どれもこれも構成もデザインも松岡さん独自のものでしょう。

松岡　それもあるかもしれないけれど、ベースにあるのは、ひとつはライプニッツやホワイトヘッドの「方法の知」です。そしてもうひとつ、「日本という方法」の導入が大きいんです。とくに「あわせ」「かさね」「きそい」「そろい」と、「本歌取り」「見立て」「借景」「道行」「文楽」ですね。

田中　そうか、基本に歌合わせと連歌があるのね。しかも平安貴族の「あわせ」と、堂上《どうじょう》と地《じ》下《げ》まで交歓した連歌の手法、つまり付句《つけく》の手法がヒントになったんでしょう。「本歌取り」や「見立て」や「道行」もよくわかりますが、「文楽」というのは？

松岡　人形遣いと太夫と三味線によって、一つのドラマと舞台がつねにシンセサイズ（合成）をめざしているところに驚嘆しましたね。しかも人形は主遣いと左遣いと足遣いの三人で遣うわけでしょう。編集力というのは、自己表現ではなくて自他の相互作用を協同リプレゼンテーション（表象）のためのもので、その目で見ると文楽は世界一すごい芸術です。セリフと地の文は太夫が語り分けますし、人形は顔と右手に一人、左手に一人、足に一人がついて動かす。この非対称的協同性がすばらしい。多様な視点の統合化といえばそうなんだけれど、文楽は学知的な統合化ではなくて、手続きがらみ、職人の技がらみです。こういうことをなんとか「知」の世界にも持ち込みたいと思ってきたわけです。

田中　私もゼミなどでいろいろ工夫してきましたが、私の場合はテクストの素材や学習内容そのものが日本なので、その方法が日本的だというところまでは行ってませんね。

松岡　きっとそんなことはないと思うよ。佐渡のゼミや『カムイ伝』の授業などは、方法的にも日本が応用されているんじゃないかな。

田中　そういえば、フィールド・ワークでも、その地域の何を見るか、誰に会わせるか、どういう順序で体験させるか、篩《ふるい》にかけて組み合わせていますね。講義は大量の絵図や年表や言葉で、情報量を多くして、学生が自ら篩にかけ、発見できるようにしてきました。

日本に仕掛けたい問答

松岡　さて、この日本問答は、日本についてわれわれが問答するというやり方で進めてきたとともに、日本に問答を仕掛けるということでもあったと思います。最後にあらためて日本に問答を仕掛けておきたい。田中さんはどうですか。

田中　そうですねえ。現状日本に注文したいことはいろいろありますが、それよりも私たちがどういう歴史観をもっていけるかです。出発点は何でもいい。「家」をどう考えるか、「仕事」をどう考えるか、家や仕事を通して「社会」をどう見るか。そういうことを、たとえば家なら家にいったん注目して、そこを掘り下げていったほうがいいと思います。
それから今日の日本では、政府が対策する「家」は収入や高齢者や生活水準の統計的平均性からの施策にならざるをえない。それをどうこうしてほしいということもむろんありますが、まず私たちが「家」に立って何かを発言するところから問い直すべきなんですね。そうすれば「学校」や「基地」や「裁判」も見えてくる。

松岡 そうあってほしいよね。なぜかというと、世論の多くは政府が議案にしている安保法制や改憲などの賛成反対意見についつい向かってしまうんだけれど、そればかりに目がいってると、立ち止まって日本を考えるという習慣がつきにくい。煽り、煽られる関係に陥りやすい。小泉劇場以来、とくにそうなってしまった。たとえば、田中さんの言う「家」についても、この対談で公家や武家や国家という「家」の話題が出ましたが、ときにはそこから抉《えぐ》っていく必要があります。明治維新を考えるには薩長の下級武士の生き方も見るべきだし、日本文化の習俗は公家の有職故実や農家という家のしきたりを実感する必要がある。

田中 そうなんですね。日本に問答を仕掛けるには、私たちがすでに内属している歴史的現状を抉っておかないとね。

松岡 そういうとき、田中さんは何かヒントとなるようなモデルを思いあたりますか。

田中　私はね、案外、アメリカの成り立ちが検討すべき大事なモデルかもしれないと思っています。イギリスやオランダ、つまりヨーロッパの紐付き状態から、さまざまな戦いをへて多様性の尊重と自由と民主主義を軸とした、州どうしの合衆国をつくり上げました。競争だけでなくジャーナリズムやプライバシーの自由も大切にされました。日本も同じように、中国という何千年にも及ぶ先進国に抱かれながら、自立の努力をつづけていたわけで、江戸時代はその成果です。

日本が残念なのは、近代になると自立の努力から「追いかける」努力に切り替わったことです。その追従にムリが出てきて戦争になった。「おおもと」は自立の表現としてつくられていたので、自立から追従に切り替わったときに忘れるしかなかった。アメリカに従属するのではなく、アメリカの成り立ちを見習ってアメリカから自立すべきなのです。この対談も、その自立の拠点となる「おおもと」の要素をいろいろ語ってきたのではないでしょうか。

松岡　ということは、日本人もそろそろ世界のさまざまな国々の「おおもと」も知っていったほうがいいということだよね。でも、それはその国やその民族の当事者でないと実感が湧かないだろうから、やっぱり日本の内なるものと日本の外なるものを、もっと深く見るということになる。そういう意味では、この日本問答でも話題になった「出雲」などをどう見るか、かなり重要で深いモデルになるでしょう。

一方、ぼくは日本を「真行草」で深く問い直すということも提案しておこうかな。フォーマルでグローバルな「真」に対して、日本的な「草」をモデルにするということですね。田中さんは付け加えておきたいモデルはありますか。

田中 私がずっと考えている方法上のモデルとしては、やっぱり「やつし」が重要だと思います。やつしとは、「くずす」とか「別のものに見せかける」、つまり擬態するなどといった意味ですが、くずす態度のなかには、くつろぐことや、質素にするニュアンスが入っていますし、擬態のなかには、変装することや、目立たなくする意味がある。

松岡 うん、「やつし」という方法を理解してもらうことは、かなり大事だよね。日本的な「返し」の術ですね。

田中 「やつし」は、すでに対話してきた「隠す—顕わす」という動きとともに出入りするでしょう。日本文化のなかにはさまざまな「やつし」があるけれど、日本そのものが真行草でいえば「真」の中国文明に対して「草」であり、とりわけ江戸時代には海外の情報や技術を分解し、やつして自らのものにした。日本の編集方法は、たんなる入れ替えや組み換えではなく、「やつして編纂する方法」だったのではないかと思うんですよ。追いついて同じものになろうとするのではなく、競争して対等や一番になろうとするのでもなく、むしろそれは恥ずかしいことだった。やつしにこそ粋なものを感じていた。

松岡 そう、そう、裏は花色木綿(笑)。控えて引いているのに、相手を凌駕する。

田中 無数のやつしが日本のなかに蓄積され、それを適宜出し入れできるはずです。

松岡 ぼくはそこにさらに「もどき」(擬き)を加えたい。折口信夫が言っているように、日本の芸能は神々の「もどき」からはじまっていますからね。というわけで、「やつしの日本」と「もどきの日本」にもっと注目してほしい。

田中 いいですね。そのへんを中締めにしましょうか。

あとがき

田中優子

いくども対談の企画が立ち上がってはそのままになった。今回も出版社が決まり、編集者が立ち会って下さってから二年の月日を要した。松岡正剛さんが肺がんを患い、私は法政大学の総長となって、それぞれが長時間空いている機会を見つけることが困難だった。しかしそれだけではない。対話が始まると終わらなくなる。話題は脇道にそれ、道草が楽しくなり、言葉の襞《ひだ》に分け入って、発した言葉にいくども触って極めているうちに、意味は深まり、心はある極限に達してさまざまな色彩を帯びてくるが、先に進まなくなる。ついには、対話するだけで満足してしまい、本になることを忘れるのだ。「かたちにならなくてもいい。対話しつづけることができれば」という私の気持ちが、申し訳ないことに、完成を延ばしてしまったように思う。

それでもなんとか本というかたちに仕上げたのは、危機感があったからだろう。ひとつは互いに年老いていく身体の健康状態への危機感であり、もうひとつは、世界のどこも経験したこく挙げることのできるこれら対照性を帯びたものの共存が、そのまま日本文化であった。だとすれば、どうやって日本の「グローバル・スタンダード」との自由な交流が進んで、その方法を、とのない急激な人口減少と高齢化、震災と温暖化災害に同時に見舞われる日本で、リーダーたちに事態への準備が何もできていないようだ、という危機感である。最初に崖から飛び降りる人びと、それが日本人である。崖の下で生きていかれるのか、少しでもうるわしい日々は用意できるのか？　現状の持続は不可能であっても、せめてレジリエント(回復可能)な日本にするための、新しい知性を生み出すことができるのか？　それは日本の喫緊の問題なのである。

したがって、対談ではほとんど日本について語っているのだが、それはナショナリズムに由来するものではない。いっしょに頑張ろうというオリンピック精神でもないし、運命を共にしようという共同体論でもない。むしろ日本にあったはずの方法、しくみ、それを支えていた理念を、これからつかうために言語化しようとする試みである。

方法の重要な一点は「デュアル」であった。たとえば江戸時代に議論の舞台に上がった「やまとごころ」という概念は、それだけで成立するわけではなく、「からごころ」と組み合わさって意味をもつ。思想史だけ見ていると、「やまとごころ」やその総体である国学は江戸時代に出現したように見える。しかしちがう。日本文化と言えるものが成立したそのはじめから真《ま》名《な》と仮名、漢語と和語、学問と和歌、正と狂、伝統と俳諧、儒と仏、神とほとけ……かぎりなく挙げることのできるこれら対照性を帯びたものの共存が、そのまま日本文化であった。だとすると、単一性のなかに日本文化はない。さらに、「儒仏神」がともにあるように見えるが、じつは「儒仏」と「神ほとけ」に分けて言い習わされるように、三つ以上の共存も、デュアルの組み合わせなのである。複雑に見える事柄でも、デュアルの無限連鎖である可能性がある。「デュアル」という言葉をもってこの普遍を表現したのは、今まで松岡正剛だけだった。私は江戸文化研究に入ったそもそもの目標が、見立て、やつし、俳諧化、多名性、多重性の解明であったから、それらを分析的に見るとデュアル構造とその組み合わせであることが理解できた。つまり「デュアル構造」は日本を語る基本である。そのことをじかに語り合いたかった。対談で頻出する「内と外」は、このデュアル構造を「出し入れ」「顕わす隠す」という動的な側面から言いあらわす言葉である。静的《スタティック》ではなく動的《ダイナミック》であることも、日本の重要な特性である。

デュアルの動的なありよう、ということでいえば「善悪」もそれにあたる。悪とは過剰なエネルギーの噴出のことであって、善とはその制御のことである。対談のなかでは「おおもと」という言葉が使われる。あたかも日本文化が世界のおおもとである、という国学的ナショナリズムに聞こえるが、そうではない。たとえば、「善悪」を静的で固定的な理念として理解するか、それとも過剰と制御という動的な操作として理解するか、と考えた場合、どちらが日本の善悪観念を説明できるかといえば後者である。このような発想の「場」を「おおもと」と表現している。

今日の日本は民主主義という論理および政治システム、資本主義という経済システムで成り立っているが、それら外来のロジックとシステムは、その背景に「おおもと」となる「場」がなければ充分には機能しない。「おおもと」は基本的理念と言えるが、それは「場」として存在していると、私たちは考えている。

「場」とは何か。「場」は日本語のなかに見える。

「〜は」と「〜が」の使い分けは外国人たちが最もむずかしいと感じるところだ。私が指導する留学生たちは日本語の達人だが、それでも論文を書くときに間違えるのが、「は」と「が」の使い分けだ。じつはこの「は」が場を作る。場が作られれば、そこで主語を使わずに述語のみで語ることができる。主語は入れ替え可能なので、大きな意味をもたない。むしろ何が起こっているか、何がなされているか、何が見えるか、何が語られているかのほうが重大な意味をもつ。この述語の重要性にも、この対談では注目している。

日本の歴史叙述は、明治維新以後の「欧化」という方向性をもった出来事の列挙が基本となってしまった。近代では、江戸時代以前の歴史も、それと同じ方法で語られるようになった。

誰が何をしたか、誰が勝ったか、誰が何を作ったか等々、主語の歴史である。名を持たぬ人びとの日々の営みは埋もれ、彼らによって作られた無数のアート（優れた技術で生み出されたもの）も語られない。しかし「おおもと」は、そのなかにこそある。内と外の出入りによってデュアルに、そしてダイナミックに無限展開されてきた「もの」と「生き方」が、無数の襞のなかに折りたたまれている。松岡正剛の言う「編集的歴史観」が必要なのは、そのためである。

私の理解では、「編集的歴史観」とは第一に、国や分野を超えた相互感化を見ること、そして見えるようにすることだ。『情報の歴史』はそういう作りの年表である。第二に、相互感化の組み合わせが認識できれば単純すぎる因果関係が成立しないので、「誰が勝ったか」史観ではなくなる。そこに、襞の奥を予感する歴史の見方が生まれる。第三に、ものごとと出来事を異なった角度から見ることになる。複雑化した今日の社会において、歴史的出来事を価値観の異なる複数の角度から理解することほど、必要なことはない。「編集」という方法が脱思想もしくは超思想に見えるのは、今日とこれからの社会にとって不可欠の、この複眼性を保証するからである。

ところで、松岡正剛のプロデュースする「イシス編集学校」では最初に、ものやことを、複数の用途や意味で認識する訓練から入る。私がこの対談で明らかにしたかったことのひとつは、学校で何を教えるか、であった。もはや知識を伝達するという意味の教育では、何もかもが間に合わなくなっている。編集学校は私から見ると「多方向からの認識力」「敏捷な組み合わせ能力」「書くこと（編集と論理）への集中力」「速い読書による語彙（観念）の発掘力」を通して、自らの言葉（思想形成）をできるだけ豊かに創造する能力の獲得をめざしていると見える。それを多くの講師による個人指導でおこなっている。エライ先生が個々人につくのではなく、かつて生徒だった者が訓練を受けて指導に当たるので、きめ細かな個人指導が可能になる。それができるのは、指導方法が松岡メソッドとして確立しているからである。すなわち、インターネット上の先端的寺子屋教育だ。

大学では、個々人が思考力、表現力を身につける教育を「能動的な学び」と言っているが、教室が大規模でカリキュラムが多く、一斉教育の方法でそれを実現しなければならない。対面方法の長所はあるが一方で、イシス編集学校が実現している、生徒が締切までの短いあいだに、脳の底がカラになるくらい言葉を絞り出してなんとか構成し、個人テューターがついてそれを徹底添削する、という「必死の時間」を作りにくい。

どのような方法であっても、新たな弾力的な知性は必須だ。イシス編集学校は今後の教育モデルになるだろう。

松岡正剛の知の範囲は私などよりはるかに広く、この対談は、松岡の多様なテーマにわたる膨大な対談や著書の一隅を占めるのみである。しかしここで大切なのは主語ではなく「場」であった。ひとりの言葉が他者の言葉を生み、他者からの触手が自らに触れて思わぬ深みから未知の感覚が湧き上がることが、対談や座談なのである。おざなりの関わりでそれはおこらない。希有な時間であった。このまれな輝きを放つ場を、私たちは命尽きるまで、あとどれだけもてるのだろうか？

対談の編集にあたっては、太田香保さんと坂本純子さんに、ずいぶん助けていただいた。松岡正剛さんと私では、言葉の数もその知識量も雲泥の差があるので、バランスをとるのにご苦労をかけたと思う。この場を借りて、感謝申し上げたい。

田中優子

法政大学名誉教授，法政大学江戸東京研究センター特任教授．法政大学社会学部教授，社会学部長，総長を歴任．専門は日本近世文化・アジア比較文化．『江戸の想像力』で芸術選奨文部大臣新人賞，『江戸百夢』で芸術選奨文部科学大臣賞・サントリー学芸賞．『江戸問答』『昭和問答』(松岡氏との共著，岩波新書)ほか著書多数．2005年度紫綬褒章．江戸時代の価値観，視点，持続可能社会のシステムから，現代の問題に言及することも多い．

松岡正剛

1944年，京都生まれ．70年代に雑誌『遊』編集長として名を馳せ，80年代に「編集工学」を確立．以降，情報文化と技術をつなぐ研究・企画・構想に従事．日本の歴史文化について独自の切り口による編著作も多数．2000年よりインターネット上で「千夜千冊」を連載．おもな著書に『日本という方法』『見立て日本』『千夜千冊エディション』(全30冊)『日本文化の核心』『別日本で、いい』(共著)ほか．

日本問答　　岩波新書(新赤版)1684

2017年11月21日　第1刷発行
2025年3月5日　第10刷発行

著　者　田中優子《たなかゆうこ》　松岡正剛《まつおかせいごう》

発行者　坂本政謙

発行所　株式会社 岩波書店
〒101-8002 東京都千代田区一ツ橋 2-5-5
案内 03-5210-4000　営業部 03-5210-4111
https://www.iwanami.co.jp/

新書編集部 03-5210-4054
https://www.iwanami.co.jp/sin/

印刷・理想社　カバー・半七印刷　製本・中永製本

ISBN 978-4-00-431684-8　　Printed in Japan

岩波新書新赤版一〇〇〇点に際して

ひとつの時代が終わったと言われて久しい。だが、その先にいかなる時代を展望するのか、私たちはその輪郭すら描きえていない。二〇世紀から持ち越した課題の多くは、未だ解決の緒を見つけることのできないままであり、二一世紀が新たに招きよせた問題も少なくない。グローバル資本主義の浸透、憎悪の連鎖、暴力の応酬――世界は混沌として深い不安の只中にある。

現代社会においては変化が常態となり、速さと新しさに絶対的な価値が与えられた。消費社会の深化と情報技術の革命は、種々の境界を無くし、人々の生活やコミュニケーションの様式を根底から変容させてきた。ライフスタイルは多様化し、一面では個人の生き方をそれぞれが選びとる時代が始まっている。同時に、新たな格差が生まれ、様々な次元での亀裂や分断が深まっている。社会や歴史に対する意識が揺らぎ、普遍的な理念に対する根本的な懐疑や、現実を変えることへの無力感がひそかに根を張りつつある。そして生きることに誰もが困難を覚える時代が到来している。

しかし、日常生活のそれぞれの場で、自由と民主主義を獲得し実践することを通じて、私たち自身がそうした閉塞を乗り超え、希望の時代の幕開けを告げてゆくことは不可能ではあるまい。そのために、いま求められていること――それは、個と個の間で開かれた対話を積み重ねながら、人間らしく生きることの条件について一人ひとりが粘り強く思考することではないか。その営みの糧となるものが、教養に外ならないと私たちは考える。歴史とは何か、よく生きるとはいかなることか、世界そして人間はどこへ向かうべきなのか――こうした根源的な問いとの格闘が、文化と知の厚みを作り出し、個人と社会を支える基盤としての教養となった。まさにそのような教養への道案内こそ、岩波新書が創刊以来、追求してきたことである。

岩波新書は、日中戦争下の一九三八年一一月に赤版として創刊された。創刊の辞は、道義の精神に則らない日本の行動を憂慮し、批判的精神と良心的行動の欠如を戒めつつ、現代人の現代的教養を刊行の目的とする、と謳っている。以後、青版、黄版、新赤版と装いを改めながら、合計二五〇〇点余りを世に問うてきた。そして、いままた新赤版が一〇〇〇点を迎えたのを機に、人間の理性と良心への信頼を再確認し、それに裏打ちされた文化を培っていく決意を込めて、新しい装丁のもとに再出発したいと思う。一冊一冊から吹き出す新風が一人でも多くの読者の許に届くこと、そして希望ある時代への想像力を豊かにかき立てることを切に願う。

（二〇〇六年四月）

岩波新書より

山県有朋◆　岡義武
萬葉の時代◆　北山茂夫
日本の精神的風土◆　飯塚浩二
日露陸戦新史　沼田多稼蔵
日本資本主義史上の指導者たち　土屋喬雄
岩波新書の歴史 付・総目録1938–2006　鹿野政直

シリーズ 日本近世史

戦国乱世から太平の世へ　藤井讓治
村 百姓たちの近世　水本邦彦
天下泰平の時代　高埜利彦
都市 江戸に生きる　吉田伸之
幕末から維新へ　藤田覚

シリーズ 日本古代史

農耕社会の成立　石川日出志
ヤマト王権　吉村武彦
飛鳥の都　吉川真司
平城京の時代　坂上康俊
平安京遷都　川尻秋生
摂関政治　古瀬奈津子

シリーズ 日本近現代史

幕末・維新　井上勝生
民権と憲法　牧原憲夫
日清・日露戦争　原田敬一
大正デモクラシー　成田龍一
満州事変から日中戦争へ　加藤陽子
アジア・太平洋戦争　吉田裕
占領と改革　雨宮昭一
高度成長　武田晴人
ポスト戦後社会　吉見俊哉
日本の近現代史をどう見るか　岩波新書編集部編

シリーズ 日本中世史

中世社会のはじまり　五味文彦
鎌倉幕府と朝廷　近藤成一
室町幕府と地方の社会　榎原雅治
分裂から天下統一へ　村井章介

岩波新書より

職人	永六輔
日本の「私」からの手紙◆	大江健三郎
二度目の大往生◆	永六輔
日記	五木寛之
あいまいな日本の私	大江健三郎
大往生	永六輔
文章の書き方	辰濃和男
命こそ宝 沖縄反戦の心	阿波根昌鴻
昭和青春読書私史	安田武
マンボウ雑学記	北杜夫
東西書肆街考	脇村義太郎
紅萌ゆる	土屋祝郎
紫式部	清水好子
ヒマラヤ登攀史〔第二版〕	深田久弥
続羊の歌 わが回想	加藤周一
羊の歌 わが回想	加藤周一
知的生産の技術	梅棹忠夫
論文の書き方	清水幾太郎
続私の信条	恒藤恭 大内兵衛 鈴木大拙

私の信条	安倍能成 志賀直哉 小泉信三
書物を焼くの記	鄭振鐸 安藤彦太郎 斎藤秋男訳
モゴール族探検記	梅棹忠夫
インドで考えたこと	堀田善衛
ヒロシマ・ノート	大江健三郎
追われゆく坑夫たち	上野英信
地の底の笑い話	上野英信
ものいわぬ農民	大牟羅良
北極飛行	ヴォドピヤーノフ 米川正夫訳
余の尊敬する人物	矢内原忠雄

(2024.8)

◆は品切，電子書籍版あり．(Q2)

岩波新書より

宗教

空海　松長有慶
最澄と徳一 仏教史上最大の対決　師茂樹
ブッダが説いた幸せな生き方　今枝由郎
ヒンドゥー教10講　赤松明彦
東アジア仏教史　石井公成
ユダヤ人とユダヤ教　市川裕
初期仏教 ブッダの思想をたどる　馬場紀寿
内村鑑三 悲しみの使徒　若松英輔
トマス・アクィナス 理性と神秘　山本芳久
アウグスティヌス「心」の哲学者　出村和彦
パウロ 十字架の使徒　青野太潮
弘法大師空海と出会う　川﨑一洋
高野山　松長有慶
マルティン・ルター　徳善義和

教科書の中の宗教　藤原聖子
国家神道と日本人　島薗進
聖書の読み方　大貫隆
親鸞をよむ◆　山折哲雄
日本宗教史　末木文美士
法華経入門　菅野博史
中世神話　山本ひろ子
イスラム教入門　中村廣治郎
蓮如　五木寛之
密教　松長有慶
日本の新興宗教　高木宏夫
背教者の系譜　武田清子
聖書入門　小塩力
イエスとその時代◆　荒井献
慰霊と招魂　村上重良
国家神道◆　村上重良
死後の世界　渡辺照宏
日本の仏教　渡辺照宏
仏教〔第二版〕　渡辺照宏

禅と日本文化　鈴木大拙 北川桃雄訳

岩波新書より

哲学・思想

社会学の新地平　佐藤俊樹
言語哲学がはじまる　野矢茂樹
アリストテレスの哲学　中畑正志
スピノザ　國分功一郎
哲人たちの人生談義 ストア哲学をよむ　國方栄二
西田幾多郎の哲学　小坂国継
死者と霊性　末木文美士編
道教思想10講　神塚淑子
マックス・ヴェーバー　今野元
新実存主義　マルクス・ガブリエル　廣瀬覚訳
日本思想史　末木文美士
ミシェル・フーコー　慎改康之
ヴァルター・ベンヤミン　柿木伸之
モンテーニュ 人生を旅するための7章　宮下志朗
マキァヴェッリ　鹿子生浩輝
世界史の実験　柄谷行人

ルイ・アルチュセール　市田良彦
異端の時代　森本あんり
ジョン・ロック　加藤節
インド哲学10講　赤松明彦
マルクス 資本論の哲学　熊野純彦
日本文化をよむ 5つのキーワード◆　藤田正勝
中国近代の思想文化史　坂元ひろ子
憲法の無意識　柄谷行人
ホッブズ リヴァイアサンの哲学者　田中浩
プラトンとの哲学 対話篇をよむ◆　納富信留
〈運ぶヒト〉の人類学　川田順造
哲学の使い方　鷲田清一
ヘーゲルとその時代　権左武志
人類哲学序説　梅原猛
加藤周一　海老坂武
哲学のヒント◆　藤田正勝
空海と日本思想◆　篠原資明
論語入門　井波律子

トクヴィル 現代へのまなざし　富永茂樹
和辻哲郎　熊野純彦
宮本武蔵　魚住孝至
丸山眞男　苅部直
西洋哲学史 近代から現代へ　熊野純彦
西洋哲学史 古代から中世へ　熊野純彦
世界共和国へ　柄谷行人
悪について　中島義道
神、この人間的なもの◆　なだいなだ
プラトンの哲学　藤沢令夫
術語集Ⅱ　中村雄二郎
マックス・ヴェーバー入門　山之内靖
ハイデガーの思想　木田元
臨床の知とは何か　中村雄二郎
新哲学入門◆　廣松渉
「文明論之概略」を読む 上・中・下　丸山真男
術語集　中村雄二郎

(2024.8)　◆は品切，電子書籍版あり．　(J1)

岩波新書より

心理・精神医学

記憶の深層　高橋雅延
「むなしさ」の味わい方　きたやまおさむ
子育ての知恵　幼児のための心理学　高橋惠子
モラルの起源　亀田達也
トラウマ　宮地尚子
自閉症スペクトラム障害　平岩幹男
だます心 だまされる心　安斎育郎
痴呆を生きるということ　小澤勲
純愛時代◆　大平健
やさしさの精神病理　大平健
生涯発達の心理学　高橋惠子　波多野誼余夫
認識とパタン　渡辺慧
コンプレックス　河合隼雄
天才　宮城音弥
日本人の心理◆　南博
感情の世界　島崎敏樹

カラー版

カラー版 国芳　岩切友里子
カラー版 北斎　大久保純一
カラー版 すばる望遠鏡の宇宙　海部宣男　宮下曉彦写真
カラー版 メッカ　野町和嘉
カラー版 シベリア動物誌　福田俊司
カラー版 ハッブル望遠鏡が見た宇宙　野本陽代　R・ウィリアムズ
カラー版 妖怪画談　水木しげる

(2024.8)
◆は品切，電子書籍版あり．(LT)

岩波新書／最新刊から

2044 **信頼と不信の哲学入門**
キャサリン・ホーリー 著
稲岡大志
杉本俊介 監訳
信頼される人、組織になるにはどうすればよいのか。進化論、経済学の知見を借りながら、哲学者が迫った知的発見あふれる一冊。

2045 **ピーター・ドラッカー**
―「マネジメントの父」の実像―
井坂康志 著
著作と対話を通して、彼が真に語りたかったことは。「マネジメントの父」の裏側にある実像を、最晩年の肉声に触れた著者が描く。

2046 **力道山**
―「プロレス神話」と戦後日本―
斎藤文彦 著
外国人レスラーを倒し、戦後日本を熱狂させた国民的ヒーロー。神話に包まれたその実像とは。そして時代は彼に何を投影したのか。

2047 **芸能界を変える**
―たった一人から始まった働き方改革―
森崎めぐみ 著
ルールなき芸能界をアップデートしようと、役者でありながら奮闘する著者が、芸能界のこれまでとこれからを描き出す。

2048 **アメリカ・イン・ジャパン**
―ハーバード講義録―
吉見俊哉 著
黒船、マッカーサー、原発……、「日本の中のアメリカ」を貫く力学とは？ ハーバード大講義の記録にして吉見アメリカ論の集大成。

2049 **非暴力主義の誕生**
―武器を捨てた宗教改革―
踊共二 著
宗教改革の渦中に生まれ、迫害されながらも非暴力を貫くある少数派の信仰は私たちに何をもたらしたか。愛敵と赦しの五〇〇年史。

2050 **孝経** 儒教の歴史二千年の旅
橋本秀美 著
東アジアで『論語』とならび親しまれてきた『孝経』は、儒教の長い歩みを映し出す鏡のような存在だ。スリリングな古典への案内。

2051 **バルセロナで豆腐屋になった**
―定年後の「一身二生」奮闘記―
清水建宇 著
異国での苦労、カミさんとの二人三脚の日々――定年後の新たな挑戦をめざす全ての人へ、元朝日新聞記者が贈る小気味よいエッセイ。

(2025. 2)